Kami Yama KiKin

本书获得北京大学上山出版基金资助，特此致谢！

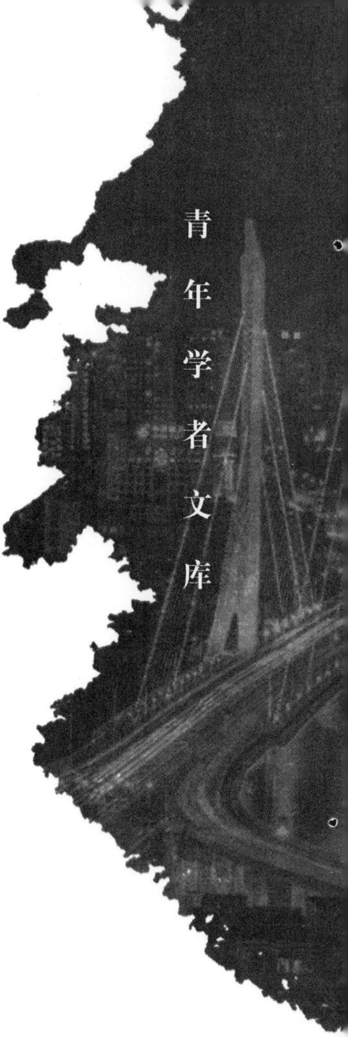

青年学者文库

# 人力资本的代际传递对经济增长的影响机制研究

## Intergenerational Human Capital Transmission and Its Impact on Economic Growth

秦雪征 著

北京大学出版社
PEKING UNIVERSITY PRESS

**图书在版编目(CIP)数据**

人力资本的代际传递对经济增长的影响机制研究/秦雪征著. —北京:北京大学出版社, 2023.4

(青年学者文库)

ISBN 978-7-301-33370-9

Ⅰ. ①人… Ⅱ. ①秦… Ⅲ. ①人力资本—影响—中国经济—经济增长—研究 Ⅳ. ①F124.1

中国版本图书馆 CIP 数据核字(2022)第 170153 号

| | |
|---|---|
| **书　　名** | 人力资本的代际传递对经济增长的影响机制研究<br>RENLI ZIBEN DE DAIJI CHUANDI DUI JINGJI<br>ZENGZHANG DE YINGXIANG JIZHI YANJIU |
| **著作责任者** | 秦雪征　著 |
| **责任编辑** | 张俊仪　李　娟 |
| **标准书号** | ISBN 978-7-301-33370-9 |
| **出版发行** | 北京大学出版社 |
| **地　　址** | 北京市海淀区成府路 205 号　100871 |
| **网　　址** | http://www.pup.cn |
| **微信公众号** | 北京大学经管书苑(pupembook) |
| **电子信箱** | em@pup.cn |
| **电　　话** | 邮购部 010-62752015　发行部 010-62750672　编辑部 010-62752926 |
| **印 刷 者** | 天津中印联印务有限公司 |
| **经 销 者** | 新华书店 |
| | 650 毫米×980 毫米　16 开本　17.75 印张　286 千字<br>2023 年 4 月第 1 版　2023 年 4 月第 1 次印刷 |
| **定　　价** | 65.00 元 |

作者感谢国家自然科学基金面上项目“人力资本的代际传递对经济增长的影响机制研究”(项目批准号:71573003)和“健康素养的形成机制与社会经济影响”(项目批准号:72074004)对本研究的资助。

# 目　录


第一章　导论 ………………………………………………… (1)

一、“新常态”下我国经济增长动力的转换 ………………… (1)

1. 我国经济增长的传统动力正在减弱 ………………… (1)

2. 由要素和投资驱动转向人力资本和创新驱动的经济增长模式 …………………………………… (3)

二、人力资本对我国经济增长的促进作用明显但仍待强化…… (5)

1. 人力资本对我国经济增长的促进作用明显 ……………… (5)

2. 人力资本对我国经济增长的促进作用仍有待强化 …… (9)

三、人力资本及其代际传递对经济增长具有深远影响 ……… (10)

1. 人力资本水平的提升对经济增长的影响机制 ………… (10)

2. 人力资本的代际传递与收入不平等及经济增长的关系 …………………………………………… (14)

第二章　理论背景:人力资本与代际流动性研究综述 …………… (19)

一、研究背景 ………………………………………………… (19)

二、代际收入流动性的估计与方法论问题 …………………… (21)

1. 代际收入弹性和相关系数的估计 ………………………… (21)

2. 代际收入流动性估计中存在的方法论问题 …………… (23)

三、人力资本与代际收入流动性 …………………………… (25)

1. 人力资本与收入的代际传导机制 ……………………… (25)

2. 人力资本流动性估计中的方法论问题 ………………… (26)

四、“先天—后天”之争 ……………………………………… (29)

1. 先天禀赋与后天因素的区分 …………………………… (29)

2. 先天禀赋与后天因素的相对作用 ……………………… (30)

3. 先天禀赋与后天因素的交互影响 …………………… (32)
五、结论 ………………………………………………… (33)

第三章 人力资本的代际传递对社会流动性的影响 ………… (35)
一、研究背景 ………………………………………… (36)
1. 我国社会流动性不足的现状及原因 ……………… (36)
2. 人力资本的代际传递与社会流动性的相关文献综述 ………………………………………… (38)
二、理论模型:人力资本的直接与间接传递 ………… (42)
1. 基准模型 ………………………………………… (42)
2. 扩展模型 ………………………………………… (45)
三、实证方法与数据 ………………………………… (47)
1. 计量模型 ………………………………………… (47)
2. 数据来源和描述性统计 ………………………… (49)
四、实证结果与分析 ………………………………… (54)
1. 人力资本具有显著的代际传递特征 …………… (54)
2. 人力资本的代际传递对收入代际流动性的影响 ……… (57)
3. 稳健性检验 ……………………………………… (60)
4. 两种人力资本形态的跨代交叉传导 …………… (62)
五、结论与政策启示 ………………………………… (64)
1. 忽略人力资本的直接代际传递将导致对代际收入传递弹性的低估 …………………………… (64)
2. 教育和卫生体制有待进一步改革与完善 ……… (65)

第四章 关于我国职业代际传导的实证研究
——以中部某省高校毕业生的就业数据为例 …………… (67)
一、研究背景 ………………………………………… (68)
1. 我国职业代际传导的现状 ……………………… (68)
2. 文献综述 ………………………………………… (69)
二、高校毕业生的职业代际传递 …………………… (71)
1. 高校毕业生职业代际传递水平测算 …………… (71)
2. 高校毕业生职业代际传递水平判断 …………… (75)

三、职业代际传递水平差异：Logit 回归 …………………… (78)
1. 模型选择 ……………………………………………… (78)
2. 职业代际传递水平差异分析 ………………………… (78)
四、职业代际传递水平差异的成因：职业效评与职业概率 …… (80)
1. 职业代际传递水平差异影响因素分析：职业效价视角 …………………………………………… (80)
2. 职业代际传递差异影响因素分析：职业概率视角 …… (83)
五、研究结论 ……………………………………………… (87)
第五章　关于我国人口健康代际传导的实证研究 ………… (89)
一、研究背景 ……………………………………………… (89)
二、文献综述 ……………………………………………… (91)
三、计量模型与估计 ……………………………………… (94)
1. 代际健康传递的基准模型 …………………………… (94)
2. 健康传递中不可观察的异质性 ……………………… (95)
3. 健康差异的 Blinder-Oaxaca 分解 ………………… (98)
4. 代际健康传递中的先天—后天交互作用 ………… (100)
四、数据与样本 ………………………………………… (101)
1. 数据来源 …………………………………………… (101)
2. 样本描述 …………………………………………… (103)
五、实证结果 …………………………………………… (108)
1. 基准模型回归结果 ………………………………… (108)
2. 工具变量回归结果 ………………………………… (111)
3. Blinder-Oaxaca 分解 …………………………… (115)
4. 先天—后天交互的证据 …………………………… (117)
六、结论 ………………………………………………… (120)
第六章　人力资本形成机制研究：关于人口数量—质量替代关系的检验 ……………………………………………… (121)
一、研究背景 …………………………………………… (122)
1. 我国人口政策的放松 ……………………………… (122)
2. 人口数量与质量之间的关系有待进一步研究 ……… (122)

二、计划生育与"一胎化"政策 …………………………… (128)
1. 我国计划生育政策的发展过程 …………………… (128)
2. "一胎化"政策使城镇人口的独生子女率发生跳跃 … (130)
三、估计方法与实证策略 …………………………… (132)
1. 断点回归设计 …………………………… (132)
2. 双重差分设计 …………………………… (135)
四、数据与描述性统计 …………………………… (135)
1. 数据来源及样本选择 …………………………… (135)
2. 样本描述性统计 …………………………… (136)
五、估计结果与稳健性讨论 …………………………… (139)
1. "一胎化"政策显著提升了子女的受教育程度 ……… (139)
2. 稳健性检验 …………………………… (142)
3. 双重差分的思路 …………………………… (145)
4. "安慰剂"检验 …………………………… (146)
六、影响机制分析:分样本回归 …………………………… (148)
1. "重男轻女"现象使得人口数量—质量的替代关系被削弱 …………………………… (148)
2. 人口数量—质量替代与地区收入和信贷市场发达程度的关系 …………………………… (150)
七、结论与政策建议 …………………………… (152)
1. 人口数量与人口质量的因果关系 …………………… (152)
2. 对我国人口政策的启示 …………………………… (153)

**第七章　人力资本形成机制研究:家庭教养方式对子代人力资本的影响** …………………………… (154)
一、研究背景 …………………………… (154)
1. 教养方式的含义与分类 …………………………… (154)
2. 教养方式对子女发展影响的相关研究 ……………… (157)
二、数据介绍和描述性统计分析 …………………………… (158)
1. 数据来源与变量构造 …………………………… (158)
2. 描述性统计分析 …………………………… (161)

三、回归方法 ……………………………………………… (164)
1. 基准回归模型 ……………………………………… (164)
2. 工具变量回归 ……………………………………… (165)
四、回归结果与讨论 ………………………………………… (167)
1. 基准回归结果 ……………………………………… (167)
2. 工具变量回归结果 …………………………………… (173)
3. 分样本回归结果分析 ………………………………… (174)
五、结论与政策含义 ………………………………………… (180)
1. 主要结论 ………………………………………… (180)
2. 政策启示 ………………………………………… (181)

**第八章　政府部门的养老与教育支出对人力资本及经济增长的影响** ………………………………………… (183)
一、研究背景 ……………………………………………… (184)
1. 政府在公共养老与教育支出之间的合理配置对于经济增长的重要性 ……………………………………… (184)
2. 公共养老与教育支出对经济增长的影响有待进一步研究 ………………………………………………… (186)
二、理论模型 ……………………………………………… (190)
1. 模型框架 ………………………………………… (190)
2. 模型求解 ………………………………………… (194)
三、数值模拟 ……………………………………………… (199)
1. 参数选取 ………………………………………… (199)
2. 数值模拟的结果 …………………………………… (200)
四、实证分析 ……………………………………………… (203)
1. 数据和实证模型 …………………………………… (203)
2. 估计结果及分析 …………………………………… (206)
五、结论与政策启示 ………………………………………… (209)
1. 公共养老与教育支出之间的统筹决策影响人力资本积累与经济增长 ……………………………………… (209)
2. 社会养老保障体系有待进一步改革与完善 ………… (210)

**第九章　结论与政策建议** …………………………………………… (211)
一、研究结论 ……………………………………………………… (212)
1. 忽视人力资本的代际传递会低估收入的代际传递弹性 ………………………………………………… (212)
2. 家庭的生育数量以及教养方式会深刻影响子女的人力资本水平 ……………………………………… (212)
3. 公共养老与教育支出的统筹决策对人力资本和经济增长有着重要影响 ………………………………… (213)
二、政策建议 ……………………………………………………… (214)
1. 改进公共教育投资,完善社会养老保障体制 ………… (215)
2. 进一步深化教育和卫生体制改革 …………………… (220)
3. 完善劳动力和信贷市场机制 ………………………… (223)
4. 宣传科学的生育观和家庭教养方式 ………………… (226)
**参考文献** ………………………………………………………… (230)

# 第一章　导　论

## 一、"新常态"下我国经济增长动力的转换

### 1. 我国经济增长的传统动力正在减弱

2008 年国际金融危机爆发以来,国内外经济环境发生了巨大的变化,我国经济下行的压力正在增大。图 1-1 显示,从 2011 年我国经济增长出现明显放缓开始,直至 2016 年,GDP 增速连续 6 年下滑。2017 年,我国 GDP 增速虽然实现了 7 年以来的首次回升,但 6.95% 的绝对增速也远低于 2010 年以前的平均水平。随后两年,我国 GDP 增速再次回落。经济增长速度的明显下降标志着我国经济已经由高速增长阶段转向中高速增长阶段,经济发展进入"新常态"。

2020 年 1 月起,新型冠状病毒肺炎(COVID-19)疫情相

继在世界各地暴发,对生产、销售、运输、服务等多行业造成全面冲击,使得我国经济增速下滑的态势更为明显。根据国家统计局公布的数据显示,按可比价格计算,2020 年上半年我国 GDP 同比下降 1.6%。分季度看,第一季度同比下降 6.8%,第二季度同比上升 3.2%。分产业看,第一产业增加值同比上升 0.9%,第二产业增加值同比下降 1.9%,第三产业增加值同比下降 1.6%。可以看到,在以习近平同志为核心的党中央的坚强领导下,2020 年上半年我国经济逐步克服疫情带来的不利影响,经济运行呈恢复性增长和稳步复苏态势,发展韧性和活力进一步彰显。同时也要看到,一些经济指标仍在下降,疫情冲击造成的损失尚需弥补。

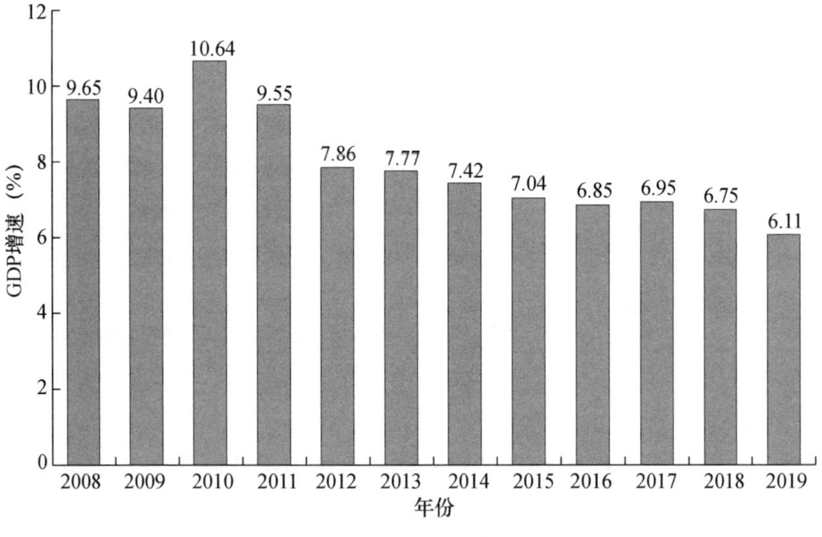


**图 1-1　2008—2019 年我国 GDP 增速**

资料来源:中华人民共和国国家统计局。

中国经济进入"新常态"的基本原因是经济增长的传统动力正在减弱,甚至趋于消失。改革开放的前 30 年,中国的经济发展模式是要素和投资驱动模式,经济的高速增长主要依靠庞大的中低技能劳动力供给以及物质资本的投入(Heckman and Yi,2012)。首先,从国内来看,20 世纪 70 年代末以来,由于计划生育政策的实施以及五六十年代生育高峰期出生的人口开始进入劳动力市场,我国的人口结构进入"低出生率、低死亡率和低增长率"与劳动年龄人口比重快速增加的阶段。劳动年龄人口的增长以及大规模的劳动力从农村的农业部门转移到城镇和沿海地区的工业部门,形成了近乎无限的廉价劳动力供给。同时,社会抚养比的下降使得我国整体的储蓄率上升和资本形成率提高(陆旸和蔡昉,2014)。两方面因素所带来的"人口红利"为中国经济的高速增长作出了巨大贡献。有研究表明,1982—2000 年,劳动年龄人口增加带来的总抚养比下降使得中国人均 GDP 增长速度提高了 2.3 个百分点,约占同期增速的 1/4(蔡昉,2010)。其次,从国际来看,对外开放政策的实施和全球经济一体化,使得大量的外资、技术和管理经验流入中国,成为中国经济增长的另一重要引擎。例如,研究发现,1983—1994 年以及 1994—2010 年,外国直接投资(FDI)增速每提高 1% 使得我国 GDP 增速分别提高 0.15% 和 0.28%(刘一欧和苏红莉,2012)。

然而,经过 30 年的高速增长之后,中国经济进一步发展的国内和国际环境都发生了巨大的变化,人口红利和外资对经济增长的驱动作用正在减弱或消失。主要原因有以下两点:第一,由于长期计划生育政策的实施以及医疗条件的显著改善,我国的人口结构发生了根本性的改变。根据国家统计局的数据,2012 年,我国 15—59 岁劳动年龄人口的数量开始减少,比上年减少 345 万人;即使按照国际通用标准,15—64 岁为劳动年龄,从图 1-2 可以看出,我国的劳动年龄人口从 2014 年开始也出现了绝对减少。除此以外,潜在的农民工数量急剧减少,仅有不到 10% 的年轻劳动力仍然留在农村地区(Li et al.,2017)。显而易见,劳动人口数量的减少会导致城镇和农村劳动力成本的快速上涨。同时,人口老龄化带来的社会抚养比上升会降低社会的储蓄率和资本形成率。两方面作用的共同结果就是我国的"人口红利"正在消失。第二,近年来国际贸易保护主义的抬头使得我国引进 FDI 的增速显著放缓。根据国家统计局的数据,2011 年以后,我国直接利用外资的年均增速不到 1.5%,远低于 2001—2010 年 6.9% 的平均水平。

### 2. 由要素和投资驱动转向人力资本和创新驱动的经济增长模式

根据上文所述,"新常态"下国内外经济环境的巨大变化使得我国传统的经济增长模式难以为继,无力支撑经济的持续、平稳和健康发展。对此,党的十九大报告明确指出,在新的发展阶段"必须坚持质量第一、效益

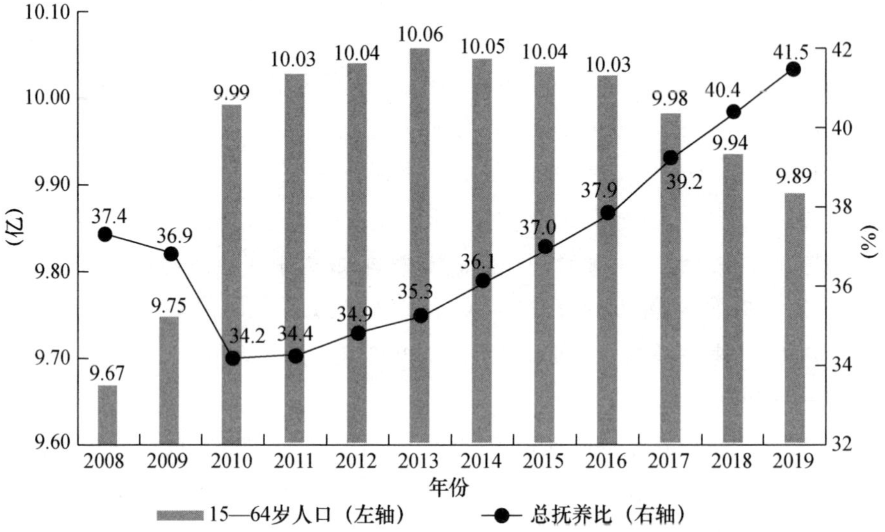


**图 1-2　2008—2019 年我国 15—64 岁劳动年龄人口数与总抚养比**

资料来源:中华人民共和国国家统计局。

优先,以供给侧结构性改革为主线,推动经济发展质量变革、效率变革、动力变革”。其中,动力变革即经济增长驱动力的转换,是“新常态”的本质。

适应和引领“新常态”,必须使人力资本提升和技术创新成为经济增长的新驱动力。从供给侧来看,一国的经济增长主要来自劳动力数量与质量的提升、物质资本投入的增加以及全要素生产率(TFP)的提高。因此,“新常态”下的经济形势在客观上要求我国的经济增长从劳动力质量的提升和 TFP 的提高这两方面发掘新动力。对此,党中央和国务院在近年来的历次经济工作会议中均强调“经济增长将更多依靠人力资本质量和技术进步”,即“通过人才引领创新、通过创新推动国家和民族的发展”。

首先,中国经济增长的第一个潜在驱动力来自人力资本质量的提升。数据显示,尽管随着经济的飞速发展,我国人口的教育水平和健康状况都得到了较大提升,但是劳动者的人均人力资本绝对水平仍然偏低,提升空间巨大。以教育水平为例,从图 1-3 可以看出,2015 年我国居民只有 13.33% 拥有大专以上学历,远低于发达国家和地区的水平。而随着高中教育和大学教育的进一步普及与人均教育水平的进一步提升,当人力资本对经济增长的贡献率超过劳动力数量对经济增长的贡献率时,我国的经济发展模式也将由劳动力驱动转向人力资本驱动,此时"人力资本红利"将取代逐渐消失的"人口红利"。其次,在资本投入增长放缓、资源和环境压力增大的背景下,未来中国的经济增长将更加依赖科学技术的进步。随着我国技术水平与发达国家和地区差距的不断缩小,技术引进的难度和成本都在上升,未来技术进步将更加依赖自主创新。而自主创新的基础在于大量高素质的人才,只有不断提升人力资本质量、充分发挥"人力资本红利"的作用,以创新驱动的经济发展模式才能实现。在这一动力转换过程中,一个重要的理论问题是弄清影响人力资本积累的因素和它对经济增长的贡献机制。

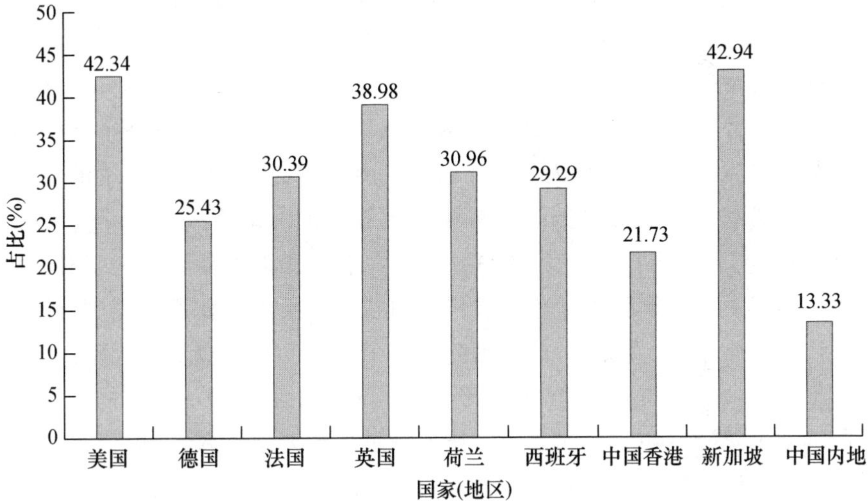


**图 1-3 2015 年中国内地与世界主要发达国家和地区大专以上学历人口占比情况**

资料来源:中华人民共和国国家统计局和世界银行数据库。

## 二、人力资本对我国经济增长的促进作用明显但仍待强化

### 1. 人力资本对我国经济增长的促进作用明显

上一节提到,"新常态"下我国经济增长急需由要素和投资驱动转向

人力资本驱动。但是,这一经济增长驱动力的转换必须满足两个前提条件:第一,人力资本能够显著促进经济增长;第二,人力资本对当前经济增长的贡献率还存在很大的提升空间。下文将梳理前人的相关研究,进而逐一分析我国的现实情况是否与上述两个前提条件相一致。

改革开放四十多年来,我国经济发展取得了举世瞩目的成就,引起了国内外经济学理论界对此问题的研究兴趣。近年来,随着内生增长理论的兴起与发展,一些学者开始从人力资本的角度来分析我国经济增长的原因。Ding and Knight(2011)发现物质资本和人力资本均显著促进了中国经济的增长,而且高等教育入学率对经济增长的贡献更大。Rawski(2011)认为,异常丰富的人力资本是中国经济持续增长最重要的驱动力。Lu et al. (2017)发现,教育和健康作为人力资本的两种主要形式,对我国经济增长都存在显著的促进作用。吴华明(2012)基于1990—2009年的相关数据,发现我国物质资本和人力资本的新增投资对经济增长的贡献没有显著区别,并且人力资本投资的效率远远高于物质资本的投资效率。梁润等(2015)将传统经济增长测算中的劳动力人数转换为人力资本总量,重新测算了我国1983—2011年各要素对经济增长的贡献,结果证实了人力资本总量对经济增长起到了正向贡献的作用。其中,劳动力数量和质量(人力资本)的贡献分别占27.1%和72.9%,且质量的贡献在不断增加。一些文献进一步分析了人力资本对我国经济增长的作用机制。刘生龙(2014)发现人力资本作为一种生产要素投入,其内部效应和外部效应均对我国TFP增长率产生了正向影响,从而促进了经济增长。Fu and Gabriel(2012)从劳动力迁徙的角度揭示人力资本溢出效应对中国区域经济发展的影响,研究结果表明,人力资本在城市地区的高度聚集所带来的溢出效应对经济增长具有显著的正向影响,其贡献甚至超过了FDI对经济增长率的贡献。Liang and Lu(2017)肯定了人力资本对我国经济增长的正向影响,而这种影响来自人力资本的外部效应,它使得高技术工人倾向于向大城市集聚,从而促进地区的经济增长。与前述文献不同,Li and Liu(2011)认为人力资本是通过技术进步间接作用于经济增长的。杜伟等(2014)也发现人力资本对我国经济增长的作用机制主要体现在通过技术创新、技术模仿而间接作用于经济增长。Su and Liu(2016)在研究FDI对我国经济增长的贡献时发现,人力资本水平的提高会增强我国对外国先进技术的吸收能力,进而促进经济增长。孟庆强(2016)认为人力资本对我国经济增长的作用在很大程度上是一种间接作用,而其中 FDI 所带来的技术外溢效应是人力资本发挥影响至关重要的渠道。高远东和花拥军(2012)基于中国 27 个省的面板数据,对各类型人力资本对于经济增长的作用机制进行了实证分析,发现基础人力资本与知识人力资本均通过“尼尔森–菲尔普斯”机制促进经济增长,而技能人力资本与制度人力资本在各种机制下对经济增长的作用统计上均不显著;同时,各类型人力资本在空间上存在依赖性,即各类型人力资本对邻接省域的经济增长有显著的促进作用。Li and Wang(2018)发现不同层次的人力资本对我国经济增长的影响机制存在差异:基础人力资本主要通过要素积累效应促进经济增长,而高级人力资本则是通过提高 TFP 促进经济增长。还有一些文献认为,人力资本对我国经济增长的影响具有门槛效应。例如,基于 1990—2005 年长三角地区的市级面板数据,殷醒民和陈昱(2011)在分析 FDI 在长三角地区是否存在技术溢出效应时,肯定了人力资本对我国经济增长的间接影响,并认为提高区域的人力资本水平能够扩大 FDI 带来的技术扩散,进而促进经济的持续增长;其中,FDI 发挥积极作用的基本前提是各地区的人力资本水平高于某一阈值,也就是说,人力资本对经济增长的影响具有门槛效应。王永水和朱平芳(2016)也发现人力资本对我国经济增长的影响存在门槛效应(非线性关系),人力资本水平在超过门槛值后,物质资本和 FDI 的回报率均大幅提高。刘智勇等(2018)表明,相对于人力资本存量等其他因素,人力资本结构的升级能够更好地解释我国东中西部地区的经济差距。

教育是最重要的人力资本形式,教育水平的提高对我国的经济增长具有显著的促进作用。Zhang and Zhuang(2011)发现不同类别的教育对中国经济增长的促进作用都很显著,并且高等教育的作用大于基础教育和中等教育。Fleisher et al.(2011)认为教育对工人的生产率和企业的 TFP 均有显著的正向影响,从而有力地推动了经济的长期增长。Wang and Ni(2015)认为,在考虑了空间溢出效应之后,教育的确对我国经济增长存在显著的促进作用,并且不同类别教育的作用不同(只有高等教育和基础教育对人均 GDP 有正向影响)。王弟海等(2017)则认为人力资本在公私部门间的配置结构可能会影响其对经济增长的作用。在剔除人力资本在公私部门间配置结构的影响后，文章发现我国人口教育水平的提高对经济增长具有显著的促进效应。除此之外，不同层次的教育对我国经济增长的作用具有显著的差异。黄燕萍等(2013)发现，初级教育和高级教育对我国经济增长的作用机制不同：初级教育作为一种生产要素直接促进最终产出，而高级教育则是通过加快技术创新与模仿的速度进而提高了 TFP。

近年来，越来越多的文献发现健康人力资本对我国的经济增长存在显著的促进作用。Ebenstein et al. (2015)基于我国 1991—2012 年的城市面板数据，发现预期寿命与城市 GDP 存在显著的正相关关系，从而证实了健康人力资本对我国经济增长的促进作用。骆永民(2011)以数据包络分析(DEA)得到的公共卫生支出投入产出效率作为健康人力资本的代理变量，进行计量分析后发现：健康人力资本对本地区和相邻地区的经济增长均有显著的促进作用。封岩和柴志宏(2016)发现健康人力资本对我国经济增长的效应在不同阶段存在差异，公共健康投资和私人健康投资需保持适当比例，经济增长率才会达到最优。王弟海(2012)发现来自食物消费和营养的福格尔型健康人力资本同来自健康投资的格罗斯曼型健康人力资本相比，前者不能产生内生经济增长机制，但是如果有外生技术进步时，福格尔型的健康人力资本可以增强技术进步对我国经济增长的正向影响。祁毓等(2015)详细分析了健康对我国经济增长的作用机制，发现健康会通过增加劳动力供给和提升劳动生产率来促进经济增长。

还有一些文献同时考察了两种人力资本对我国经济增长的交互影响。Baldanzi et al. (2016)发现健康与教育之间存在互补关系，健康水平的提高可以激励个体的教育投入，进而促进经济增长。张芬和何艳(2011)认为健康的增量水平而非健康人力资本存量水平有利于我国的长期经济增长，且健康的改善必须同时辅以教育人力资本的提高才能促进经济增长。徐祖辉和谭远发(2014)发现健康人力资本、教育人力资本和我国经济增长之间存在长期的协整关系，健康人力资本发挥着基础性的作用，对教育人力资本和经济增长的促进作用十分明显，而教育人力资本对健康人力资本和经济增长的促进作用则十分有限。许岩等(2018)认为健康和教育虽然都可以推动经济增长，但二者的影响机制具有显著的差异：教育人力资本既可以作为最终产品的要素投入直接作用于经济增长，也可以通过技术创新和模仿间接推动经济增长；而健康人力资本则只通过增加劳动供给的数量和质量来促进经济增长。然而，与前述文献不同，张秀武和赵昕东(2018)认为教育和健康对经济增长的影响方向是截然相反的：教育人力资本的提高对经济增长有显著的提升作用，而健康人力资本的提高则对经济增长有显著的抑制作用。

**2. 人力资本对我国经济增长的促进作用仍有待强化**

尽管上一部分列举的文献显示了人力资本对我国经济增长的促进作用，但是这一促进作用非常有限，需要进一步强化。张勇(2015)发现，虽然人力资本是中国经济增长的重要推动要素之一，但是其贡献率显著低于简单劳动和物质资本，反映了劳动密集型产业和追加投资仍然是中国经济增长的主要动力，经济转型升级的压力仍然巨大。詹新宇(2012)肯定了人力资本对经济增长的正向影响，但是这种影响的大小取决于市场化程度，而目前我国的市场化程度依然较低，因此人力资本的产出效应依然有很大的提升空间。周少甫等(2013)发现人力资本对经济增长具有正向作用，并且这种作用可以通过产业结构的适当调整获得强化。与人力资本相适应的产业结构调整可以优化人力资本的配置，强化人力资本对经济增长的正向贡献。胡宏兵(2014)的研究表明，教育人力资本对经济增长的促进效应在我国少数地区是显著的，但是对于大多数地区来说则不显著，因此有必要采取相应措施来充分释放和提升教育人力资本对经济增长的促进效应。于寄语(2015)认为，虽然短期内中等层次的教育人力资本对我国总产出的正向影响较强，但是高层次教育人力资本的形成才是我国长期经济增长的重要推动源泉，因此从长期来看，我国当前的人力资本水平无法维持经济的持续较快增长。除此之外，一些文献发现健康人力资本对我国经济增长的影响正在逐渐消减。例如，张琼和白重恩(2011)利用2000—2007年我国的县级层面数据，发现预期寿命的延长虽然可以通过改进健康水平促进经济增长，但是随之产生的养老负担则对经济增长产生非常显著的负向影响。随着我国人口老龄化趋势的加快，居民健康水平的改进将不足以抵消养老与抚养负担加重的负向影响，最终将抑制经济的长期增长。综上所述,在“新常态”下我国必须进一步深化改革,采取切实措施进一步提升人力资本对经济增长的促进作用。

## 三、人力资本及其代际传递对经济增长具有深远影响

前文简要介绍了我国“新常态”下经济增长动力的转换问题以及人力资本对目前我国经济增长的贡献。在本节中,我们从经济学理论角度出发,通过简要梳理相关的学术文献,来看人力资本对经济增长及收入不平等的影响。

总的来说,人力资本对经济增长的影响主要体现在以下两方面:第一,人力资本水平的提升对经济增长的影响;第二,人力资本的代际传递通过影响收入不平等而对经济增长产生作用。本节将根据以上两方面对相关文献进行综述。

### 1. 人力资本水平的提升对经济增长的影响机制

经济的长期增长一直是经济学理论研究所关注的重要问题。文献一般认为经济增长的源泉可以分为两种:生产要素投入的增加和要素使用效率的提高。经济增长领域的早期研究主要基于前者:Harrod(1939)和Domar(1946)最早用储蓄率解释一国的经济增长水平;后来经 Solow(1956)、Swan(1956)、Cass(1965)和 Koopmans(1963)等的努力实现了储蓄率的内生化。然而单纯用资本积累或储蓄率对经济长期增长的解释效果并不理想,因为物质资本的边际报酬递减,因此经济的长期增长只能依靠不断的外生技术进步才能实现。后来该领域的学者开始试图将长期经济增长的源泉内生化,从而创建和发展了内生增长理论。内生增长理论认为长期经济增长的一个重要驱动力是人力资本水平的提升。

Aghion et al.(1998)将文献中人力资本水平的提升对经济增长的作用机制归纳为以下两点:第一种为卢卡斯作用机制,其实质是将人力资本视为一种广义上的资本以及总生产函数中的投入要素,人力资本的“内部效应”与“外部效应”使得要素的边际报酬递增,因此人力资本水平的提

升可以直接推动经济的长期增长(Romer,1990;Teixeira and Fortuna,2010;Lucas,2015)。第二种为尼尔森–菲尔普斯作用机制,该理论认为人力资本是通过技术进步间接作用于经济增长的,人力资本水平的提升通过加快技术创新或者增强对国外先进技术的吸收能力来促进经济增长。Seck(2012)发现,人力资本水平较高的发展中国家能够提高对发达国家技术的吸收能力,从而促进经济增长。Islam et al.(2014)进一步发现,只有经过质量调整后的人力资本才能够通过增强对先进技术的吸收能力来促进经济增长。对于发展中国家来说,技术吸收的主要渠道是 FDI。在这一方面,Shen et al.(2010)发现,人力资本的提高能够增强对 FDI 带来的技术的吸收能力,从而扩大 FDI 对经济增长的正向影响。除了 FDI,对外贸易也会带来技术扩散进而促进一国的经济增长。Soukiazis and Antunes(2012)发现,人力资本的提高能够增强对外贸易对经济增长的正向影响。值得注意的是,Tzeremes(2014)的研究结果表明,在发达国家,人力资本与技术进步之间呈现倒 U 形关系,但是这种关系在发展中国家并不存在。近年来,部分学者将人力资本的内涵扩大化,将其分为认知能力和非认知能力两部分,并分别研究两类人力资本对经济增长的影响。例如,Messinis and Ahmed(2013)通过实证分析,发现认知能力能够显著推动技术创新和技术扩散,进而促进经济增长。Balart et al.(2018)通过将个体国际学生评估项目(PISA)考试的表现分解为初始表现及考试期间的表现衰减(代表非认知能力),发现认知能力和非认知能力都能够显著促进经济增长。除上述两种影响机制外,人力资本存量的增加能够通过吸引更多有技能的移民到本国定居,进而提高本国居民的技术构成和人力资本的增长率,并加快人均收入的增长(Ehrlich and Kim,2015)。

人力资本是决定一国经济增长的重要因素,而教育是提升人力资本质量的重要手段。许多实证研究证实了教育支出对经济增长的正向影响。一般来说,教育支出的增长能够提升一国居民的平均教育水平,促进创新和劳动生产率的上升,进而加快经济增长(Kreishan and Hawarin,2011;Mallick and Dash,2015;Sehrawat and Giri,2017)。但是,将教育对经济增长的影响简单地归结于教育投资或支出,将忽视不同国家之间教育支出所产生的实际结果的差异。换言之,影响经济增长的是教育支出的效果,而非教育支出本身。因此,越来越多的文献着重于研究平均受教育年限与经济增长率之间的关系,并肯定了国民教育水平对经济增长的正向推动作用(Breton,2011;Clarke et al.,2015;Benos et al.,2017)。但是,一些学者认为,使用平均受教育年限衡量教育水平,依然存在缺陷:第一,不同国家的教育质量是不同的;第二,正规学校教育只是教育的来源之一,非学校因素对教育结果的作用不可忽视。例如,Hanushek and Woessmann(2012)通过对拉丁美洲经济增长的研究发现,教育成就(考试成绩)对经济增长的促进作用是显著的;一旦在回归中引入教育成就,人力资本就可以解释拉丁美洲与其他地区之间收入差异的1/2到2/3。Delgado et al.(2014)和Hanushek(2013)都发现,平均受教育年限对经济增长并无显著的影响,只有教育成就(平均考试成绩)的提升才能促进经济增长。Breton(2015)也证明,受教育年限对经济增长没有显著的影响,而考试分数或者教育投入水平却能有效地解释经济增长现象。此外,一些文献尝试从门槛效应的角度来解释一些国家或地区的平均受教育年限与经济增长无关的现象。例如,Ahsan and Haque(2017)发现,教育对经济增长的影响存在门槛效应:只有当一国居民的平均受教育年限超过一定的门槛值时,受教育年限的增加才能显著地促进经济增长。

相比于教育对经济增长的影响,健康人力资本对经济增长的影响更为复杂。Swift(2011)通过实证分析发现,人口预期寿命与GDP以及人均GDP之间都存在稳定的显著关系:在长期内,预期寿命每延长1%,GDP和人均GDP分别上涨6%和5%。Strittmatter and Sunde(2013)通过研究欧洲各国公共医疗体系建立的具体时间及其产生的影响,发现健康状况的改善对经济总产出以及人均产出的增长都有着显著的促进作用。Chakraborty et al.(2010)发现,较高的传染性疾病发病率会降低个体的储蓄和投资倾向,从而抑制国家的经济增长。预期寿命较长的个体会有动机对自身进行更多的教育投资,进而促进人力资本及经济的增长。例如,Oster et al.(2013)发现,预期寿命的缩短会相应降低教育投资的长期收益,进而抑制个体对教育的投资水平。反之,健康水平的提高能够激励个体进行更多的教育投资,进而促进经济增长(Costa,2015)。Hansen and Lønstrup(2012)证明,随着预期寿命的增加,理性经济个体的最优决策是接受更多的教育以及较早退休。进一步的研究表明,对个体教育投资影响最大的是个体早期的健康水平(Hansen,2013)。健康水平较高的个体往往具有较高的劳动效率,更善于创造和适应新的技术,并且能够更加有效地应对高增长下的环境变化。例如,Bar and Leukhina(2010)的研究结果表明,成年人死亡率的降低,会促进创新以及知识的传递,进而推动生产率的提升。Gehringer and Prettner(2019)通过理论推导和基于 OECD 国家数据的实证分析发现,死亡率的下降会激励个体增加物质资本和研发投资,从而有力推动技术进步和生产率的提高。但是,还有一些文献发现健康人力资本对经济增长并没有显著的正向影响甚至会抑制经济增长。Acemoglu and Johnson(2007)将人力资本的积累与人口变化的内生决定机制引入内生经济增长模型,发现一国人口预期寿命(健康人力资本水平)的提高会通过增加人口数量从而对人均 GDP 产生负面影响。Well(2007)发现,消除国家之间的健康差异后,各国劳动生产率的差异(以单位劳动力的对数 GDP 衡量)将有所降低,但这一变化并没有统计学意义上的显著性。Hartwig(2010)基于 OECD 国家的数据同样发现,健康人力资本对长期经济增长并无显著影响。Hansen(2013)基于现代医药传播所带来的死亡率的外生变化,分析了人口预期寿命的增加对人均 GDP 增长的影响,发现 20 世纪中期预期寿命增长较快的国家并没有在随后的 20 世纪下半叶获得较高的人均 GDP 增长率。对于这一发现,Aisa and Pueyo(2013)给出解释,认为预期寿命的增加一方面提高了社会抚养率,使得更多的劳动力从非健康部门转移到健康部门,进而抑制了经济增长;另一方面提高了居民的储蓄率,加快了物质资本的积累,进而促进了经济增长。两种效应互相抵消,其净影响将最终决定人口预期寿命与经济增长率之间的关系。此外,Cervellati and Sunde(2011)发现,预期寿命对经济增长的不确定影响与人口变迁相关。人口变迁的一个关键特征是,在初始的增长之后,人口增长的速率最终会随着死亡率和生育率的降低而下降。在人口变迁之前,预期寿命对经济增长的影响是负的(但并不显著);在人口变迁之后,预期寿命对经济增长的影响显著为正。类似地,Kunze(2014)的研究表明,预期寿命对经济增长的影响具有非线性特征,影响的方向取决于遗产动机的存在与否。当家庭内部存在遗产时,预期寿命的增加会抑制经济增长;反之,当家庭内部不存在遗产时,预期寿命与经济增长之间呈现倒 U 形的关系。

### 2. 人力资本的代际传递与收入不平等及经济增长的关系

人力资本除了可以通过水平的提升来促进经济增长,其代际传递性也直接关系到收入不平等和社会流动性,进而影响经济的长期增长。人力资本的代际传递是指子女的人力资本不仅取决于父母对其数量和质量进行取舍的跨代投资行为,还取决于父母通过基因和言传身教等方式将自身人力资本直接传导给子女的程度。较高程度的代际人力资本传递意味着子女的人力资本在代际传递过程中没有明显的变化,从而造成了较为严重的代际收入差距的持续和较低的社会流动性(Lefgren et al.,2012)。社会流动性的不足,会使得一个国家和地区的收入不平等愈加严重。Jerrim and Macmillan(2015)发现代际流动性的关键影响因素包括高等教育的可及性、教育的回报率以及父母教育水平对劳动收入的影响,而这些因素都与收入不平等有着显著的相关性,因此较低的代际流动性意味着收入不平等程度较高。进一步的研究表明,虽然收入不平等在短期内会提高经济的增长速度,但是,较高程度的收入不平等最终将抑制经济的长期增长(Halter et al.,2014)。Castelló-Climent(2010)也发现,在其他条件相同的情况下,较高程度的人力资本不平等会提高生育率并降低预期寿命,从而抑制人力资本的积累和经济增长。此外,在信贷市场不发达的国家和地区,人力资本不平等对经济增长的负面影响更加严重。因此,在研究人力资本的积累对经济增长的影响时,必须引入人力资本的代际传递机制。

健康的代际传递是人力资本代际传递的重要组成部分。大量的相关研究证实了健康在代际的相关性。比如,Bhalotra and Rawlings(2011)基于38个发展中国家的母子数据,发现母亲的健康状况与子女的健康状况之间存在显著的正相关关系;对于发达国家,Coneus and Spiess(2012)使用德国社会经济面板调查数据发现,在自评健康和人体测量指标上,父母与0—3岁的子女存在显著的正相关关系;除了身体健康状况,Johnston et al.(2013)发现心理健康状况也存在显著的代际传递性,并且母亲的心理健康会对子女的教育水平、未来的家庭收入以及子女犯罪的可能性产生持久的影响。但是,这些研究均未能完全从因果性的意义上建立健康水平在代际的联系。为此,Venkataramani(2011)使用父母早期的生活环境作为工具变量,发现父母的身高与子女的身高之间存在显著的正向因果关系。与健康的代际相关性相比,近年来越来越多的文献开始关注健康代际传递背后的机制。一般研究认为,基因、孕期的环境状况以及出生之后的家庭环境和资源都是健康代际传递的作用渠道(Lindahl et al.,2016)。但是,先天遗传和后天环境各自起到了多大的作用,目前的研究并未给出统一的结论。例如,Lhila and Long(2012)发现健康的代际不平等主要是由后天的社会经济因素造成的,先天遗传因素的贡献较少。Thompson(2014)通过比较父母与养子女的代际弹性和父母与亲生子女的代际弹性,发现慢性疾病的代际传递主要是由后天环境因素或者先天—后天交互造成的,其中先天遗传的贡献只占 20%—30%。但是,Classen and Thompson(2016)基于养子女数据,则发现先天遗传在身体质量指数(BMI)和体重超重状态的代际传递中发挥了主要作用。Thompson(2017)通过对哮喘的代际传递进行分析,发现先天遗传的相对重要性取决于家庭的社会经济状况:社会经济状况较好的家庭,先天遗传因素相对重要;反之,社会经济状况较差的家庭,先天遗传的重要性可以忽略不计。

相比于健康传导,教育的代际传递是代际收入传导更重要的途径。在实证上,大量相关研究利用政策的外生变化验证了父代教育对子代教育的正向因果影响。例如,Piopiunik(2014)利用德国的义务教育改革考察了父母的受教育程度对子女受教育程度的因果影响,发现母亲受教育年限的增加显著提高了儿子的受教育程度。Meng and Zhao(2021)发现,受"文化大革命"影响较大的父母,其子女上大学的概率显著偏低,这验证了教育人力资本在代际的传导特征。除此之外,教育代际传递的机制也是这一领域关注的核心问题。根据以往的文献研究,教育的代际传递途径主要包括以下三种:教育水平较高的父母通常收入较高并且更加重视教育,因而对子女的教育投资也越多(Piopiunik,2014);父母的教育水平会影响其花费在孩子教育上的时间投入(Andrabi et al.,2012);教育会影响家庭成员的谈判能力(Black and Devereux,2010)。近年来,越来越多的文献发现父母的教育水平可能会通过改善子女早期的健康状况使得子女获得更高的教育水平(McCrary and Royer,2011;Keats,2018;Lundborg et al.,2018)。同时,子女早期认知和非认知技能的获得也成为代际教育传递的重要媒介。根据动态人力资本投资理论可知,人力资本的动态互补性(dynamic complementarity)使得个体早期的认知和非认知技能水平对成年之后的教育成就有着至关重要的影响(Cunha and Heckman,2007,2009)。为此,Lundborg et al.(2014)利用瑞典的义务教育改革考察了父母的受教育程度对子女认知和非认知技能的因果作用,发现母亲的受教育程度对子女的相关技能有显著的正向影响。进一步,Lundborg et al.(2018)发现儿童期和青春期的技能与健康是教育代际传递的重要机制:父母受教育年限的增加可以提高子女的认知与非认知技能及健康状况,从而提高子女的教育水平。

从以上梳理可以看出,虽然目前已经有相当数量的文献研究人力资本对我国经济增长的作用以及影响机制,但是这些研究往往忽视了人力资本积累与人口变迁之间的关系及其对经济增长产生的影响。人力资本作为一种特殊的资本必须依附在人的身上,因此它的积累与人口变迁密切相关。由于在经济学理论中存在人口数量和质量的权衡取舍(quantity-quality trade-off),人口的增长可能会导致人口质量(或人力资本)的下降,从而对人力资本积累和经济增长产生负面影响(Barro and Sala-i-Martin,1995;Headey and Hodge,2009)。因此,在考察人力资本对经济增长的贡献时,不得不考虑人口变迁的决定机制及其作用。此外,如上文所述,人力资本区别于物质资本的另一个重要特性是它可以在父代与子代之间传递。人力资本的代际传递机制不仅影响子代的人力资本积累(Ehrlich and Kim,2007),而且关系到社会流动性和公平性(Zhang and Eriksson,2010),这些因素都会直接或间接地影响经济增长。以往研究在分析人力资本对经济增长的作用时均在一定程度上忽略了人力资本的这一特性。为了更好地考察人力资本积累对经济长期增长的贡献,需要对人力资本代际传递的社会流动性效应进行分析,并在经济增长模型中引入人力资本的代际传递机制,这对于相关文献的发展是非常重要的。

基于以上分析,本书将分别从理论和实证两个角度来研究人力资本的代际传递(包括直接传导和间接传递)对经济增长的影响。理论研究部分将传统的世代交叠模型(OLG)和内生经济增长模型相结合,通过引入家庭的养老决策、生育决策和人力资本投资,从理论高度刻画了人力资本的积累和代际传递对长期经济增长的微观作用路径,并通过多种参数条件下的仿真数值模拟为相关政策方案提供参考。实证研究部分使用联立方程(SE)、逻辑(Logit)回归、Blinder-Oaxaca 分解、断点回归设计(RDD)、工具变量(IV)、系统广义矩估计(SGMM)等计量经济学方法,结合我国的微观入户调查数据(中国健康与营养调查、中部某省 2018 年高校毕业生就业行政数据、2005 年全国 1% 人口抽样调查数据、中国家庭追踪调查)和省级宏观面板数据,分别考察以健康和教育为代表的人力资本在我国的代际传递对社会流动性的影响,高校毕业生的职业代际传递、我国人口健康的代际传导、家庭的生育决策和教养方式对子女人力资本积累的影响,以及政府在养老和教育领域的支出对人力资本积累和经济增长的影响。本书的研究内容在经济学文献中具有一定的理论价值,同时对我国的教育、医疗、养老及劳动力市场改革具有政策层面的借鉴意义,并能为我国实现以人为本的创新型经济发展战略提供一定的启示。

本书章节安排如下:第二章通过集中评述国内外关于人力资本和代际流动性的既有研究,系统阐述本研究的理论背景。第三章从我国社会流动性不足的根源出发,分别从理论和实证角度研究人力资本的代际传递对社会流动性的影响。第四章和第五章分别探讨我国职业代际传递和健康代际传递的现状及成因,以期对我国社会分层与代际流动性的形成机理和影响因素进行分析。具体来说,第四章基于中部某省 2018 年高校毕业生就业行政数据,对高校毕业生职业代际传递分布进行分析,并从职业效评和职业概率两个方面考察不同职业类型的代际传递水平差异;第五章基于 1991—2009 年中国健康与营养调查数据估计中国的代际健康传递,考察父母的社会经济特征和生活环境选择与子女健康状况的关系,并进一步利用 Blinder-Oaxaca 分解方法探索城乡儿童健康差异与父母健康差异的关系。第六章和第七章分别从家庭的生育决策与教养方式两方面进一步考察人力资本的形成机制。具体来说,第六章基于 2005 年全国 1% 人口抽样调查数据,利用多种计量方法对我国家庭的生育数量与子女人力资本投资水平之间的因果关系进行识别;第七章基于中国家庭追踪调查 2010—2014 年的数据,研究父母的教养方式对青少年人力资本的影响。第八章从宏观经济政策的视角出发,使用世代交叠模型,在一般均衡分析框架下,研究了政府在养老和教育领域的相对支出变化对人力资本积累及经济增长的影响机制,并在数理建模的基础上,进一步使用1997—2015年的省际面板数据对理论研究模型的结果进行了实证检验。第九章基于前述各章的研究结果,对相关结论进行总结,并对有关政策进行了讨论并给出了建议。

# 第二章 理论背景:人力资本与代际流动性研究综述[①]

社会流动性是经济长期增长的核心要素。代际流动性是社会流动性的主要构成部分。导论部分已简要介绍了人力资本的代际传递对收入不平等影响的相关研究,本章进一步对国内外关于代际流动性及其传导机制的既有研究进行集中评述。本章首先梳理了各国对代际收入传递弹性的估计结果及其在方法上存在的普遍问题,其次总结了学术界对于代际流动性传导机制及其影响因素的研究成果,并重点阐述了"先天—后天"之争的内涵,最后结合我国的研究现状提出了对这一领域进行进一步研究的建议。

## 一、研究背景

社会流动性指个体的社会经济地位可改变的程度,通

① 本章内容来自秦雪征(2014)。

常包括代内流动性和代际流动性。经济学研究主要关注经济层面的代际社会流动性,即收入和贫富差距会在多大程度上由父母一代向后代传递。具体而言,这种经济地位的跨代传递在很大程度上反映了子女在发展机会上的不平等程度[①](Zhang and Eriksson, 2010)。因此,研究收入的代际流动性及其决定因素对改善社会的整体公平和维持经济的长期可持续发展具有重大的理论和现实意义。

从理论上来说,收入的代际流动作为代际收入分配的重要渠道,是个体在跨代消费和跨代投资活动中进行理性经济行为的结果,它往往与人力资本理论紧密结合,从而为微观和宏观经济研究(如人力资本投资理论、工资理论、经济增长理论、最优税收理论等)提供新的视角。从实践角度看,收入的代际流动性是衡量一国社会机会平等程度的重要指标,对其传导机制和决定因素的研究可以为解决长期贫富分化问题提供政策指导。例如,既有研究指出代际收入流动性不足的根源在于子女的人力资本在代际传导过程中没有发生实质性的变化,即居民的健康、教育、能力等指标的不平等性在代际延续,使低收入人口的子女在人力资本方面处于劣势,限制了其改善自身经济状况的能力。因此,对相关问题的研究不仅可以为我国的收入分配政策提供借鉴,同时还将为当前的医疗与教育体制改革提供启示。

本章从对代际收入流动性的讨论入手,依据研究逻辑对国内外近年来的相关成果进行梳理和总结,尽力向读者展示代际流动性研究中的核心议题。这些议题可以归纳为以下三个方面:① 对一个国家或地区代际收入流动性大小的估计,即计算父代收入与子代收入的相关系数或弹性;② 关注代际收入流动性的变化对社会各方面的影响,这通常是同第一个问题联系在一起的;③ 研究代际收入流动性的决定因素,以及这些因素(如教育、健康等)是通过什么途径使收入在代际传递的(即传导机制),这是代际流动性研究的核心问题。

---

① 机会平等(equality of opportunity)是指除了自身能力与努力程度,个体不因家庭背景、人种、性别等外在的随机因素而受到不一致的待遇。通俗地讲,即不同个体处在同一起跑线。机会平等与结果平等(equality of outcome)相对,后者指的是结果上的平均主义,比如不同劳动者拥有相同的收入。相对于结果平等,机会平等对社会公平性及社会财富的合理分配有着更重要的意义。

## 二、代际收入流动性的估计与方法论问题

### 1. 代际收入弹性和相关系数的估计

研究代际流动性及其传导机制的前提是精确计算父代收入与子代收入之间的相关性。在经济学文献中,衡量这种相关性的指标主要有两个:代际收入弹性(intergenerational income elasticity)和代际收入相关系数(intergenerational income correlation)。代际收入弹性的估计方程来自 Becker and Tomes(1979)的理论模型:

$$y_1 = \beta y_0 + \varepsilon \tag{2-1}$$

其中,$y_0 = \log(Y_0) - \overline{\log(Y_0)}$,代表父亲的相对收入水平,$\log(Y_0)$为父亲的永久收入(取对数),$\overline{\log(Y_0)}$为父代平均对数收入。$y_1 = \log(Y_1) - \overline{\log(Y_1)}$,代表后代的相对收入水平,即 $\log(Y_1)$为后代个体的对数永久收入,$\overline{\log(Y_1)}$为其平均值。由于两代收入均为对数表达式,因此其回归系数 $\beta$ 即为代际收入弹性,而$(1-\beta)$则衡量了代际流动性。

代际收入相关系数的估计式为 $\rho-(\sigma_0/\sigma_1)\beta$。其中,$\rho$ 为代际收入相关系数,$\sigma_0$ 和 $\sigma_1$ 分别为父代和子代对数收入的标准差。$\rho$ 与 $\beta$ 的主要区别在于 $\rho$ 的估计考虑了两代人收入分布的离散程度,只有该离散程度相等时,$\rho$ 与 $\beta$ 才会相等。理论上,代际收入相关系数能够更精确地反映代际收入的传递程度,而代际收入弹性的精确性则会受到代际收入分布离散程度的影响。但是,在实践中代际收入弹性往往更容易估计,且不会因为子代收入的测量误差而产生估计偏误,因此在文献中被更多地使用。

在 Becker and Tomes(1979)提出代际收入流动的理论模型之后,各国学者对代际收入弹性相继进行了许多实证研究。到目前为止,主要的研究对象集中在北美、西欧和北欧三个地区。Solon(1999,2002)对 2000 年以前的文献进行了综述,在此不再赘述。2000 年之后比较有代表性的文献列举如下:Jäntti et al.(2006)使用美国 NLSY(National Longitudinal Survey of Youth)数据、英国 NCDS(National Child Development Study)数据和

北欧四国(丹麦、芬兰、挪威和瑞典)的人口注册数据对六个国家的代际收入弹性和相关系数进行了估计,其中美国的代际收入弹性最高,为0.517,芬兰、挪威和丹麦三国的代际收入弹性最低,分别为0.173、0.155和0.071,挪威和英国居中,而这六个国家的代际收入相关系数也基本呈现相同特点;这表明北欧国家的社会流动性最高,西欧次之,美国最低。Ermisch and Nicoletti(2005)利用BHPS(British Household Panel Survey)数据得出英国的代际收入弹性约为0.37,由于该研究是基于跨越32年的面板数据,因此其估计结果更为精确。Leigh(2007)利用HILDA(Household, Income and Labour Dynamics in Australia)数据得出澳大利亚代际收入弹性为0.2,略高于北欧国家。Vogel(2006)利用GSEP(German Socio-economic Panel)数据估计了德国的代际收入弹性,得到的结果为0.24,低于他利用PSID(Panel Study of Income Dynamics)和CNEF(Cross-national Equivalent File)数据对美国得出的估计值0.34。在之前研究的基础上,Blanden(2009)对2000年之后研究跨国代际流动性的文献做了系统性的总结:绝大部分研究都显示南美国家、南欧国家和其他发展中国家的代际收入流动性较低,而北欧国家的代际收入流动性最高,美国和其他发达国家则位于二者中间;更值得关注的是代际收入流动性的高低与其他衡量收入是否平等、教育是否平等的指标存在高度相关性,从而为文献中对代际收入流动性内在传导机制的研究提供了思路。

这一领域的另一个研究方向是刻画代际收入流动性随时间变化的趋势。例如,Blanden et al.(2004)使用NCDS和BCS(British Cohort Survey)数据发现英国的代际流动性在1950—1970年有上升趋势;而Lee and Solon(2009)使用PSID数据并没有发现美国的代际收入弹性存在显著的变化趋势;相反,Bratberg et al.(2005)使用挪威的人口注册数据发现1950—1970年该国的代际收入弹性发生了显著下降。近年来,代际收入弹性的性别差异也成为新的研究热点。Raaum et al.(2008)认为“门当户对”的婚姻(assortative mating)和劳动供给弹性共同造成了代际收入弹性的性别差异:高收入家庭的女性后代倾向于选择高收入的丈夫,并减少外出工作的时间,从而造成女性群体的代际收入弹性低于男性。同时,该研究利用斯堪的纳维亚地区人口注册数据的分性别样本对这一理论提供了实证检验。

### 2. 代际收入流动性估计中存在的方法论问题

理论上,对代际收入弹性和相关性的估计都是以永久收入(permanent earning)为基础的,因此实证研究的关键是精确估计父代和子代的永久收入。然而,既有研究受限于数据的测量误差和代际传递的非线性问题,往往无法得到永久收入的精确估计值。

第一,收入的测量误差及其解决方法。在弹性估计方程(2-1)中,子代永久收入($y_1$)的测量误差本身并不会使 $\beta$ 的估计值产生偏误,但父代永久收入($y_0$)的测量误差则可能导致 $\beta$ 的估计偏误。因此,父代收入的测量误差对代际收入弹性的估计来说更为重要,而导致该误差的主要原因是个体永久收入常常面临无法观测的随机冲击。

Solon(1992)首先证明,如果随机冲击是一个白噪声(white noise),那么代际收入弹性 $\beta$ 的估计值 $\hat{\beta}$ 存在向下的偏误。令扰动 $v$ 为白噪声,$y_0$ 为回归方程(2-1)中定义的父代收入,那么偏误的大小为:

$$\text{plin}\hat{\beta}=\frac{\text{var}(y_0)\beta}{\text{var}(y_0)+\text{var}(v)} \tag{2-2}$$

其中,$\text{var}(y_0)$ 和 $\text{var}(v)$ 分别为相应变量的方差。进一步,Solon(1983,1992)证明如果随机冲击 $v$ 为一阶自回归过程[AR(1)],令 $v_t=\delta v_{t-1}+u$,则偏误的大小为:

$$\text{plin}\hat{\beta}=\frac{\text{var}(y_0)\beta}{\text{var}(y_0)+\gamma\text{var}(v)} \tag{2-3}$$

其中,$\gamma=1+2\delta\left[\frac{T(1-\hat{\delta}T)/(1-\delta)}{T(1-\delta)}\right]$。由此可知,减轻系数估计偏误的第一种方法是对收入 $y_0$ 进行 $T$ 年平均,因为平均之后能够减少随机冲击的扰动程度。而对于不同的数据,最优 $T$ 值也不同,可以通过数值模拟求出。Solon(1992)和 Mazumder(2005)证明经过 $T$ 年平均之后,(2-2)式和(2-3)式中的偏误系数分别为 $\frac{\text{var}(y_0)}{\text{var}(y_0)+\text{var}(v)/T}$ 和 $\frac{\text{var}(y_0)}{\text{var}(y_0)+\gamma\text{var}(v)/T}$,偏误明显变小。Mazumder(2005)在一阶自回归冲击的假定下,通过数值模拟得出使回归偏误最小的 $T$ 值在 20 和 30 之间。

由于许多既有数据无法覆盖如此长的期限,另一种减轻估计偏误的方法是选择特定年份的数据作为个人永久收入的近似。其理由在于，永久收入是平滑一生中不同年份收入而产生的，某些年份的收入值可能会更接近于平滑后的永久收入值，因此以该年收入为基础的 $\beta$ 估计值的偏误会更小。Haider and Solon(2006)证明，如果第 $t$ 年的子代和父代收入与各自的永久收入关系如下：

$$y_{1t} = \mu_t y_1 + u \tag{2-4}$$

$$y_{0t} = \theta_t y_0 + v \tag{2-5}$$

其中 $u$ 和 $v$ 分别为白噪声冲击，$\mu_t$ 和 $\theta_t$ 分别为子代和父代第 $t$ 年收入与永久收入的比例系数，那么代际收入弹性估计值的偏误为 $\frac{\mu_t \theta_t \mathrm{var}(y_0)}{\theta_t^2 \mathrm{var}(y_0) + \mathrm{var}(v)}$。显然，如果 $\mu_t = \theta_t = 1$，则偏误系数与(2-2)式相同；而当二者不等时，则需要选择合适的 $t$ 值，使该年收入与永久收入的比例值尽可能接近 1。基于美国 HRS(Health and Retirement Study)数据，Haider and Solon(2006)利用截尾模型(censored model)来估计 $\mu_t$ 和 $\theta_t$。结果表明，对于该数据而言，父亲最接近于永久收入的年龄为 40 岁左右，而子女最合适的取值年龄则为 20—30 岁。Bohlmark and Lindquist(2006)也使用相同方法估计了瑞典收入税(income tax)数据中的参数值，他们的估计结果表明，$\mu_t$ 在一个人 20 多岁时较小，在 30 岁和 40 岁之间接近 1，之后又逐渐下降；对于 $\theta_t$ 而言，在 30 岁和 40 岁之间其值达到最大，接近于 0.6。以上研究结果为我们在无法观测到永久收入的情况下选择特定年龄对其进行近似分析提供了依据。

第二，代际流动性研究中的异质性问题。在对代际收入流动性的估计中，研究者经常会面临异质性问题的困扰。该问题是指父代与子代之间的收入相关性在不同收入分位数上呈现非均匀分布的特征。对此，文献中往往使用过渡矩阵(transitory matrices)或分位数回归(quantile regression)处理。过渡矩阵将父代收入和子代收入分别分为 $n$ 个等分组，矩阵元素 $P_{ij}$ 表示当父代收入处于第 $i$ 组时，子代收入处于第 $j$ 组的概率，即 $P_{ij}(y_0, y_1) - Pr(j-1 \leqslant y_1 \leqslant j, i-1 \leqslant y_0 \leqslant i) / Pr(i-1 \leqslant y_0 \leqslant i)$。[①] 依据

① 另有一类研究[如 Bhattacharya and Mazumder(2007)]将过渡矩阵的元素定义为子代收入分位超过父代收入分位(向上流动，upward mobility)的概率，即 $P_{ij}(y_0, y_1) = Pr(y_1 \geqslant j | y_0 \leqslant i)$，$j \in [0, n-i]$。虽然具体数值不同，但两种方法在比较代际收入流动的非线性特点上是等效的。

对美国、英国和北欧四国（丹麦、芬兰、挪威和瑞典）代际收入过渡矩阵的估算，Jäntti et al.（2006）发现当父代收入处于低分位时，英国和北欧国家的代际收入流动性比较接近，均高于美国的数值；但当父代收入处于高分位时，美国和英国的代际收入流动性比较接近，均高于北欧国家的数值。Bhattacharya and Mazumder（2007）基于美国 NLSY 数据发现，过渡矩阵显示黑人与白人的代际收入流动性差别小于传统的均值回归结果，这意味着黑人群体可能并不像之前研究所估计的那样缺乏代际收入流动性。以上研究显示，相对于线性回归对代际收入弹性的估计，过渡矩阵更能够捕捉到代际收入流动的异质性特征。需要承认的是，过渡矩阵方法同样面临收入测量误差的问题：O'Neill et al.（2007）通过数值模拟发现，如果只有子代收入出现测量误差，则过渡矩阵中的代际收入流动性会被高估，且低分位的高估程度较大；而如果子代收入与父代收入均出现测量误差，则代际收入流动的估计偏误取决于两种误差的相关性——当误差相关性较高时，代际收入流动性会被低估，反之则被高估。

另一种处理收入分布非线性问题的方法是分位数回归。[①] 相比过渡矩阵，分位数回归直接估计不同分位上的代际收入弹性和相关系数。例如，Eide and Showalter（1999）使用 PSID 数据和分位数回归发现，1968—1992 年，美国父代收入分布的底部所得到的代际收入相关系数更大，在分布顶部的相关系数更小。这意味着收入越高，代际收入流动性越大。

## 三、人力资本与代际收入流动性

### 1. 人力资本与收入的代际传导机制

正如 Solon（1999）所述，相对于精确估计代际收入流动性而言，该领域研究更重要的议题是找到影响代际流动性的影响因素及其影响机制，

① 分位数回归是指估计解释变量的不同分位（四分位、十分位等）对被解释变量的条件分布的影响。相比于传统的条件均值（即 OLS）回归，分位数回归受到样本分布、异方差、异常值等因素的影响较小。

这也是近十年来代际流动性研究的核心。在对各种潜在影响因素的讨论中,人力资本对收入流动性的作用引起了越来越多学者的关注。近年来人力资本理论的发展也为这一领域的实证研究提供了重要的理论基础。

人力资本理论认为,收入的代际流动与人力资本的积累和投资有密切关系(Becker, 1993)。根据这一理论,父代的人力资本积累可能通过两种方式影响子代收入:一是父代的人力资本会影响自身收入进而影响其对子女的人力资本投资能力,从而间接影响子代收入;二是父代的人力资本与子代人力资本直接相关,体现为受教育程度较高的家长通过言传身教直接提升子女的人力资本。以上两种假说实际上可归结为教育的代际流动性问题,该问题既是广义社会流动性的一部分,又对揭示代际收入的传导机制有重要的意义。

与收入流动性相似,教育的代际流动性也可以用代际教育弹性和代际教育相关系数来衡量。Bauer and Riphahn(2005)利用瑞士数据发现,入学年龄的提前能够提高教育的代际流动,这意味着入学之后学生的家庭背景对教育的影响可能变小。Hertz et al.(2007)估计了42个国家的代际教育相关系数和弹性,结果表明,非洲国家的代际教育相关系数普遍在0.6左右,美国为0.46,西欧为0.4,而数值最低的仍旧为北欧国家。Chevalier(2004)通过比较欧洲和美国的教育代际流动性得出了相似的结论,同时也证实了教育的回报率与教育和收入的代际弹性具有正相关关系:教育回报率越高,高收入家庭的父母就越有动机将更多资源投入子女的教育,导致其后代的人力资本和收入处于更高水平。

### 2. 人力资本流动性估计中的方法论问题

由于教育水平的测量误差较小,因此对教育代际流动性的估计往往比收入流动性更为准确。但由基因遗传所导致的父代与子代共同的禀赋可能会对二者的教育水平同时产生影响,因此对于代际教育流动性的估计很难完全排除内生性问题。[①] 为了得到教育代际弹性的无偏估计,许

① 内生性(endogeneity)是指回归方程中的解释变量与扰动项相关所导致的估计偏误。由于先天禀赋等不可观测的因素与父代和子代的受教育程度高度相关,因此其作为扰动项的一部分将导致内生性问题。

多文献采用工具变量或分组对照的方法来消除内生性。

（1）工具变量方法。工具变量方法通过寻找内生解释变量（此处为父代教育水平）的工具变量（instrumental variable, IV）来解决内生性问题。该工具变量必须与内生解释变量直接相关并且与扰动项不相关，而教育政策的改革则常常被当作这样的工具变量。例如，Black et al.（2009）把挪威20世纪60年代的义务教育改革作为工具变量，发现改革增加了父母的教育年限，同时导致其后代的受教育程度也得到了提高。Oreopoulos et al.（2006）利用美国人口普查数据研究发现，旨在提高当代人教育水平的教育法改革同时也降低了受益者子女的留级率。Machin（2007）发现20世纪八九十年代英国大学扩招对高收入阶层的教育流动性有较大的正向影响，但对低收入阶层的影响不大。Maurin and McNally（2008）发现1968年法国的“五月风暴”[①]使更多人得以接受大学教育，从而导致他们子女的留级率显著下降。这些利用工具变量的研究结果均为人力资本的代际传导提供了佐证。

如前所述，教育流动性的另一个表现形式是父代收入通过影响对子女人力资本的投资能力来改变其教育水平。在对这一渠道的验证中，父代收入变量同样面临先天禀赋遗传所导致的内生性问题，而文献中往往选用对父代收入的外生冲击事件（如失业）作为工具变量来对内生性进行修正。例如，Dahl and Lochner（2005）将美国收入税抵免（earned income tax credit，EITC）计划的扩张作为工具变量，基于NLSY数据研究发现，父代收入提高1 000美元将使子代的数学测验分数和阅读测验分数分别平均上升2.1%和3.6%。Rege et al.（2011）利用挪威的人口注册数据发现父亲失业会显著降低子女的平均学业成绩。而Oreopoulos et al.（2006）利用加拿大的数据研究发现，父母的失业经历将导致子女的平均收入降低9%左右。这些发现为研究人力资本在代际收入传递中的作用提供了进一步的经验支持。

然而，工具变量的方法同样存在缺陷：① 教育政策本身的复杂性使教育改革的效果很难用单一指标来衡量。例如，大学扩招使父代教育水

---

① 五月风暴是指1968年5月巴黎学生发动的一系列大规模游行。由于政府迫于压力放松了入学标准，当年的大学入学率大幅提高。

平提高的同时也会直接使子代人群受惠,因此很难衡量子代教育的改善在多大程度上是由于教育的代际传递而引起的。② 教育政策改革的受惠群体往往并非随机决定,某些特定人群的受惠程度往往大于其他群体,这种样本的自选择性又对获得具有普遍代表性的估计结果带来了挑战。

(2) 分组对照方法。分组对照方法的思路类似于随机控制实验(randomized control trial, RCT)。通过选择特定的样本排除不可观测的先天禀赋对父代教育的影响,并依据父代教育水平将样本分组;然后,通过对比不同对照组之间子女的教育水平来得出父代人力资本对子代人力资本的净影响。正如工具变量方法依赖于对 IV 的选择,分组对照方法的有效性往往取决于对研究样本的选择。为了剔除先天禀赋对父母教育的影响,一些研究使用同卵双胞胎的母亲作为样本来估计母亲受教育程度对子女收入或教育的影响。[①] 由于同卵双胞胎拥有近乎一致的基因和幼年成长环境,因此这种不可观测的先天禀赋对代际教育传递的影响便可以在分组比较中作为固定效应被排除,使该组双胞胎母亲各自子女的教育和收入水平更可靠地被归因于母亲在人力资本积累和投资上的差异。Behrman and Rosenzweig(2002)首先将这种方法应用于明尼苏达州的双胞胎家庭,数据研究发现,在没有控制同卵双胞胎因素时,不论是母亲还是父亲的教育水平都与子女教育水平显著正相关(相关系数分别为 0.33 和 0.47),但若只用同卵双胞胎母亲的样本,把父亲的教育水平作为控制变量,则母亲的教育水平对子女教育的影响并不显著;如果只用同卵双胞胎父亲的样本,则父亲教育水平对子女的影响仍显著为正。这凸显了父亲的教育水平在人力资本代际传递中的重要作用,为代际流动性研究提供了新的线索。

当然,利用双胞胎父母数据的估计也要满足一些严格的假设,例如,假定双胞胎所受教育不同但成长环境相同,等等。有时这些假设并不成立,例如双胞胎不仅成长环境可能有差异,而且其性格和在家庭中的地位也不尽相同,这就可能造成对代际相关系数的估计偏误(Bound and Solon,1999)。

---

① 该方法最初是为了研究母亲的教育水平对子女教育水平的影响而提出的,因此研究中大多用同卵双胞胎母亲的数据。当然,这一方法也完全适用于同卵双胞胎父亲,不过这一类研究还比较少。

## 四、"先天—后天"之争

如前所述,人力资本的积累和传递是代际收入的重要传导途径。然而,大量研究显示,其他先天和后天因素同样在收入的代际传递中扮演了重要角色。其中,先天禀赋(nature)指父代和子代共同享有的基因和天赋,主要反映为智商(IQ)、健康和能力等特征;而后天因素(nurture)主要指营养、教育、生活习惯、家庭氛围和自然环境等人为因素。那么,在收入或教育的代际传递中,先天禀赋和后天因素各自起了多大的作用?这一直是代际流动性研究所关注的另一个核心问题。在"先天—后天"(Nature-Nurture)的辩论中,学者们争论的焦点是先天禀赋与后天环境究竟谁是影响代际传导的主要因素。为了回答这一问题,早期的文献主要关注如何分离先天禀赋和后天因素,而近年来的研究则开始使用更细致的方法来识别两种因素的相对贡献和它们之间的交互影响。

### 1. 先天禀赋与后天因素的区分

将先天禀赋与后天环境剥离是进行"先天—后天"辩论的前提。文献中比较有代表性的方法是估计兄弟之间的相关性(siblings correlation)和邻里之间的相关性(neighborhood correlation)。其中,兄弟相关性是指兄弟或姐妹之间收入的相关系数。由于亲兄弟(姐妹)之间往往具有相似的遗传基因和幼年的成长环境,因此其相关系数受到先天禀赋、后天环境和父代收入三种基本因素的影响。令 $\rho$ 为兄弟收入的相关系数,则 $\rho = s + \beta^2$(Solon,1999),其中,$\beta$ 为代际收入弹性,$s$ 为受共同基因和环境影响而产生的收入相关性。Mazumder(2008)利用这一方法,结合美国 NLSY 和 PSID 数据,得到对 $\rho$ 的估计值分别为 0.4 和 0.5。相比之下,Raaum et al.(2006)基于挪威数据对 $\rho$ 的估计值则仅有 0.20(兄弟)和 0.15(姐妹)。因此,不同国家和地区兄弟姐妹收入相关性与当地代际收入及教育的传递性往往呈现相似的趋势。同时,在这些研究中,$s/\rho$ 的值都较高,反映出基因和环境因素对子代收入有非常大的影响。

由于邻里之间的子女具有相似的成长环境,因此住在同一个街区或小区的子代收入,其相关性可以在一定程度上衡量环境对收入的影响。Page and Solon(2003a)使用 PSID 数据估计出邻里收入相关系数为 0.16;Raaum et al.(2006)基于挪威数据得到的估计值为 0.05。相对于代际和兄弟收入相关性而言,邻里收入的相关性估计值都不高,反映了后天成长环境特别是地理环境,对子女收入的影响不如先天禀赋和父代收入显著。

以上两种方法的结合可以粗略衡量一个国家或地区人口中先天禀赋与后天环境的相对重要性,但是由于缺少严格的估计方法,对两种相关性的估计往往无法准确和完整地甄别出先天与后天因素的相对重要性,这也是此类研究的主要缺陷。但是,兄弟相关性和邻里相关性在文献中有另一个重要的作用:它们是在代际收入相关性之外对社会流动性的另一种简洁的衡量指标。如果兄弟姐妹之间收入的相关系数远远高于邻里相关系数,则意味着社会流动性显著低于随机性更强(即机会平等程度更高)的社会收入分配结果。

### 2. 先天禀赋与后天因素的相对作用

在"先天—后天"之争中,学者们常常使用特殊的研究样本和不同的分解方法来揭示先天禀赋和后天环境在代际收入传递中的相对贡献。其中,基于特殊样本的分析主要集中在以养子为对象的研究领域,而基于分解方法的估计则以 Bowles and Gintis(2002)和 Björklund et al.(2006)的研究为代表。

第一,养子方法。随着各国家庭数据的完善,大量以养子为研究对象的代际收入流动性文献开始出现。这些研究一般假设:① 养子或养女是随机分配给家庭的;② 养子或养女和亲生子女受到相同的对待。因此,养子或养女和亲生子女具有相同的成长环境,但基因或先天禀赋不同,这种差别就为我们估计先天禀赋和后天环境的相对影响提供了很好的工具。Black and Devereux(2010)详细列出了养子或养女研究的文献及其结论。Plug(2004)运用 WLS(Wisconsin Longitudinal Survey)数据研究发现,养子父亲的受教育程度与养子的受教育程度具有很强的正相关性,而母亲的影响则不显著。Sacerdote(2007)对20世纪70年代许多韩国儿童被美国家庭收养的数据研究发现,对于养子和养女的教育而言,母亲的教育更为重要。Björklund et al.(2006)比较了在瑞士亲生父母和养父母的教育水平对其养子或养女教育的影响,发现亲生母亲比养母具有更大的作用,但养父比亲生父亲的影响更大。以上研究依然没有对"先天—后天"之争给出定论,但揭示了后天成长环境在收入和人力资本的代际传递中具有极为重要的影响。

这类研究的方法也并非十全十美:以养子或养女为对象的估计依赖于"随机收养"假定,但现实中满足这一假定的收养方式并不多见。例如,在发达国家选择收养子女的家庭一般都是富裕家庭,而亲生父母是否同意对方收养也取决于特定的家庭特征或背景,这些都会影响对代际收入流动性或教育相关性的估计准确度。

第二,分解方法。另一类研究试图通过参数分解的方法来间接识别基因和成长环境在代际流动中的作用差异。例如,Björklund et al.(2006)通过对不同类型兄弟姐妹样本的区分来识别遗传基因的作用效果,其分解方程为:$y_i = gG_i + sS_i + uU_i$,其中 $G_i$ 表示基因或先天禀赋,$S_i$ 表示子代成长中共同的环境因素,$U_i$ 表示子代成长中独特的环境因素。作者提出了以下三种假设:① 三种因素是相互独立的;② 同卵双胞胎具有共同的基因,异卵双胞胎有一半基因相同,表兄弟有1/4的基因相同,而养子养女之间无基因联系;③ 共同抚养的兄弟姐妹之间具有相同的成长环境,不共同抚养的兄弟姐妹之间成长环境不相关。在这些假设下,各类兄弟姐妹之间的相关系数是 $g$、$s$ 和 $u$ 的函数,从而可以解出 $g$、$s$ 和 $u$ 的具体数值。按照作者的估计,$g = \sqrt{0.28}$,$s = 0.2$,因此共同的成长环境比先天禀赋起到更重要的作用。这与由邻里关系得出的估计结论相反,其原因在于对邻里相关性的估计并没有在生物学理论基础上对样本进行筛选,而只是人为确定相邻区域的大小并笼统收集区域内子女的数据。

Bowles and Gintis(2002)在传统的代际收入弹性回归中引入先天禀赋和后天环境的代理变量,其分解方程为 $y_1 = \beta_{y_1y_0}y_0 + \beta_{y_1s_1}s_1 + \beta_{y_1c_1}c_1 + \varepsilon$,其中 $y_1$ 为子代收入,$y_0$ 为父代收入,$s_1$ 为子代教育,$c_1$ 为子代的认知能力(用智商IQ值衡量)。由此可以把代际收入相关系数分解为:$\rho - \beta_{y_1y_0} + r_{s_1y_0}\beta_{y_1s_1} + r_{c_1y_0}\beta_{y_1c_1}$,其中 $r_{s_1y_0}$ 表示父代收入与子代教育之间的相关系数,

$r_{c_1y_0}$表示父代收入与子代认知能力的相关系数。通过这类分解，Bowles and Gintis(2002)发现教育和先天禀赋能够解释3/5的代际收入传递。

### 3. 先天禀赋与后天因素的交互影响

在传统的“先天—后天”之争中，学者们往往将先天禀赋与后天环境进行严格的界定和区分，并试图解答两种因素在代际收入传递中各自的贡献。然而，近年来以Currie(2011)为代表的研究对这一做法提出了新的质疑，即认为先天禀赋与后天因素可能交互影响，因此很难界定它们在代际传导中的独立作用，这一学说被称为“先天—后天”交互(nature-nurture interaction)理论，并正在成为代际流动性研究领域的一个前沿热点。正如Currie(2011)所述，随着生物学研究的进展，人们发现基因存在选择性表达的特性，这种性质取决于人体内表观基因组(epi-genome)的作用，而人类自身的行为与环境将在很大程度上改变胚胎在子宫内的环境，从而决定表观基因组的性状和婴儿基因序列的表达方式。因此，很多传统意义上的“先天因素”实际上在子女尚未出生时就已经通过其父母在营养、医疗、生活习惯及自然环境等方面的选择和行为被这些“后天因素”所影响了。

相关的实证研究主要体现在健康领域。Currie(2011)以婴儿出生时的体重作为衡量其健康状况的主要指标，展示了母亲的“后天选择”(如受教育程度、孕育期生活环境等)与遗传基因对婴儿身体特征的交互影响。Black et al. (2007)使用1967—1997年的挪威新生儿注册数据(Medical Birth Registry of Norway)研究发现，有大学学历的女性所分娩的婴儿平均体重要高于高中学历的女性，而前者女儿的高中毕业率比后者女儿要高1%，前者儿子在长大后的收入比后者儿子要高2%。Currie and Moretti(2007)使用加利福尼亚州的数据同样发现，出生时体重较轻的女性更容易变得贫困，接受更低程度的教育，而这一影响在低收入家庭样本中更加明显。

在后天环境对先天健康的影响方面，Chay and Greenstone(2003a, 2003b)把美国1970年的空气清洁法案(Clean Air Act)和20世纪80年代经济衰退导致某些地区空气污染物大幅减少的事件作为“自然实验”，发现悬浮颗粒下降一单位会导致婴儿死亡率下降十万分之五到十万分之八。Currie et al.(2009)使用新泽西州的数据研究发现,一氧化碳浓度上升一单位会导致当地低体重儿的出生概率增加 8%。

除健康领域以外,一些基于欧洲数据的研究还发现子女的智商也受到遗传基因和成长环境的交互影响,为"先天—后天"交互理论提供了进一步的佐证(参见 Black et al. 2009; Anger and Heineck, 2010; Björklund et al. 2010;等等)。

## 五、结 论

通过以上对国外关于代际流动性研究文献的梳理,我们可以得到以下重要结论:

第一,在不同国家和地区,代际收入流动性存在很大差异,经济的发达程度并不一定与代际流动性成正比。例如,美国的代际收入流动性一直低于西欧的大部分国家,而对于社会福利较高的北欧国家(如挪威、丹麦等),其代际收入流动性反而高于美国和其他欧洲国家。因此,从规范研究的角度,很难确定一个社会的最优流动性水平。

第二,对于代际流动性的估计,现有研究在方法上还存在很多缺陷。例如,如何降低永久收入的测量误差,如何控制代际收入相关性的非均匀分布带来的影响,如何消除代际教育流动性估计中的内生性偏误,这些问题将成为未来研究的重要方向,并为更加准确地估计代际流动性指标提供保障。

第三,代际流动性的影响因素和传导机制是这一领域研究的核心主题。人力资本理论认为收入的代际传导取决于机会的代际传导,而以教育、健康、智商等因素为主要内容的人力资本又在机会传导中扮演着决定性的角色。现有研究证明,人力资本的积累和投资是影响子代与父代收入相关性的主要因素,而教育的代际流动性又是人力资本发挥作用的主要途径。

第四,除人力资本以外,其他先天和后天因素在收入的跨代传递中也扮演着重要角色。文献中著名的"先天—后天"之争即关注先天禀赋和后天环境在代际收入转移中的相对贡献,但基于特殊样本和分解方法的跨国研究并没有对这一问题形成定论。近年来关于先天与后天因素交互影响的学说为这一辩论提供了新的诠释和研究方向。

相对于国外大量的研究文献,中国对代际流动性的研究尚处于起步阶段,且大多集中于对代际收入或教育的相关性估计,对其传导机制的研究较少涉及。王海港(2005)利用中国健康与营养调查(CHNS)数据发现,代际持续贫困的发生率分布得较为分散,农村的代际流动性比城市略低。姚先国和赵丽秋(2007)同样使用 CHNS 数据得到中国的代际收入弹性约为 0.7,远高于西方发达国家,表明我国的代际流动性较低,同时发现社会关系网络在代际收入传递中起主要作用。魏颖(2009)利用多种微观数据和分位数方法估计了中国的代际收入弹性,并简单讨论了一些影响代际收入弹性变化的宏观因素。方鸣和应瑞瑶(2010)使用中国综合社会调查(CGSS)数据估计出城乡居民的代际收入弹性约为 0.7,并且职业和教育的代际传递对代际收入流动性影响较大。由此可见,现有研究均表明中国社会普遍缺乏流动性,而人力资本在代际传导中的作用往往让位于其他因素(如人际关系),这些都为进一步研究我国代际流动性及其传导机制提供了方向。

为深化和拓展我国在这一领域的研究,我们提出如下建议:① 数据本身是当前代际流动性实证研究的最大障碍,因此该领域研究的重要前提是建立更加完备的微观家庭数据库,从而能够使用国外的前沿估计方法。② 应该借鉴国外的先进方法对我国代际收入弹性进行更为准确的估计,包括利用过渡矩阵、工具变量、参数分解等计量经济学模型和双胞胎父母、兄弟邻里、养子养女等特殊研究样本,从而使我国代际流动性的估计结果更为全面和稳健。③ 在对代际收入弹性进行估算的基础上,未来研究的重点应集中于代际流动性的传导机制,因为这一问题在理论和实践上都有重大价值。同时,在传导机制研究中,需要重点关注人力资本以外的因素对我国社会流动性的特殊影响渠道。这些先天禀赋和后天因素的交互作用对提高我国社会的机会平等程度具有重要意义,并能够为我国未来收入分配及教育、医疗体制改革提供理论借鉴。

# 第三章　人力资本的代际传递对社会流动性的影响[①]

社会流动性是经济长期可持续增长的核心要素。第二章已集中评述了人力资本与代际流动性的相关研究,本章进一步从我国社会流动性不足的根源出发,分别从理论和实证角度研究人力资本的代际传递对收入流动性的影响。在理论分析部分,我们在经典的三期世代交叠(OLG)模型的基础上引入人力资本的直接传导机制,以研究其对跨代人力资本投资行为和代际收入弹性计算公式的影响;在实证研究部分,我们利用联立方程模型及1989—2009年中国健康与营养调查(CHNS)数据对理论预测进行分析。

① 本章内容来自 Qin et al.(2016)。

# 一、研 究 背 景

## 1. 我国社会流动性不足的现状及原因

社会流动性(social mobility)是决定一国经济长期可持续发展的核心要素。在四十余年的改革开放进程中,我国的国民经济虽然得到了前所未有的高速增长,但社会流动性较低与贫富分化扩大的问题一定程度上制约着经济的可持续发展,并影响着我国未来能否摆脱“中等收入陷阱”的命运。持续的收入不平等实际反映出的是社会成员在发展机会上的不平等(inequality of opportunity)。作为刻画社会经济机会公平程度的指标,社会流动性指的是个体的社会经济地位可改变的程度,它通常包括代内流动性和代际流动性。对长期经济增长而言具有更为核心意义的是代际收入流动性(intergenerational income mobility),即收入和贫富差距会在多大程度上由父母一代向后代传递。近年来,以 Zhang and Eriksson (2010)、Gong et al. (2012)和 Deng et al. (2013)为代表的国外经济学文献以及以姚先国和赵丽秋(2007)、陈琳和袁志刚(2012)为代表的国内经济学文献对我国人口的代际收入传递弹性进行了测算,发现我国家庭的跨代收入相关性显著超过国际平均水平,这种经济地位的跨代传递在很大程度上反映了收入的低流动性和子女在发展机会上的不平等程度。表 3-1 集中总结了文献中对各主要国家或地区代际收入传递弹性的估计结果。比较可知,我国的代际收入传递弹性普遍高于发达国家和若干发展中国家,而代际流动性过低则造就了贫富分化代际传递的现象,这一方面在价值观上有悖于社会公允原则,另一方面也使社会各阶层的个体普遍面临激励不足的问题,从而影响了经济效率(Maoz and Moav, 1999)。

**表 3-1 代际收入传递弹性的国际比较**

| 国家 | 代际收入传递弹性 | 所用数据 | 文献来源 |
|---|---|---|---|
| 美国 | 0.45 – 0.48 | PSID | Lee and Solon(2009) |
| 加拿大 | 0.20 | 个人所得税记录 | Heisz and Corak(1999) |

（续表）

| 国家 | 代际收入传递弹性 | 所用数据 | 文献来源 |
|---|---|---|---|
| 英国 | 0.37 | 多个调查合并 | |
| 意大利 | 0.33 | SHIW | Piraino(2007) |
| 法国 | 0.41 | FQP | Lefranc and Trannoy(2005) |
| 德国 | 0.24 | GSOEP | Vogel(2006) |
| 澳大利亚 | 0.25 | 多个调查合并 | Leigh(2007) |
| 芬兰 | 0.20 | 人口登记记录 | Pekkarinen et al. (2009) |
| 挪威 | 0.25 | 人口登记记录 | |
| 丹麦 | 0.14 | 人口登记记录 | Hussein et al. (2008) |
| 秘鲁 | 0.50 | LSMS | Grawe(2004) |
| 马来西亚 | 0.40 | MFLS | Grawe(2004) |
| 巴基斯坦 | 0.18 | LSMS | Grawe(2004) |
| 巴西 | 0.52 | PNAD | Dunn(2007) |
| 中国 | 0.45 | CHNS | Zhang and Eriksson(2010) |
| 中国 | 0.70 | CHNS | 姚先国和赵丽秋(2007) |
| 中国 | 0.40 | CHIPS 和 CGSS | 陈琳和袁志刚(2012) |

注:(1) 此表格中部分数据转引自 Deng et al. (2013) 和 Björklund and Jäntti (2009)。(2) 所有估计系数均针对儿子和父亲的收入。(3) PSID 指 Panel Study of Income Dynamics;SHIW 指意大利银行(Bank of Italy)开展的 Survey on Household Income and Wealth;FQP 指法国统计与经济研究局(INSEE)开展的 Formation, Qualification, Profession 调查;GSOEP 指 German Socio-Economic Panel;LSMS 指世界银行开展的 Living Standard Measurement Survey;MFLS 指 Malaysian Family Life Survey;PNAD 指 Pesquisa Nacional por Amonstra de Domicilios;CHNS 指 China Health and Nutrition Survey;CHIPS 指 Chinese Household Income Project Survey; CGSS 指 Chinese General Social Survey。

依据以 Becker(1993)为代表的人力资本理论,代际流动性不足的根源之一在于子女的人力资本在代际传递过程中没有发生实质性的变化,反映为人口健康和教育水平的不平等在代际延续,使低收入人群的子女在人力资本方面处于劣势,限制了其改善自身收入状况的能力(姚先国和赵丽秋,2007)。这一假说在我国社会具有现实的体现:在人口健康方面,健康水平的不平等在代际传递的趋势逐步增强,子女的健康水平受父母遗传、家庭生活方式及社会医疗资源等限制,无法得到本质的改善;在教育方面,自 1999 年教育改革以后,受到高校扩招和教育产业化的影响,一些地区出现了教育机会不平等加剧的情况(刘精明,2006),即受过良好教育并有较高社会经济地位的父母使其子女享受更多更好的教育资源。这种人力资本的代际传递在多大程度上影响着收入的代际不平等性？这不仅是一个重要的理论问题，同时也对我国的收入分配政策以及医疗和教育体制改革具有重大的现实意义。

**2. 人力资本的代际传递与社会流动性的相关文献综述**

经济学文献中测量社会流动性的常用指标是代际收入传递弹性（intergenerational elasticity of income），即父代的对数永久收入对子代的对数永久收入的影响系数。由于受到数据和方法的限制，对代际收入传递弹性的早期估计往往受到收入度量误差及生命周期变化等因素的影响，因而弹性估计值普遍较低［如 Solon（1999）等研究对美国人口代际收入传递弹性的估计值一般在 0.2 左右］。近年来，随着 PSID、NLSY 和 NCDS 等大型微观面板数据的建立，各国对代际收入传递弹性的研究数量和估计精度均有所提高。例如，Jäntti et al.（2006）用 NLSY、NCDS 和北欧四国人口注册数据进行了代际传递的跨国比较研究，估计结果表明美国的父亲—儿子代际收入传递弹性为 0.517，北欧三国（挪威、芬兰和丹麦）均低于 0.2，英国则为 0.306。Vogel（2006）用 GSOEP 数据对德国的代际收入传递弹性进行了估计，在对永久收入进行细致测算后，弹性估计结果为 0.24。

在发展中国家，由于数据不完善、社会经历剧烈转型等原因，对于代际流动性的研究文献匮乏，而针对中国代际流动性的研究则更为有限。在计划经济体制下，我国并没有真正意义上的劳动力市场，由于劳动力的供求和流动受到严格管制，因此工资无法反映劳动力的边际价值，测量收入的传递弹性也就失去了意义；改革开放后，城乡劳动力市场逐步形成，劳动者的人力资本逐渐得到市场化回报，使代际收入传递弹性的测算成为衡量我国代际流动性和代际收入分配公平性的重要指标。目前，从经济学角度对中国代际流动性的探讨主要有以下几篇文献：Zhang and Eriksson（2010）用 1989—2006 年的 CHNS 数据估计了父母家庭收入对子女收入的弹性并进行了分解，弹性估计值为 0.45，但他们的研究并未考虑生命周期、测量误差等问题；郭丛斌和闵维方（2008）用中国城镇教育与就业情况调查数据估计出城镇居民代际收入传递弹性在 0.3 左右；Gong et al.(2012)用同样的数据，控制了生命周期、测量误差等因素对收入的影响，得到的父亲—儿子代际收入传递弹性达到 0.6，父亲—女儿的代际收入传递弹性达到 0.97，超出了以往研究的估计上限；陈琳和袁志刚(2012)利用中国家庭收入调查(CHIPS)和中国社会综合调查(CGSS)数据发现我国代际收入传递弹性在 1988—2005 年呈现从大幅下降到逐步稳定的趋势，并且城镇的代际收入传递弹性(约 0.4)高于农村(约 0.3)；孙三百等(2012)用 2006 年的 CGSS 数据发现劳动力的自由迁移对于降低代际收入传递弹性、提高代际流动性具有重要作用。

相比测量代际收入传递弹性，这一领域更为重要的研究议题是收入代际传递的作用机制。收入在父辈与子女之间的相关性可能是由多种原因导致的，例如财富和产业的继承、政治租金的划分与制度变革、社会群体中的习惯形成与共同环境影响(Borjas,1992)等。但人力资本在收入代际传递中无疑扮演着极为重要的角色：一方面，父母的人力资本会影响自身收入进而影响其对子女的人力资本投资能力(例如对教育和保健的投资)，从而间接影响子代收入(我们称其为人力资本的间接传导机制)；另一方面，父母的健康、教育等人力资本可以通过遗传或言传身教等途径直接传递给子女，从而增加子女的收入(我们称其为人力资本的直接传导机制)。

对家庭内部跨代人力资本投资(即上述间接传导机制)的探讨起源于 Becker and Tomes(1979)，他们在利他主义效用(altruistic utility)函数的假定下，通过研究父母在消费、金融投资和人力资本投资之间的选择，刻画了代际流动性和收入不平等的演化。但 Becker and Tomes(1979)的模型中未引入家庭的借贷约束，这与现实世界中金融市场的不完备性相悖。Loury(1981)首次在 Becker 模型中引入借贷约束，阐述了在家庭融资受限的情形下，低收入父母对子女人力资本投资不足导致代际收入传递弹性较高的作用机制。Moaz and Moav(1999)和 Nakamura and Murayama(2011)在人力资本存量为离散状态(受教育和不受教育)的假定下重新阐释了该机制。值得指出的是，由于人力资本投资不足所导致的低流动性会对社会机会均等程度带来严重影响，因此这一传导机制与公共政策的议题紧密相关，一些研究者进而在上述框架下探讨公立教育(Restuccia et al. ,2004)、个人所得税(Zhu and Vural,2012)等政策工具对社会流动性的影响。

人力资本对社会流动性的第二种影响途径(即上述直接传导机制)主要是指健康和教育在父辈与子女之间的传导。其中,健康的代际传递在近年来开始被经济学家所关注。Akbulut and Kugler(2008)用 NLSY 数据全面验证了父母和子女在身高、体重、BMI 等健康指标上具有高度的相关性。Eriksson et al. (2005)用丹麦数据所做的研究表明,父母和子女所患的疾病具有明显的相似性。但由于数据所限,这些研究均未涉及对内生性问题的讨论,因此其结果更多地被解释为相关性而非因果性。为了揭示父母健康与子女健康之间的因果关系,一些研究通过分组对照的方法选择特定的样本来排除不可观测的因素对两代人健康的影响。例如,Currie and Moretti(2007)选取有姐妹关系的母亲样本来控制先天禀赋和家庭背景对代际传递的影响(假定姐妹之间具有相似的基因和成长环境),发现出生时体重偏低的母亲更容易生出低体重(low birth weight)的子女,从而证明该健康指标在代际传递中具有因果关系。Royear(2009)利用加利福尼亚州的同卵双胞胎数据也发现了出生体重指标的代际传递性。除此之外,还有一些研究发现影响健康的个人行为(如吸烟、饮酒、体育锻炼)之间也存在代际联系:如 Loureiro et al. (2010)用 BHPS 数据发现子女是否有吸烟倾向受到父母吸烟行为的显著影响。

相比健康传导,教育的代际传递途径更为复杂,在上述家庭人力资本投资因素以外,教育的直接传导既可能通过先天的基因遗传(如认知能力的遗传),也可能通过后天的家庭教育(如父母的言传身教)。其中,认知能力的先天遗传近年来开始得到经济学领域学者的重视。例如,Black et al. (2009)用挪威军队的数据检验了父亲和儿子在 18 岁时智商的相关性,发现其传递弹性为 0. 32;Björklund et al. (2010)用瑞典数据得到了类似的结论;Anger and Heineck(2010)用 GSOEP 数据区分了先天基因与后天环境对认知能力的影响,发现那些容易在后天培养得到的认知能力在代际传递中的效果更为明显。为了检测教育传导的非基因途径(如家庭教育),研究者往往需要通过特殊样本或工具变量来排除基因遗传的干扰,因此其研究方法也更为复杂。例如,Plug(2004)运用 WLS(Wisconsin Longitudinal Survey)数据中的被领养儿童样本排除基因传导途径,发现养父的受教育程度与其养子的教育程度具有很强的正相关性,而养母的影响则不显著;Chevalier(2004)和 Black and Salvanes(2005)分别利用英国和挪威的义务教育法规变化作为“自然实验”,通过工具变量方法来识别父母教育对子女教育的非基因影响途径,结果均发现母亲—儿子具有显著的教育传递性,但母亲—女儿和父亲—子女的教育传递效果并不显著。Magnuson(2007)将那些无丈夫供养、依靠政府救济来抚养子女的“福利妈妈”(welfare mother)随机选入“人力资本发展计划”,通过这一设计构造随机控制试验(randomized control trial, RCT),结果发现母亲受教育程度的提高有助于子女教育水平的提高。

基于以上文献,本研究从我国社会流动性不足的根源出发,分别从理论和实证的角度研究人力资本的代际传递对代际收入流动性的影响。在理论研究部分,我们将人力资本的直接与间接传导机制引入经典的三期世代交叠模型,从而探讨其对跨代人力资本最优投资和代际收入传递弹性的影响;在实证研究部分,我们利用 1989—2009 年中国健康与营养调查数据,综合考察我国城乡人口在收入、教育及健康三个维度的跨代传导机制,并通过联立方程模型精确度量人力资本的传导强度及其对收入传递系数的影响。与既有研究相比,本章的主要贡献有以下四个方面:① 本章首次从理论和实证的角度综合考察人力资本的代际传递对收入流动性影响的研究,填补了相关领域的研究空白;② 本章的理论模型拓展了 Becker and Tomes(1979)的经典收入代际传递模型,为考察社会流动性的决定机制提供了新的视角;③ 本章的实证模型建立在理论推断的基础上,结合具有全国代表性的长期面板入户调查数据,为重新评估我国收入的代际流动性提供了创新性的测算方法和估计结果;④ 本章所得到的理论和实证证据将有助于深刻认识我国社会流动性不足的产生根源及可能的政策干预方案,为改善社会的整体公平性和维持经济的长期可持续增长提供政策启示。

本章的其余部分安排如下:第二部分建立包含人力资本及收入跨代传递的世代交叠理论模型;第三部分介绍研究方法、数据来源及样本描述统计;第四部分汇报实证结果,并对结果进行稳健性检验;第五部分总结全章内容并提出政策建议。

## 二、理论模型:人力资本的直接与间接传递

### 1. 基准模型

基于 Becker and Tomes(1979)的理论框架,我们首先建立一个收入代际传递的基准模型——三期世代交叠(OLG)模型。模型中的每一个个体都经历了人生中的三个时期:少年期、中年期和老年期。个体在少年期只接受教育而不工作;在中年期从事工作以获得收入,并需要做出消费、储蓄和教育子女等决策;在老年期停止工作,并利用中年期的储蓄进行消费。在基准模型中,我们考虑父母对子女的人力资本投资及其对社会流动性的影响,但暂时忽略人力资本自身的直接代际传递。

在以上框架下,个体的主要决策都在中年期作出。因此,我们建立一个典型父母在中年期的期望效用函数:

$$EU_t^p = u(c_t^p) + \beta u(c_{t+1}^p) + \beta\alpha E_t u(y_{t+1}^c) \tag{3-1}$$

其中,上标 $p$ 代表父母,上标 $c$ 代表子女,$u(\cdot)$ 为即刻效用(instantaneous utility)函数,符合 $u'(\cdot)>0$、$u''(\cdot)<0$ 的常规性质。$t$ 期时,该个体正值中年,取得收入 $y_t^p$,根据自己的期望效用决定其在 $t$ 期的消费 $c_t^p$ 及储蓄 $s_t^p$,同时要对子女进行人力资本投资 $e_t^p$。在 $t+1$ 期(即老年期),该个体利用 $t$ 期储蓄的本金及利息总和 $(1+R_t)s_t^p$ 进行消费 $c_{t+1}^p$,同时其子女依靠少年期人力资本的积累获得收入 $y_{t+1}^c$。子女的收入直接反馈于父母的效用函数,是研究家庭人力资本投资与代际流动性的常见假设(Solon,2002)。在此种假设下,父母的效用被称为“利他主义效用”,而参数 $\alpha$ 被称为利他系数,反映了子女收入对父母效用的影响程度。参数 $\beta$ 为贴现因子。

根据以 Becker(1993)为代表的人力资本理论,我们假定个体在 $t$ 期取得的收入 $y_t^p$ 取决于其自身的人力资本积累($h_t^p$):

$$y_t^p = (h_t^p)^\gamma, \gamma < 1 \tag{3-2}$$

其中,$\gamma<1$ 表示人力资本的边际收益率递减。同时,个体人力资本的形

成依赖于其自身的天赋($A_t^c$)和少年时期其父母对该子女的人力资本投资($e_t^p$):

$$h_{t+1}^c = A_t^c (e_t^p)^{1-\sigma} \tag{3-3}$$

(3-3)式中,$0<\sigma<1$,保证人力资本投资的边际回报率递减。

我们假定子女的天赋 $A_t^c$ 由随机因素决定,其对数形式服从正态分布:

$$\ln A_t^c = \ln \bar{A} + \varepsilon_t \tag{3-4}$$

其中,$\ln\bar{A}$ 为 $\ln A_t^c$ 的均值,$\varepsilon_t \sim N(p, v^2)$。由于天赋只有经过教育才能完全确认其实现值[见(3-3)式],因此在 $t$ 期父母将根据自身的天赋以及(3-4)式所刻画的人力资本形成过程得到对子女天赋的条件期望,决定对子女的最优教育投资水平。

仿照现有文献(Solon,2002),我们对 $u(\cdot)$ 取对数函数这一特殊形式,则父母的决策问题可以描述为:

$$\underset{c_t^p, s_t^p, e_t^p, c_{t+1}^p}{\text{Max}} \quad EU_t^p = \ln c_t^p + \beta \ln c_{t+1}^p + \beta\alpha E_t \ln y_{t+1}^c \tag{3-5}$$

$$s.\ t.\ c_t^p + s_t^p + e_t^p \leqslant y_t^p \tag{3-6}$$

$$c_{t+1}^p \leqslant (1+R_t) s_t^p \tag{3-7}$$

$$y_{t+1}^c = (h_{t+1}^c)^{\gamma} \tag{3-8}$$

其中,(3-6)式和(3-7)式分别为父母在 $t$ 期和 $t+1$ 期的预算约束,(3-8)式代表子女收入的决定过程并间接反映出父母对子女进行人力资本投资的动机。

求解上述问题,得到下列一阶条件:

$$\frac{c_t^p}{c_{t+1}^p}\beta(1+R_t) = 1 \tag{3-9}$$

(3-9)式说明在最优决策下,父母在 $t$ 期和 $t+1$ 期消费的边际效用相等。

$$\frac{1}{c_t^p} = \alpha\beta\gamma(1-\sigma)\frac{1}{e_t^p} \tag{3-10}$$

(3-10)式说明在最优决策下,父母的消费和人力资本投资带来的边际效用相等。

由于(3-6)式和(3-7)式均为有效约束(binding constraint),其各自等

号均成立。那么，基于(3-6)式、(3-7)式、(3-9)式、(3-10)式四个等式可以得到最优人力资本投资的表达式：

$$e_t^p = y_t^p \frac{\alpha\beta\gamma(1-\sigma)}{1+\beta+\alpha\beta\gamma(1-\sigma)} \tag{3-11}$$

通过对(3-11)式进行比较静态分析，可以得到如下命题：最优人力资本投资受到父母收入 $y_t^p$、利他系数 $\alpha$、折现因子 $\beta$ 和收入决定方程系数 $\gamma$ 的正向影响；受到人力资本形成函数中参数 $\sigma$ 的负向影响。

证明如下：对(3-11)式各变量求偏导，易得

$$\frac{\partial e_t^p}{\partial y_t^p} = \frac{\alpha\beta\gamma(1-\sigma)}{1+\beta+\alpha\beta\gamma(1-\sigma)} > 0;$$

$$\frac{\partial e_t^p}{\partial \alpha} = y_t^p \frac{(1+\beta)\beta\gamma(1-\sigma)}{[1+\beta+\alpha\beta\gamma(1-\sigma)]^2} > 0;$$

$$\frac{\partial e_t^p}{\partial \beta} = y_t^p \frac{(1+\beta)\alpha\gamma(1-\sigma)}{[1+\beta+\alpha\beta\gamma(1-\sigma)]^2} > 0;$$

$$\frac{\partial e_t^p}{\partial \gamma} = y_t^p \frac{(1+\beta)\alpha\beta\gamma}{[1+\beta+\alpha\beta\gamma(1-\sigma)]^2} > 0;$$

$$\frac{\partial e_t^p}{\partial \sigma} = -y_t^p \frac{(1+\beta)\alpha\beta(1-\sigma)}{[1+\beta+\alpha\beta\gamma(1-\sigma)]^2} < 0.$$

该命题的经济含义是十分明显的：人力资本投资是父母收入的线性函数，因此父母收入 $y_t^p$ 增加将导致最优投资增加；人力资本投资的增加将提高子女的工资，子女的对数工资在父母效用函数中的权重为利他系数，因此利他系数 $\alpha$ 增加将导致最优人力资本投资的增加；折现因子 $\beta$ 的增加表示父母更看重自己未来的消费和子女未来的收入，前者导致人力资本投资的减少，后者导致人力资本投资的增加，总效果是人力资本投资增加；收入决定方程系数 $\gamma$ 的增加提高了人力资本对收入的边际贡献率，也将导致父母对子女的人力资本投资的盈亏平衡点增大；人力资本形成函数中的参数 $\sigma$ 增加表明人力资本投资的边际回报率在任何投资额度上都减少，因此最优人力资本投资将随之下降。

由于本章的关注重点并非最优人力资本投资，而是收入的代际传递系数。因此我们将(3-11)式代入(3-8)式，进而可得到收入的代际传递方程：

$$\ln y_{t+1}^{c}=\gamma\ln\bar{A}+\gamma(1-\sigma)\ln\frac{\alpha\beta\gamma(1-\sigma)}{1+\beta+\alpha\beta\gamma(1-\sigma)}+\gamma\varepsilon_{t}\tag{3-12}$$

对照收入代际传递方程的常见回归形式(Becker and Tomes, 1979; Jäntti et al., 2006),(3-12)式可以整理为以下形式:

$$\ln y_{t+1}^{c}=\eta_{0}+\eta_{1}\ln y_{t}^{p}+u_{t}\tag{3-13}$$

其中,

$$\eta_{0}=\gamma\ln\bar{A}+\gamma(1-\sigma)\ln\frac{\alpha\beta\gamma(1-\sigma)}{1+\beta+\alpha\beta\gamma(1-\sigma)}\tag{3-14}$$

$$\eta_{1}=\gamma(1-\sigma)\tag{3-15}$$

$$u_{t}=\gamma\varepsilon_{t}\tag{3-16}$$

在(3-13)式中,我们重点关注系数 $\eta_t$,即代际收入传递弹性。由(3-15)式可知,该弹性的大小取决于人力资本投资的边际回报率和人力资本对收入的边际贡献率。当这两个参数增大时,父母对子女的人力资本投资动机也相应增加,从而提高了收入的代际传递弹性,降低了代际社会流动性。

**2. 扩展模型**

上述基准模型在常规假设下可推导出收入代际传递方程的表达式。在扩展模型中,我们引入人力资本的直接代际传递,并关注其对社会流动性的影响。首先,大量文献显示,人力资本自身存在代际传递的现象:父代的人力资本与子代人力资本可能直接相关,体现为受教育程度较高的家长更加重视对子女的培育,并通过言传身教和代际遗传等渠道直接提高子女的人力资本水平。在这种机制的作用下,人力资本的代际流动性表现为两代人的受教育程度高度相似,代际教育弹性和代际教育相关系数显著为正。例如,Hertz et al.(2007)估计了 42 个国家的代际教育相关系数和弹性,结果表明各国教育相关系数一般在 0.4—0.6。Chevalier et al.(2004)通过比较欧洲和美国的教育代际流动性得出相似的结论,同时也证实教育的回报率与收入的代际传递弹性具有正相关关系:教育回报率越高,高收入家庭的父母就越有动机将更多的资源投资于子女的教育,导致其后代的人力资本和收入处于更高水平。

将上述人力资本的直接代际传递引入基准模型,子女人力资本的形成方程变为：

$$h_{t+1}^{c}=A_{t}^{c}(h_{t}^{p})^{\sigma}(e_{t}^{p})^{1-\sigma},\quad 0<\sigma<1 \tag{3-17}$$

与(3-3)式相比，(3-17)式中子女的人力资本不仅取决于其自身的天赋($A_t^c$)和少年时期父母的人力资本投资($e_t^p$)，同时还直接受到其父母人力资本($h_t^p$)的制约。参照文献中的常规假定，$h_t^p$ 和 $e_t^p$ 依据柯布–道格拉斯(C-D)函数形式对子女的人力资本产生影响，体现了直接渠道($h_t^p$)和间接渠道($e_t^p$)在人力资本代际传递中的相对贡献率。

在引入人力资本的直接代际传递机制后，我们重新求解父母的决策问题(假定模型的其他设定不变)，得到最优人力资本投资 $e_t^p$ 的表达式仍然不变[同(3-11)式]，因此各主要参数对最优人力资本投资的影响保持不变。根据扩展模型，可得到新的代际收入传递方程，如下所示：

$$\ln y_{t+1}^{c}=\gamma\ln\bar{A}+\gamma\sigma\ln h_{t}^{p}+\gamma(1-\sigma)\ln y_{t}^{p}+\gamma(1-\sigma)\ln\frac{\alpha\beta\gamma(1-\sigma)}{1+\beta+\alpha\beta\gamma(1-\sigma)}+\gamma\varepsilon_{t} \tag{3-18}$$

仿照基准模型中的方法整理(3-18)式，可以得到：

$$\ln y_{t+1}^{c}=\theta_{0}+\theta_{1}\ln y_{t}^{p}+v_{t} \tag{3-19}$$

其中，

$$\theta_{0}=\gamma\ln\bar{A}+\gamma(1-\sigma)\ln\frac{\alpha\beta\gamma(1-\sigma)}{1+\beta+\alpha\beta\gamma(1-\sigma)} \tag{3-20}$$

$$\theta_{1}=\sigma+\gamma(1-\sigma) \tag{3-21}$$

$$v_{t}=\gamma\varepsilon_{t} \tag{3-22}$$

对比(3-15)式和(3-21)式可知，在考虑人力资本的直接代际传递后，收入的代际传递弹性不仅取决于人力资本投资的边际回报率和人力资本对收入的边际贡献率，还受到人力资本形成机制中两种制约因素相对贡献率的影响。由于 $0<\sigma<1$，系数 $\theta_1$ 大于基准模型中的传递弹性 $\eta_1$，即基准模型低估了代际传递系数。在以下实证分析中，我们将对这一结论进行检验，并直接检测人力资本在我国的代际传递情况。

## 三、实证方法与数据

### 1. 计量模型

在实证分析中,我们利用计量经济学模型和具有全国代表性的入户调查数据分别估计上述理论模型(基准模型和扩展模型)所预测的代际收入弹性,并比较两者的大小。为此,我们构建代际收入传递的基本回归模型和联立方程模型,分别代表忽略及考虑人力资本代际传递条件下的收入传递等式。其中,基本回归模型的表达式为:

$$\ln y^c = \theta_0 + \theta_1 \ln y^p + \theta_2 \text{edu}^c + \theta_3 \text{health}^c + \theta_4 X + u_t \qquad (3\text{-}23)$$

(3-23)式是国外文献中估计代际收入传递弹性的常见回归形式(Solon,2002;Jäntti et al., 2006)。[①] 其中,$y^c$和 $y^p$分别代表子女与父亲的永久收入(permanent income),以各样本年的平均收入来衡量。$\text{edu}^c$和$\text{health}^c$分别代表子女的受教育水平(受正规教育的年限)和健康水准[分别使用身高、自评健康水平(self-reported health status)、是否肥胖(根据 BMI 计算)、是否有慢性病等指标来衡量]。根据经典的人力资本理论(Becker,1993),教育和健康是衡量个体人力资本积累最常用的可观测指标,因此 $\text{edu}^c$和 $\text{health}^c$综合代表了子女个体的人力资本水平。在以上回归中,$y^p$对 $y^c$的影响(即收入的代际传递)是基于理论模型(3-13)式得出的,而 $\text{edu}^c$和 $\text{health}^c$对 $y^c$的影响(即人力资本对收入的内在影响)则对应理论模型(3-2) 式所假定的子女收入决定机制。向量 $X$ 代表个人及地区层面的控制变量,包含子女和父亲的各自年龄及其平方,子女的性别、婚姻状况、工作性质以及家庭所处的地区类别(城市/农村,沿海/内地),等等。由于以上基本回归模型未考虑人力资本的直接代际传递,因此(3-1)式可以由普通线性回归(OLS)得出。

在联立方程模型中,我们引入人力资本(健康和教育)的代际传递,

---

① 国外很多对代际流动性的估计方程中不包含变量 $\text{edu}^c$、$\text{health}^c$或 $X$,为便于比较,我们在基本回归模型中尝试了不同控制变量的组合,具体结果见表 3-2。

并考察其对子女收入的影响。根据上节中扩展模型的理论推导,我们可以用以下联立回归方程表示收入、教育和健康在父辈与子辈之间的传递过程:

$$\ln y^c = \beta_0 + \beta_1 \ln y^p + \beta_2 \text{edu}^c + \beta_3 \text{health}^c + \beta_4 X + \varepsilon_t \quad (3\text{-}24)$$

$$\text{edu}^c = \alpha_0 + \alpha_1 \text{edu}^p + \alpha_2 \ln y^p + \alpha_3 \text{health}^c + \alpha_4 X + v_t \quad (3\text{-}25)$$

$$\text{health}^c = \gamma_0 + \gamma_1 \text{health}^p + \gamma_2 \ln y^p + \gamma_3 \text{edu}^c + \gamma_4 X + \mu_t \quad (3\text{-}26)$$

其中,(3-25)式和(3-26)式与扩展理论模型中(3-17)式所反映的人力资本传导机制相对应,分别刻画了父亲的教育对子女教育的影响以及父亲的健康对子女健康的影响,因此由(3-24)式至(3-26)式组成的联立方程同时反映了人力资本的直接传递效应和收入的代际流动性。考虑到社会经济变量的交互影响机制,尤其是被大量文献所证实的“收入—教育—健康”的交互作用(income-education-health gradient;Smith,2004),我们在教育和健康的回归方程中分别控制了其他重要的影响因素:在(3-25)式里,子女教育变量 $\text{edu}^c$ 不仅受到父亲受教育程度的影响,还与父亲的收入和自身健康水平相关,这是因为父亲的收入决定了其对子女的教育投资能力,从而间接影响子女的人力资本积累——这与扩展理论模型中的(3-17)式相吻合,同时也被 Taubman(1989)、Plug and Vijverberg(2005)等研究证实,很多文献也同样证明了个人健康水平与自身受教育程度有着紧密的联系(Behrman,1996;Glewwe et al.,2001);同样,在(3-26)式中,子女健康变量 $\text{health}^c$ 同时受到父亲健康(体现健康人力资本的直接代际传递)、父亲收入(体现父辈对子辈健康人力资本的投资能力)和自身教育(体现“教育—健康”交互性)的影响。最后,(3-24)式至(3-26)式还控制了基本人口特征和地区差异的影响(用向量 $X$ 表示)。

在该联立方程系统中,子女的教育和健康实际上具有双向因果关系,造成(3-25)式和(3-26)式出现内生性,即在(3-25)式中,$E[\text{health}^c \cdot v_t] \neq 0$,(3-26)式中,$E[\text{edu}^c \cdot \mu_t] \neq 0$。为了避免内生性带来的回归偏误,我们根据联立方程模型的特性,利用工具变量方法对以上两式进行识别。相应的估计策略如下所示:用(3-26)式中的 $\text{health}^p$ 作为教育传递方程(3-25)式中 $\text{health}^c$ 的工具变量;用(3-25)式中的 $\text{edu}^p$ 作为健康传递方程(3-26)式中 $\text{edu}^c$ 的工具变量;最后,将子女的教育和健康水平的估计值

$\widehat{edu^c}$和$\widehat{health^c}$代入(3-24)式,进而识别收入传递方程中 $edu^c$、$health^c$及其他变量的系数[间接最小二乘(indirect least squares)估计]。值得注意的是,以上识别策略的有效性取决于工具变量的强度(power)和效度(validity),前者表示工具变量($health^p$、$edu^p$)与其对应的内生自变量($health^c$、$edu^c$)的相关性,后者表示工具变量与内生自变量所在方程回归残差的非相关性。其中,代际健康指标和代际教育水平的相关性在文献中已被广泛印证(详见本章第一部分),同时我们也将利用工具变量一阶段回归中的 $F$ 统计量检验该相关性是否成立。另外,工具变量的有效性则要求 $health^p$和 $edu^p$满足排除限制(exclusion restriction)条件,即在以上联立方程里不存在人力资本的交叉代际传递(即父亲的教育并不直接影响子女的健康,父亲的健康也不对子女的教育水平产生直接影响)。这一假设在文献中也有相应的证据:例如 McCrary and Royer(2011)用美国两个州的数据考察母亲受教育程度和婴儿出生时体重的关系,结果并未发现前者对后者存在显著影响;Lindeboom et al. (2009)用英国数据针对儿童体重、BMI、慢性病、急性病等多个健康指标进行了分析,均未发现交叉传导的证据。同时,我们还将在稳健性检验中对这一假定的合理性进行直接验证。

**2. 数据来源和描述性统计**

研究中所使用的数据来自中国健康与营养调查(CHNS)。CHNS 数据库是美国北卡罗来纳大学和中国预防科学医学院联合调查与创建的,涵盖我国 9 个省份(辽宁、黑龙江、江苏、山东、河南、湖北、湖南、广西和贵州)的追踪入户调查数据。该数据综合反映了城乡家庭的人口特征、教育与经济收入、健康与医疗保健等方面的信息。由于 9 个省份在地理位置、经济与社会发展水平以及人口特征等方面差别很大,因此数据具备较好的全国代表性。截至 2010 年 CHNS 已进行了 8 次调查,分别是 1989 年、1991 年、1993 年、1997 年、2000 年、2004 年、2006 年和 2009 年。在每次调查中,CHNS 采用分层次随机抽样的方法,依据加权采样模式对 9 个省份中的县市和家庭进行抽样。其中,家庭和个人问卷收集了受访者的人口学特征、社会经济地位、健康状况、营养摄入、医疗服务利用和支出等详细信息;社区问卷提供了当地(村或社区)的基础设施、医疗资源及保险覆盖等情况。

本研究使用上述数据 1989—2009 年中的成年人样本,基于问卷中有关家庭成员关系的信息,对所有家庭中的每一对父母子女关系进行匹配。样本时间跨度较长,因此能够全面反映改革开放后较长一段时期我国家庭代际关系的特征。由于接受高等教育的个体往往在 25 岁之后才会完成其全部正规教育并获得稳定收入,因此我们选择子女在 25 周岁及以上的样本。根据 CHNS 的亲属关系识别码进行父亲与子女关系匹配,同时剔除父亲或子女未取得收入以及收入数据缺失的观测值(考虑到农村地区较多妇女不参加工作,没有稳定收入,因此本章的代际收入弹性计算主要基于父亲与子女配对)。在此基础上剔除健康和教育等人力资本变量缺失的样本,并进一步剔除控制变量缺失的样本,最终得到 1 364 组观测值。其中,来自城镇的观测值占 41.7%,子女为男性(儿子)的观测值占 79.5%。表 3-2 集中汇报了样本的描述统计结果,主要变量的定义及样本特征详述如下。

**表 3-2 主要变量的样本描述统计**

| 变量名 | 定义 | 全样本 | 农村 | 城镇 | 儿子 | 女儿 |
|---|---|---|---|---|---|---|
| 子女变量 | | | | | | |
| cincome | 年实际收入 | 8 943.3 | 8 379.4* | 9 706.1 | 9 163.3 | 8 087.8 |
| | (元) | (12 224.3) | (12 608.1) | (11 634.9) | (12 864.3) | (9 297.2) |
| cedu | 教育年限 | 9.949 | 9.347* | 10.789 | 9.900 | 10.136 |
| | (年) | (3.342) | (2.613) | (4.005) | (3.192) | (3.870) |
| cheight | 身高 | 166.7 | 166.6 | 166.9 | 168.9* | 158.1 |
| | (厘米) | (7.399) | (6.946) | (7.993) | (6.120) | (5.424) |
| csrh | 自评健康 | 2.912 | 2.890 | 2.948 | 2.908 | 2.928 |
| | (1-4) | (0.708) | (0.710) | (0.704) | (0.718) | (0.662) |
| coverweight | 超重 | 0.279 | 0.264 | 0.299 | 0.306* | 0.172 |
| | (1=超重) | (0.448) | (0.441) | (0.458) | (0.461) | (0.378) |
| cchronic | 慢性病指标 | 0.021 3 | 0.011 3* | 0.035 1 | 0.023 0 | 0.014 3 |
| | (1=有) | (0.144) | (0.106) | (0.184) | (0.150) | (0.119) |
| cage | 年龄 | 31.90 | 31.07* | 33.06 | 32.10* | 31.14 |
| | (周岁) | (6.183) | (5.052) | (7.332) | (6.227) | (5.963) |
| cgender | 性别 | 0.205 | 0.141* | 0.294 | — | — |
| | (1=女性) | (0.404) | (0.348) | (0.456) | — | — |

（续表）

| 变量名 | 定义 | 全样本 | 农村 | 城镇 | 儿子 | 女儿 |
|---|---|---|---|---|---|---|
| 父亲变量 | | | | | | |
| fincome | 年平均收入 | 9 062.4 | 8 214.6* | 10 246.8 | 8 945.2 | 9 518.1 |
| | （元） | (8 287.0) | (7 837.9) | (8 746.9) | (7 921.2) | (9 580.3) |
| fedu | 教育年限 | 8.354 | 7.587* | 9.425 | 8.205* | 8.935 |
| | （年） | (3.486) | (2.730) | (4.095) | (3.334) | (3.975) |
| fheight | 身高 | 165.1 | 164.7* | 165.7 | 165.1 | 165.1 |
| | （厘米） | (6.039) | (6.095) | (5.923) | (6.147) | (5.609) |
| fsrh | 自评健康 | 2.665 | 2.612* | 2.753 | 2.649 | 2.738 |
| | （1—4） | (0.752) | (0.735) | (0.772) | (0.754) | (0.738) |
| foverweight | 超重 | 0.380 | 0.326* | 0.455 | 0.388 | 0.348 |
| | （1 = 超重） | (0.486) | (0.469) | (0.498) | (0.488) | (0.477) |
| fchronic | 慢性病指标 | 0.212 | 0.156* | 0.290 | 0.208 | 0.226 |
| | （1 = 有） | (0.409) | (0.363) | (0.454) | (0.406) | (0.419) |
| fage | 年龄 | 60.41 | 58.33* | 63.30 | 60.39 | 60.46 |
| | （周岁） | (7.586) | (6.616) | (7.907) | (7.662) | (7.300) |
| fstate | 工作部门 | 0.424 | 0.403* | 0.453 | 0.399* | 0.520 |
| | （1 = 国有） | (0.494) | (0.491) | (0.498) | (0.490) | (0.501) |
| 家庭和环境变量 | | | | | | |
| urban | 城乡 | 0.417 | — | — | 0.371* | 0.599 |
| | （1 = 城镇） | (0.493) | — | — | (0.483) | (0.491) |
| coast | 沿海/内地 | 0.410 | 0.403 | 0.420 | 0.405 | 0.430 |
| | （1 = 沿海） | (0.492) | (0.491) | (0.494) | (0.491) | (0.496) |
| 样本量 | | 1 364 | 795 | 569 | 1 085 | 279 |

注：(1) BMI = 体重(kg)/身高$(m)^2$；(2) 自评健康 1—4 分别代表差、一般、好和非常好；(3) 慢性病包含高血压、中风、糖尿病、哮喘（医生诊断或自查）、心脏病等；(4) 超重是指 BMI 大于 25；(5) 子女实际收入以 CHNS 自带的平减指数折算至 2009 年；(6) 农村和儿子两栏中的*分别代表在 10% 的水平上，该变量均值在农村—城镇组和儿子—女儿组中具有显著区别。

第一，收入。CHNS 记录了家庭和个人的年度收入，其中个人收入包括商业、农业、渔业、牧业、林业、未退休工资、退休工资七个来源的净收入，不包括以家庭为单位的无法分配到个人的补贴，如生育补贴、健康补贴等。如果个人拥有某种来源的收入，但是其他种类收入数据缺失，CHNS 会根据前后调查年度数据进行差值增补。考虑到样本量的问题，本章认可 CHNS 的官方差值增补，未删去这部分数据。另外，个人收入中某一部分可能有负数，这主要是农业净收入受到天气、农作物价格波动等因素的影响而可能出现负值，但考虑到个人的总收入很难出现负值，本章将总收入为负的个体作为异常值去除。同时，所有数据均以 CHNS 自带的平减指数折算为 2009 年价值，并取对数。另外值得注意的是，代际流动性理论所指的收入通常是两代人的永久收入，而无法观测的随机冲击将使个体在各年的收入与永久收入发生偏离，导致度量误差。为降低该度量误差产生的影响，我们参考经典文献（Solon，1992；Mazumder，2005）的做法，将父亲在各年中的收入观测值取平均数，从而平滑不同年份收入所受冲击的影响，并以此作为父亲永久收入的近似衡量指标。因为样本观测时段的限制，我们无法对子女收入做同样的处理，而是采用单次调查所得的年度收入。由于样本年龄段的子女已经完成学校教育，并且回归方程控制了年龄，因此可以认为收入的生命周期问题（即不同年龄段收入的波动性）得到了一定程度的控制；同时，子女收入作为回归的因变量，其度量误差并不会引发“经典变量误差”（classic error in variable）问题，因此不会造成回归系数的系统性偏误。如表 3-2 所示，样本中父亲收入的均值为 9 062.4 元，子女收入均值为 8 943.3 元。同时，无论是父亲收入还是子女收入，城镇居民均明显高于农村居民，这反映了城乡收入水平的显著差异。

第二，教育。CHNS 询问了受访者的最高学历和相应学历完成所用的时间（正规教育年限）。该年限细化到小学以下、小学年级（1—6）、初中年级（1—3）、高中年级（1—3）、中专年级（1—3）及高等教育（大学、研究生）年级（1—6）。我们据此生成反映子女及父亲总体教育年限的变量 cedu 和 fedu（二者均为连续变量）。从表 3-2 描述统计可知，样本子女的平均正规教育年限为 9.949 年，且城镇高于农村，两者分别是 10.789 年和 9.347 年，女儿略高于儿子，两者分别是 10.136 和 9.900 年，这反映了教育水平的城乡差异和性别差异。受到“文化大革命”等历史因素的影响，样本中父亲的平均教育年限仅为 8.354 年，远低于其后代的人力资本储备。同时，从描述性统计来看，父亲受教育程度的城乡差异比子女更高，分别为 9.425 年和 7.587 年。

第三，健康。CHNS 对健康指标的记录较为全面，根据已有文献和数据质量，我们采用如下几个健康指标：① 身高。身高作为营养和健康状况的衡量指标，已被卫生经济学和发展经济学研究者广泛采用，并较多应用于针对发展中国家人口健康状况的研究中(Strauss and Thomas,1998)。在我们的样本里,子女身高的均值为 166.7 厘米,比父亲平均高 1.6 厘米,反映了样本期间中国居民营养和健康状况的改善。② 自评健康。CHNS 在 1997 年、2000 年、2004 年、2006 年、2009 年[①]这五次调查中记录了受访者自评健康指数(与周围人群相比),该指数分为非常好、好、一般、差四个等级。[②] 样本中子女的平均自评健康为 2.912,略高于父亲(2.665);同时,认为自己身体差或非常好的子女的比例均小于父亲,而认为自己身体好或一般的子女比例大于父亲,反映了子辈健康状况改善并且分布更为集中的趋势。③ 是否超重。我们首先根据受访者的体测数据计算个人的身体质量指数(body mass index,BMI);BMI 作为衡量成年人的健康程度和超重情况的指标在全球被广泛应用。根据世界卫生组织(WHO)推荐的标准,BMI 大于 25 表示个体超重(包括肥胖)。如表 3-2 所示,样本中约有 27.9% 的子女和 38.0% 的父亲超重;同时,城镇居民的超重比例显著高于农村,这反映了我国城市人口日趋严重的肥胖问题和健康隐患。④ 是否有慢性病。对于慢性病指标的构建,我们参考解垩(2011),即如果被调查者曾患有高血压、中风、糖尿病、哮喘(医生诊断或自查),或者在过去四周中患有哮喘、心脏病、心口痛以及其他慢性病的,则被归为慢性病样本。表 3-2 显示,这类疾病的患病率在子女中为 2.13%,在父亲中则为 21.2%,并且在城镇地区中的患病率较高。在以上健康指标中,我们用身高作为衡量健康人力资本的主要变量,使用其他健康指标对结果进行稳健性检验。

第四,其他个人和地区层面变量:包括子女年龄、性别、婚姻状况、工作部门及所处地区等。表 3-2 的样本统计显示,子女的平均年龄为 31.90 岁(城乡样本年龄差别不大),符合 Haider and Solon(2006)及

① CHNS 的 2009 年问卷对自评健康问题作了调整,改为“你认为现在的生活怎么样”(问题编号为 U420),答案分为很好、好、中等、差和很差五个等级。此问题出现在问卷“疾病史”部分。经 CHNS 调查确认,此问题与往年自评健康相似。因此我们将 U420 作为 2009 年的自评健康变量,为保证数据取值一致,我们将“差”和“很差”合并为“差”。

② 由于自评健康属于定序变量,一些文献用 ordered-probit 等有序离散选择模型进行分析,但 Carbonell and Frijters(2004)等研究指出此类方法在衡量心理测评指标时与传统线性模型 OLS 在评价结果上相差不大,考虑到后者在计算边际效益及分析政策含义时更加直观,本研究采用线性模型进行回归。

Bohlmark and Lindquist(2006)等文献所建议的近似计算子女永久收入的最佳年龄取值。在国有部门工作的父亲(包括政府和国有企业)占样本的42.4%,城镇地区的比例高于农村地区,两者分别为45.3%和40.3%。此外,回归控制了父亲的年龄(整个样本均值为60.41)、城镇居住情况(均值为41.7%)以及是否生活在沿海地区(均值为41.0%)。

## 四、实证结果与分析

### 1. 人力资本具有显著的代际传递特征

基本回归模型是对(3-23)式进行的OLS估计,它以子女和父亲的收入传递弹性作为主要考察对象,并采用子女的身高和教育年限作为人力资本衡量变量。表3-3展示了主要回归结果。

表 3-3 基本回归模型的估计结果

| 自变量 | 因变量 log(cincome) | | | |
|---|---|---|---|---|
| | (1) | (2) | (3) | (4) |
| log(fincome) | 0.536*** | 0.457*** | 0.487*** | 0.429*** |
| | (0.034) | (0.035) | (0.035) | (0.035) |
| cedu | | | 0.034*** | 0.029*** |
| | | | (0.007) | (0.007) |
| cheight | | | 0.013*** | 0.010** |
| | | | (0.004) | (0.004) |
| cage | | 0.069** | | 0.071** |
| | | (0.033) | | (0.033) |
| $cage^2$ | | -0.001* | | -0.001* |
| | | (0.000) | | (0.000) |
| cgender | | -0.058 | | 0.058 |
| | | (0.062) | | (0.077) |
| fage | | -0.016 | | -0.015 |
| | | (0.040) | | (0.038) |

(续表)

| 自变量 | 因变量 log(cincome) | | | |
|---|---|---|---|---|
| | (1) | (2) | (3) | (4) |
| fage$^2$ | | 0.000 | | 0.000 |
| | | (0.000) | | (0.000) |
| fstate | | -0.463*** | | -0.438*** |
| | | (0.057) | | (0.058) |
| urban | | 0.061 | | 0.006 |
| | | (0.055) | | (0.055) |
| coast | | 0.238*** | | 0.202*** |
| | | (0.051) | | (0.052) |
| constant | 4.116*** | 4.112*** | 1.998*** | 2.319* |
| | (0.304) | (1.144) | (0.624) | (1.374) |
| 样本量 | 1 364 | 1 364 | 1 364 | 1 364 |
| $R^2$ | 0.185 | 0.251 | 0.205 | 0.261 |

注:括号中为家庭聚类的稳健标准误,***、** 和 * 分别代表在 1%、5% 和 10% 的置信水平上显著。

表 3-3 中模型(1) 为代际收入传递弹性的单变量回归模型,是文献中比较常见的、简单的收入传递估计式。其结果显示,我国的代际收入传递弹性为 0.536,即当父亲的收入增加 1% 时,其子女的收入会增加 0.536%。与其他国家相比,这一弹性的估计值较高①,反映了我国代际收入流动性处于较低水平,在一定程度上体现出收入分配的不均等性。考虑到中国的收入分配和代际传递可能存在巨大的地区和城乡差异,并受到个人年龄、性别、婚姻等因素的影响,因此我们在模型(2)中加入了 $X$ 向量所包含的基本控制变量。控制这些因素后,代际收入传递弹性的估计值下降为 0.457。这一结果与其他有代表性的基于我国人口的估计值很接近[如 Zhang and Ericsson,(2010)]。

我们的理论模型对人力资本形成函数、工资决定函数都作了比较具体的假设,因此得到了收入代际传递的线性方程形式。为了验证这一形式的稳健性,我们使用非参数方法中的核密度回归(kernel density regres-

① 根据表 3-1,美国收入传递弹性在 0.45—0.48,西欧各国多在 0.3—0.4,北欧一般为 0.2 左右,拉丁美洲发展中国家多在 0.4—0.5。

sion),重新估计了父亲的对数永久收入与子女对数收入的关系,并将回归结果与线性回归[表 3-3 的模型(1)]进行对比,其结果如图 3-1 所示。由图 3-1 可见,在观测值密集的区域,线性回归的结果与核密度回归基本吻合;在观测值稀疏的低收入区域,两者有一定差距。

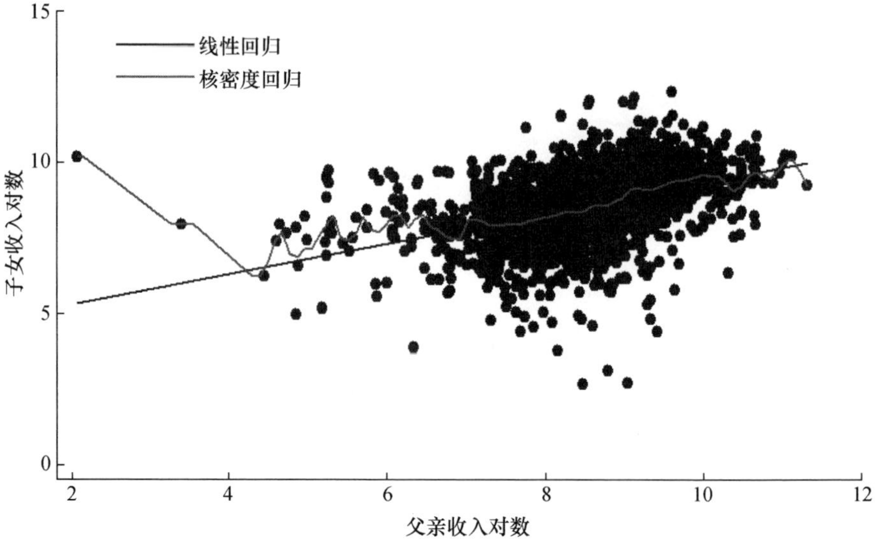


**图 3-1 收入代际传递的参数与非参数回归结果①**

在表 3-3 的模型(3)和模型(4) 中,我们分别在模型(1)和模型(2)的基础上加入子女的教育和健康变量,从而与基本回归方程(3-23)式直接对应。从回归结果可以看出,在未控制个人及环境的基本因素时,代际传递弹性为 0.487,与模型(1) 相比有显著下降,说明人力资本的积累在子女收入决定过程中确实起到了不可忽视的作用。在控制地区因素和其他人口学变量后,代际传递弹性进一步下降为 0.429,即父亲的收入提高 1%,会导致子女收入提高 0.429%。在后面的分析中,我们将以此估计值为基准,与联立方程等模型进行比较。

以上基本回归模型还反映出人口及地区因素对子女收入的影响。例

① 图中直线对应的是子女收入对父亲收入的单变量回归。核密度回归选用 Epanechnikov 核函数,各种常见核函数的估计结果相差不大。窗宽(bandwidth)为最小化 MISE(mean integrated squared error)得到的最优窗宽。

如,子女自身教育变量的估计系数为0.029(在1%水平显著),即子女每增加1年正规教育将导致收入提高2.9%。该教育回报率与其他经典文献中的测算结果相符[如孙志军(2004)估计我国20世纪80年代和90年代的教育收益率为2%—5%],但略低于近年来的估计值[如邓峰和丁小浩(2013)得出2000年以后的城乡教育收益率均高于7%]。这是因为2000年以前我国劳动力市场受到各种制度限制,对正规教育的回报率普遍不高,因此基于全样本的总体估计值低于近年来数据所反映出的情况。另外,以子女身高为代表的健康人力资本也对收入产生了正向影响(估计系数为0.010,且在5%水平显著),这与已有文献(Currie and Madrian, 1998; Becker, 2007)的发现一致。子女年龄对自身收入的影响呈倒U形,在正常工作年龄区间内(60岁之前),年龄随工作经验的丰富而对收入有正影响,但呈现边际收益递减的特性。同时,父亲的年龄对子女收入呈现正U形特征,在父亲36岁以后,其年龄对子女收入的边际影响始终为正且单调递增。在地域差异方面,沿海地区的子女收入比内陆地区高20.2%,而城乡差异在控制了教育和健康等变量后,在回归中变得不再显著。

### 2. 人力资本的代际传递对收入代际流动性的影响

在由(3-24)式至(3-26)式组成的联立方程中,人力资本(包括健康和教育)的直接代际传递机制使收入的代际传递过程更为复杂。对此,我们首先采用工具变量方法估计(3-25)式和(3-26)式,并将各自的因变量预测值代入(3-24)式,得到对收入传递方程的间接最小二乘估计值。为了检验结果的统计显著性,我们采用bootstrap方法计算系数估计值的标准误差。表3-4展示了相关的回归结果。

表3-4 联立方程模型的估计结果

| 自变量 | (1)<br>收入传递<br>log(cincome) | (2)<br>教育传递<br>cedu | (3)<br>健康一阶段<br>cheight | (4)<br>健康传递<br>cheight | (5)<br>教育一阶段<br>cedu |
|---|---|---|---|---|---|
| log(fincome) | 0.481*** | 0.394*** | 0.320* | 0.305 | 0.393*** |
| | (0.043) | (0.106) | (0.172) | (0.194) | (0.106) |

（续表）

| 自变量 | (1)<br>收入传递<br>log(cincome) | (2)<br>教育传递<br>cedu | (3)<br>健康一阶段<br>cheight | (4)<br>健康传递<br>cheight | (5)<br>教育一阶段<br>cedu |
|---|---|---|---|---|---|
| fedu | | 0.310*** | 0.012 | | 0.310*** |
| | | (0.026) | (0.043) | | (0.026) |
| fheight | | | 0.485*** | 0.485*** | -0.001 |
| | | | (0.023) | (0.023) | (0.014) |
| cedu | -0.043 | | | 0.038 | |
| | (0.026) | | | (0.137) | |
| cheight | 0.017* | -0.002 | | | |
| | (0.010) | (0.030) | | | |
| cage | 0.077** | 0.138 | -0.525** | -0.531** | 0.139 |
| | (0.034) | (0.119) | (0.194) | (0.192) | (0.119) |
| cagesq | -0.001*** | -0.002 | 0.006** | 0.006** | -0.002 |
| | (0.000) | (0.002) | (0.003) | (0.003) | (0.002) |
| cgender | 0.133 | -0.140 | -11.153*** | -11.148*** | -0.120 |
| | (0.124) | (0.395) | (0.340) | (0.338) | (0.209) |
| fage | -0.023 | -0.141 | 0.564** | 0.570** | -0.142 |
| | (0.042) | (0.150) | (0.246) | (0.244) | (0.151) |
| fagesq | 0.000 | 0.001 | -0.004* | -0.004* | 0.001 |
| | (0.000) | (0.001) | (0.002) | (0.002) | (0.001) |
| fstate | -0.465*** | -0.591*** | -0.981*** | -0.959*** | -0.589*** |
| | (0.061) | (0.185) | (0.299) | (0.304) | (0.183) |
| urban | 0.084 | 0.901*** | 1.140*** | 1.106*** | 0.899*** |
| | (0.064) | (0.195) | (0.309) | (0.347) | (0.190) |
| coast | 0.204*** | 0.119 | 1.464*** | 1.460*** | 0.117 |
| | (0.056) | (0.189) | (0.287) | (0.286) | (0.176) |
| Constant | 1.534 | 6.411 | 75.911*** | 75.674*** | 6.272 |
| | (2.004) | (6.415) | (8.063) | (7.977) | (4.949) |
| 样本量 | 1 364 | 1 364 | 1 364 | 1 364 | 1 364 |
| 一阶段 *F* 值 | — | — | 426.88*** | — | 139.98*** |

注：括号内为标准误差，其中收入传递方程模型中的标准误差由 bootstrap 方法计算；***、** 和 * 分别代表在 1%、5% 和 10% 的置信水平上显著。

我们首先关注人力资本传递方程的回归。表 3-4 中模型(2)和模型(4)分别展示了教育和健康传递方程工具变量方法第二阶段的回归结果。可以看出,教育在父亲和子女间具有显著的传递效应:在控制其他因素之后,父亲的正规教育年限每增加 1 年将使子女的正规教育增加 0.310 年。正如经典人力资本理论所预测的,受教育程度较高的家长将更加重视对子女的培育,并通过言传身教和代际遗传等渠道直接提高子女的人力资本水平。这一发现也与其他国家的研究结果相符,例如,Hertz et al.(2007)估计了 42 个国家中父辈教育水平与其子女教育水平的相关系数和弹性,结果表明教育在两代人之间高度相关,其中非洲国家的代际教育相关系数普遍在 0.6 左右,美国为 0.46,西欧为 0.4,而数值最低的为北欧国家。另外,模型(4)的结果表明,健康在父亲与子女之间的相关性也很显著,在控制其他因素之后,父亲身高每增加 1 厘米将导致子女身高增加 0.485 厘米,体现出人力资本在健康维度的传递特性。这一结论同样可以在相关文献中找到佐证(Currie and Moretti,2007;Eriksson et al.,2005)。同时,模型(2)也体现出父亲收入对子女教育的影响,父亲收入每增加 1 倍将导致子女正规教育年限提高 0.394 年。这实际上反映出人力资本代际传递中“间接渠道”的影响,即父代的人力资本会影响自身收入进而影响其对子女的人力资本的投资能力,从而间接影响子代的人力资本积累。除以上主要变量外,其他变量(如婚姻状况、居住地、父亲的工作部门等)也与子女的受教育程度显著相关[见模型(2)],而子女的健康则受到诸如年龄、性别、地域以及父亲的年龄和工作部门等因素的显著影响[见模型(4)]。除此之外,模型(3)和模型(5)所对应的是健康和教育传递方程工具变量的第一阶段回归结果。其中,子女身高和教育年限分别与各自的工具变量——父亲身高和父亲教育年限——显著相关,$F$ 值分别为 426.88 和 139.98,远高于文献中推荐的 $F>10$ 的标准(Stock and Yogo,2002),体现出工具变量与内生人力资本变量的高度相关性,说明模型不存在弱工具变量问题。同时,为了检验工具变量的“排除限制条件”,我们将教育和健康传递方程的第二阶段回归残差对工具变量做回归,系数均不显著,这从侧面验证了工具变量的有效性(我们将在稳健性检验中利用人力资本的“交叉传导”回归对这一条件做进一步验证）。[①]

接下来，我们考察联立方程中的代际收入传递过程。在将表 3-4 的模型（2）和模型（4）的预测值代入（3-24）式后，表 3-4 模型（1）的回归结果显示，人力资本的直接传导效应使收入传递弹性从 0.429［表 3-3 模型（4）］上升到 0.481，说明基本回归模型低估了收入传递弹性，这与前文理论模型的预测一致。为了确认这一区别的统计意义，我们进而对两组模型（基本回归模型和联立方程模型）的收入方程估计结果进行豪斯曼检验，以基本模型的估计结果为有效估计量（efficient estimator），以联立方程模型为一致估计量（consistent estimator），得到的 $P$ 值为 0.008，因此拒绝了两个估计结果没有系统性差异的原假设。结合理论模型的预测和实证估计结果，我们可以认为传统的基本回归模型由于未考虑人力资本的代际传递效应而低估了收入的传递弹性。也就是说，在考虑教育和健康等人力资本的代际传递特性后，我国的社会流动性比目前已有文献的估计值更低，反映出我国社会存在更为严重的机会不均等状况。另外，除主要变量 fincome 以外，表 3-4 模型（1）中其他变量的估计值与表 3-3 中的模型（4）基本相符，在一定程度上体现了收入传递方程中模型设定的稳健性。

### 3. 稳健性检验

在本节中，我们主要通过分样本回归、替换健康指标、引入人力资本的交叉传导等方法来检验上述回归结果的稳健性。

首先，我们通过对基本模型和联立方程模型进行分样本回归，来考察子女性别为男性（儿子）、女性（女儿）以及子女居住地为农村和城镇这四个分样本的收入代际传递情况。表 3-5 集中整理了各样本所对应的代际收入传递弹性的估计值。

① 由于模型属于“恰好识别”（即工具变量的个数等于内生自变量个数），我们无法使用 Sargan-Bassman 检验来直接验证工具变量的外生有效性，因此我们采用 Wooldridge（2002）提供的间接方法进行检验。

表 3-5　基于各样本的代际收入传递弹性估计结果

| | (1)<br>全样本 | (2)<br>儿子 | (3)<br>女儿 | (4)<br>农村 | (5)<br>城镇 |
|---|---|---|---|---|---|
| 基本模型 | 0.429*** | 0.415*** | 0.464*** | 0.409*** | 0.421*** |
| | (0.035) | (0.041) | (0.067) | (0.047) | (0.050) |
| 联立方程模型 | 0.481*** | 0.468*** | 0.520*** | 0.501*** | 0.463*** |
| | (0.043) | (0.051) | (0.075) | (0.069) | (0.059) |
| 样本量 | 1 364 | 1 085 | 279 | 795 | 569 |

资料来源:1989—2009 年中国健康与营养调查(CHNS)。

注:(1) 基本模型传递系数下括号内为家庭水平上聚类后的稳健标准误差(clustered SE),联立方程模型传递系数下括号内为 bootstrap 标准误差;(2) ***、** 和 * 分别代表在 1%、5% 和 10% 的置信水平上显著;(3) 所有模型均控制子女的教育和健康水平及其他个人和地区层面的基本特征。

从表 3-5 可以看出,一方面,无论是基本模型还是联立方程模型,女儿的收入传递系数都明显高于儿子,这与现有文献的结果一致(Gong et al., 2012;Raaum et al., 2008),这可能是因为女性受到各种社会束缚,其收入可改变性要低于男性,因此其收入水平在更大程度上由家庭情况(父辈的收入水平)决定。另一方面,比较城乡样本的结果可知,在基本模型中城镇人口代际收入弹性略高于农村,两者分别为 0.421 和 0.409,然而在联立方程估计中则恰好相反,两者数值分别为 0.463 和 0.501。这说明当考虑了人力资本的代际传递后,我国城镇地区的收入流动性其实高于农村地区,其原因是城镇劳动力配置的市场化程度更高,因此子女更有可能改变自身的社会经济地位。这一结果也与公开统计数据中农村地区基尼系数常年高于城镇的现象相符合(Sutherland and Yao, 2011),反映出我国收入分配不均问题在农村地区更为严重的现实。与全样本结果比较可知,在各分样本回归中,联立方程模型的收入传递弹性估计值均高于基本模型,符合前文中理论模型的预测。

接下来,我们尝试将健康衡量指标改为自评健康水平、是否超重、是否有慢性病,分别替换以上回归中所用的身高变量,从而检验回归结果是否对健康人力资本的度量指标具有敏感性。替换后,重新估计的代际收入弹性如表 3-6 所示。

表 3-6　基于各健康指标的代际收入传递弹性估计结果

| | (1)<br>身高 | (2)<br>自评健康 | (3)<br>是否超重 | (4)<br>是否有慢性病 |
|---|---|---|---|---|
| 基本模型 | 0.383*** | 0.334*** | 0.388*** | 0.390*** |
| | (0.029) | (0.029) | (0.029) | (0.029) |
| 联立方程模型 | 0.480*** | 0.408*** | 0.498*** | 0.451*** |
| | (0.044) | (0.050) | (0.045) | (0.041) |
| 样本量 | 1 364 | 1 364 | 1 364 | 1 364 |

注:(1) 基本模型传递系数下括号内为家庭水平上聚类后的稳健标准误差(clustered SE),联立方程模型传递系数下括号内为 bootstrap 标准误差;(2) ***、** 和 * 分别代表在 1%、5% 和 10% 的置信水平上显著;(3) 所有模型均控制子女的教育和健康水平及其他个人和地区层面的基本特征;(4) 四种指标所对应的回归方程均采用线性模型。

比较表中各估计值可知,其他健康指标对收入传递系数的影响不大。各指标都显示出子女自身健康对收入的显著影响(由于篇幅所限,表 3-5 未展示其他控制变量的估计值)。同时,依据各种健康指标所测算的收入传递弹性差异不大,而各联立方程模型所给出的弹性估计值均显著高于基本模型,再次印证了理论模型的预测。

**4. 两种人力资本形态的跨代交叉传导**

最后,我们考虑人力资本的交叉传导问题。在劳动经济学文献中一直存在"先天—后天"(nature-nurture)之争。这一争论的核心在于,在收入和教育的代际传递中,先天因素(基因遗传)和后天因素(家庭环境)各自起到多大的作用。前文的教育传递方程中并未包含父亲的健康指标,健康传递方程中也并未包含父亲的教育水平。其隐含的假设是子女的教育不会受到父亲健康(先天因素)的直接干预,而子女的健康也不会受到父亲教育(后天因素)的直接影响。这一假定在相关研究中得到了较多的文献佐证[McCrary and Royer(2006),Lindeboom et al.(2009)等],同时为我们的工具变量回归方法提供了"排除限制条件"。然而,近年来一些学者认为先天因素和后天因素存在交互作用(Currie,2011)。在本节中,我们重点检验此种交叉传导现象在样本中是否存在,即在人力资本跨代传导中是否存在教育和健康的交互影响(这一假设的传导路径可以由图

3-2 表示)。相应地,我们在人力资本传递方程(3-25)式和(3-26)式中分别加入了父亲的健康和教育变量,联立方程的主要系数估计结果如表 3-7 所示(此处我们仅以身高为健康衡量指标,以便和主要回归结果对照)。

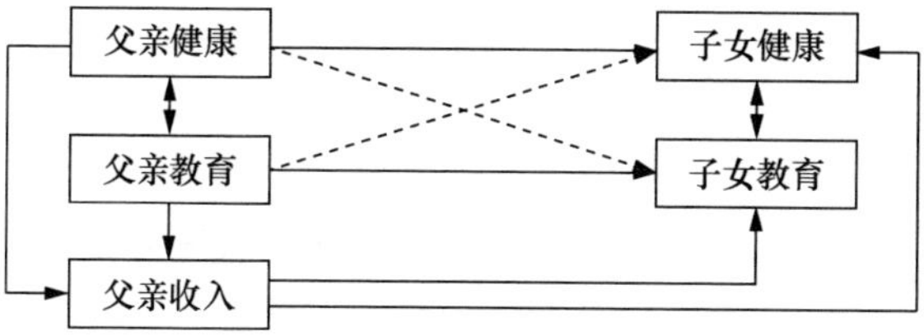


图 3-2　人力资本的代际传递途径

表 3-7　考虑人力资本交叉传导后的联立方程估计结果

| 自变量 | (1)<br>收入传递方程<br>log(cincome) | (2)<br>教育传递方程<br>cedu | (3)<br>健康传递方程<br>cheight |
|---|---|---|---|
| log(fincome) | 0.471*** | 0.380*** | 0.279 |
| | (0.041) | (0.106) | (0.173) |
| fedu | | 0.310*** | -0.021 |
| | | (0.026) | (0.045) |
| fheight | | -0.020 | 0.485*** |
| | | (0.017) | (0.023) |
| cedu | -0.032 | | 0.104** |
| | (0.024) | | (0.044) |
| cheight | 0.019** | 0.039** | |
| | (0.009) | (0.017) | |
| 样本量 | 1 364 | 1 364 | 1 364 |

注:(1) 括号内为 bootstrap 标准误差;(2) ***、** 和 * 分别代表在 1%、5% 和 10% 的置信水平上显著;(3) 所有模型均控制个人和地区层面的基本特征。

从表 3-7 的回归结果可以发现:一方面,我们的数据并不支持人力资本交叉传导的假说,即父亲身高对子女教育年限的影响和父亲教育年限对子女身高的影响均不显著。这说明,两种人力资本形态并不存在跨代交叉传导的现象,除同一形态的人力资本具有直接传递性以外,其他人力资本的跨代传导主要依靠收入途径(即图 3-2 所示的间接渠道)发生作用。另一方面,在考虑交叉传导后,收入传递方程的回归结果并未发生显著改变。这也说明,我们的工具变量选用和收入传递方程的识别策略是合理的,进一步验证了主要结果的稳健性。

## 五、结论与政策启示

### 1. 忽略人力资本的直接代际传递将导致对代际收入传递弹性的低估

社会流动性是刻画一个社会中个体发展机会公平程度的重要指标。适当的代际社会流动性是一国经济长期可持续增长的核心要素。纵观我国历史可知,中国古代社会存在阶层固化的弊病,魏晋时期的门阀制度导致“上品无寒门,下品无势族”的社会现实;此后,从隋朝开始的科举制度成为增强社会流动性的重要途径,农民起义也时常引起社会阶层的剧烈变动;在近现代历史上,中国共产党领导的革命运动引起了我国社会阶层的颠覆性变化,然而在 20 世纪 80 年代以前,我国实际上并没有出现自由流动的劳动力市场,工资无法反映劳动力的边际价值,测量收入的流动性也失去意义;80 年代以后的经济改革逐渐使劳动力和企业家才能得到市场化回报,但是在计划生育、户籍制度、社会保障改革和高等教育扩招等政策的影响下,收入的代际传递过程变得异常复杂。在我国近几十年的改革开放进程中,伴随着收入的高速增长,社会流动性也呈现整体下降的态势,这成为制约我国未来经济可持续增长的重要瓶颈。本章从社会流动性不足的根源出发,分别从理论和实证角度研究人力资本的代际传递在收入代际传递中所扮演的角色。本研究的结果为分析和估算社会流动性(包括收入及人力资本的流动性)的决定机制提供了新的视角,填补了相关领域的研究空白。

我们的理论分析在经典的 OLG 模型的基础上引入人力资本的直接与间接传导,使父母在对子女人力资本进行投资的同时,可以通过言传身教或基因遗传将自身的部分人力资本传递给后代,进而影响子女的劳动力市场收入。在该分析框架下,父母对子女的人力资本投资动机不仅来源于自身的利他主义倾向和人力资本投资的边际回报率,同时还受到人力资本的代际传递强度和人力资本对收入的边际贡献率的影响。该理论模型还有一个重要结论,即忽略人力资本的直接代际传递将导致对代际收入弹性的低估。我们的实证研究建立在理论模型的基础上,利用1989—2009年的CHNS数据验证了上述理论预测。在包含收入、教育和健康代际传递的联立方程模型中,以健康和教育为代表的人力资本变量具有显著的代际传递效应,其传递系数分别为0.485和0.310,反映出我国人口在教育和健康机会上的不平等性(即后代的发展机会很大程度上由父母的人力资本储备决定)。同时,在控制了人力资本的代际传递因素后,代际收入传递弹性的估计值为0.481,显著大于基于传统方法(未考虑人力资本传导)得到的估计系数0.429,这与理论模型的预测完全相符,说明传统方法由于忽视人力资本的传导机制而对社会流动性作出了过于乐观的估计。同时,稳健性检验证实,该结论在不同子样本和不同健康指标下均具备稳定性。除此之外,我们发现父亲—女儿的收入传递弹性高于父亲—儿子,农村人口的跨代收入传递弹性高于城镇,反映出代际机会不均等问题在女性和农村子女等相对弱势的群体中体现得更为严重。

**2. 教育和卫生体制有待进一步改革与完善**

以上结果对缓解我国社会流动性不足、改善收入和人口发展机会的公平性具有以下三点政策启示:① 由于人力资本的投资和直接传导是后代改善自身社会经济状况的重要途径,因此政府应该注重农村地区和人口的人力资本投资,通过“机会均等化”改革(如鼓励农村地区高中和高等教育入学率的政策、加强各地区医疗服务均等化的政策)来提高弱势群体的后代在教育、健康及工作机会等方面的可及性。由于人力资本与收入之间的交互传递机制,以上政策将对解决我国长期收入不均问题带来“溢出效应”(spillover effect),从而有助于我国避免“中等收入陷阱”的厄运。② 由于教育、健康等人力资本变量具有显著的代际传递特征,因此改善当前人口的教育和医疗机会不仅有助于我国人力资本储备的短期增长,也将长期提高后代人口的人力资本存量,并对收入增长产生“叠加效应”(multiplying effect)。在这一层面上,当前的教育和卫生体制改革对我国长期人口素质的提高和经济可持续增长具有举足轻重的意义;通过建立新型医疗保障体制,增强农村地区教育基础设施建设和奖助学金的发放，缩小城乡医疗和教育质量差距等政策进一步帮助弱势群体发展人力资本，从而为建立和谐社会和改善社会长期流动性提供制度保障。③我们的理论模型显示，父母对子女进行人力资本投资的动机和社会流动性指标的改变均取决于人力资本投资的边际回报率和人力资本对劳动收入的边际贡献率。因此，进一步完善我国的劳动力市场机制，使劳动力资源得到更为有效的配置和回报是依靠人力资本改善社会流动性的前提。这一目标可以通过以下政策改革得到实现：逐步取消户籍制度对劳动力流动的限制，使人力资本可以被自由配置到回报率最高的地方；逐步取消“五险一金”和其他社会福利与工作地域的绑定，提高劳动保障的均等性和可携带性，解除劳动力流动的后顾之忧；深化工资制度改革，使各部门的劳动报酬能够准确反映人力资本的边际生产率和企业家才能，从而为私人家庭和公共政府进行跨代人力资本投资提供原动力。

# 第四章 关于我国职业代际传导的实证研究

## ——以中部某省高校毕业生的就业数据为例①

社会流动性的减弱已成为中国社会广泛关注的问题，职业代际流动作为代际收入流动和社会分层问题的重要逻辑环节，对其形成机理、影响因素及政策干预的研究有助于推进我国社会公平发展。本书第三章讨论了人力资本的代际传递对收入流动性的影响。第四章利用中部某省2018年高校毕业生就业行政数据，对高校毕业生职业代际传递分布进行分析，并从职业效评和职业概率两个方面考察不同职业类型的代际传递水平差异。

① 本章内容来自曾国华等(2020)。

# 一、研究背景

## 1. 我国职业代际传导的现状

社会阶层跃升通道有限(卢盛峰等,2015;解雨巷和解垩,2019),阶层间呈现"复制式流动"特征(缪子梅,2015)、流动性减弱,这些问题都已成为中国社会发展中需要注意的问题。社会流动性反映了一个社会的机会均等程度,对于保持社会活力、促进经济增长具有重要意义(邵挺等,2017)。大量研究表明,经济不平等在很大程度上源于家庭背景、种族、性别和出生地等导致的机会不平等(邹薇和马占利,2019)。由于职业因素在阶层代际传递中的重要影响,职业代际传递已成为代际收入流动以及社会分层等问题的一个重要逻辑环节(汪燕敏和金静,2013;周兴和张鹏,2015),也成为社会流动性和代际传递研究的关键维度。然而,部分研究表明,我国居民职业代际流动整体上呈现一定的封闭状态,父代对子代职业选择有着强大的影响作用,子承父业趋势明显(郭丛斌和丁小浩,2015;刘非菲和梁岩,2014;孙凤,2006)。更令人担忧的是,近年来我国职业代际传递趋势显著加强(卢盛峰等,2015)。深入研究职业代际传递的形成机理和影响因素对于保持我国社会活力、实现经济高质量发展具有重要的理论价值。

从 Becker and Tomes(1979)将代际传递纳入均衡分析开始,众多国外学者通过职业矩阵对职业代际传递现象进行研究(例如 Guest et al.,1989;Long and Ferrie,2007;等等)。韩雷等(2016)、解雨巷和解垩(2019)等一批国内学者对我国职业代际传递性进行了深入的分析。但由于数据要求和研究成本较高,多数研究仅针对某一类特殊的、受社会关注的职业(例如机关、事业单位和国有企业等体制内工作)进行深入分析,对职业代际传递整体研究相对较少,对影响职业传递性差异的因素研究鲜有所见。

与此同时,虽然对教育是职业代际流动的重要影响因素这一论断,学界已形成一致观点(郭丛斌,2011;吴晓刚,2007;张翼,2004;周兴等,

2015；Blau and Duncan，1967；Breen and Jonsson，2007；Ruiz，2016），但在其影响力度的判断上依然存在较大争论。例如，李力行和周广肃（2014）、吕姝仪和赵忠（2015）等认为教育能够促进职业代际流动；但郝雨霏等（2014）、Jann and Seiler（2014）等的研究却并不支持。那么，我国职业代际传递现状如何？受过高等教育的高校毕业生是否依然存在明显的职业代际传递？哪些是影响职业代际传递的关键因素？本章根据 2018 年中部某省高校毕业生就业行政数据，对上述问题进行深入分析。

## 2. 文献综述

代际流动长期以来都是经济学家和社会学家研究的热点问题。在现实生活中，职业流动更是衡量社会代际流动性的重要指标。李晚莲（2010）将职业代际传递定义为社会成员几代人之间发生的职业类型和层次的变化流动情况，反映的是职业地位在代际变动下的流动过程。刘艳艳和朱梅红（2017）沿用了类似概念。而朱晨（2017）则偏向将职业代际传递定义为劳动者与其父代之间职业选择和层次上的升降变化，并将其与社会的开放程度、公平程度、资源等外部环境因素紧密结合，共同进行分析。秦晓岚（2019）则认为职业代际传递主要是指职业类别和职业层次在父子之间的变化和流动。本章沿用此概念，主要研究父子两代人在职业类型上的职业代际传递变化与流动情况。

国外相关研究最早从 19 世纪末的社会流动研究开始。Lipset and Zetterberg（1956）把来自西方不同国家的 12 名男性作为研究对象，将职业划分为体力、非体力和农民三类，再根据调查数据制作父子的职业流动关系表，最终计算得出职业代际流动率。研究结果显示非农职业流动率基本相同，并提出非农职业流动率不变的假设。Blau and Duncan（1967）从先赋性因素和自致性因素出发，通过路径分析方法开创了“地位获得模型”，探究了父代职业和受教育程度对子代职业及教育的影响，以及它们的影响程度。该模型对后来国内外学者的相关研究产生了重大影响，为后续研究职业代际传递奠定了基础。但随着研究的深入，众多学者认为“地位获得模型”存在一定的缺陷。随后学者们提出了更多新的统计方法来分析研究职业代际传递情况，如运用普通最小二乘（OLS）法（刘一伟,2016)、Logistic 回归模型以及线性概率模型(莫艳清,2017;秦晓岚,2019;Kramarz and Skans,2014)、对数线性模型(孙凤,2006)、负二项回归模型(王超恩和符平,2013)、单变量线性回归和有序响应模型(薛凯,2014)、多类别条件 Logistic 回归模型(吴晓刚,2007;张国诚,2019)、对数可积层面效应模型(LMLEM)(褚翠翠和孙旭,2019)等。

通过梳理国内外相关文献,我们将影响职业代际流动的因素分为三种类型:一是个人因素,包括先天性禀赋、个人特征属性和后天努力的自致性因素;二是社会制度因素,主要是指社会改革、经济制度变迁等;三是社会资本等非制度因素。

国内外学者大多从个人因素角度出发来分析职业代际传递。这里的个人因素包括父辈职业地位、受教育程度、户口等先天性禀赋,子辈性别、学历、是否党员等个人特征因素。大量学者从人力资本角度出发研究职业代际传递问题,常常涉及教育、阶层等不同方面。Long and Ferrie(2007)比较美国、英国的数据,得出美国由于人口流动性更大、公共教育更广泛等特征,其职业代际传递效应更小的结论。褚翠翠和孙旭(2019)、郭丛斌(2011)、李路路(2002)、卢盛峰等(2015)、吕姝仪和赵忠(2015)、秦晓岚(2019)等众多学者从教育角度出发,一致认为高的受教育程度能够促进职业代际流动,减弱代际继承状况。但许申(2011)比较高职和本科毕业生职业代际流动情况后,发现两者并无明显差异。李力行和周广肃(2014)发现父亲的教育水平和党员身份会促进职业代际传递的发生,但父亲的收入却具有反向作用。丁颖和王存同(2017)、解雨巷和解垩(2019)等学者主要研究了阶层在职业地位代际传递中的作用,认为父母的阶层对子女的职业地位存在显著影响,丁颖和王存同(2017)还指出这种影响存在地域差异,越发达的地区,父母阶层的影响程度越大。刘志国和范亚静(2013)、朱晨(2017)从不同历史时期和不同地域两个角度进行比较,认为我国职业代际传递和流动情况存在明显差异。此外,一些学者如黄衍华和乔晓春(2017)、吕姝仪和赵忠(2015)等开始关注职业代际流动中的性别差异问题。

在制度因素方面,王春光(2003)指出改革开放后职业流动仍存在制度和结构性限制。陆学艺(2004)认为社会职业流动呈现向上趋势,社会结构更为开放。但李春玲(2005)认为改革开放以来,社会代际流动性与代际继承性都在增强,阶层仍存在固化现象。郭丛斌和丁小浩(2015)、孙凤(2006)指出我国存在明显的二元劳动力市场分割问题,这不利于职业代际流动。吴晓刚(2007)强调了我国独特的人口登记制度(户籍制度)的重要性,由于存在城乡制度鸿沟,农民代际流动率非常高。卢盛峰等(2015)从政府对学校的布局政策制度出发,强调教育机会对个人人力资本积累的作用,进而探究其对职业代际流动的影响。结论指出住所附近有学校的居民实现职业代际向上流动的可能性更高,这体现了政策制度的重要性。

关于社会资本因素方面的研究较少。严善平(2000)指出大多数职业类型中都存在明显的职业代际传递情况,位于职业声望两端的职业类型尤为突出。边燕杰和张文宏(2001)对 1999 年天津的就业情况进行调查,认为在经济转型期,亲戚和朋友的社会网络对职业流动者的作用最为突出。豆小红和黄飞飞(2010)以"穷二代"大学生为研究对象,揭示了这一群体的职业代际传递较强,突出了家庭社会资本对职业代际流动的重要影响。梁霄羽(2018)指出社会资本能够促进职业代际向上流动,但效果开始减弱且不如人力资本作用明显。父代社会资本以影响子代教育的方式影响职业代际流动。

总体来看,当前对职业代际传递的研究已经取得了较为丰富的研究成果,但仍存在以下不足:① 现有研究大多关注社会整体职业代际流动的情况,并且更偏向于机关、事业单位和国有企业这些体制内工作的代际传递性,很少有文献对不同职业代际传递的差异进行研究分析;② 对影响职业传递性差异的因素研究鲜有所见。因此,本章在众多学者研究的基础上,着重分析不同职业类型代际传递的情况,以及造成不同职业出现代际传递差异的原因。

## 二、高校毕业生的职业代际传递

### 1. 高校毕业生职业代际传递水平测算

第一,数据来源与总体分布。

本章采用中部某省 2018 年高校毕业生就业调查数据。该调查由该省教育厅就业办组织收集,涵盖该省所有高等院校,共 169 037 个样本数据,主要变量包括毕业生年龄、性别、户口、职业类型、父母学历及职业类型、毕业院校、在校期间各项表现、工作环境等各项信息。为探究各职业代际传递情况,本研究从中选取已确定就业单位的毕业生数据,剔除缺失值,有效样本数为106 877个。

本章从毕业生就业单位类型的角度出发,研究高校毕业生的不同职业类型代际传递差异情况。问卷中毕业生就业单位类型包括党政机关、科研设计单位、高等教育单位、中初教育单位、医疗卫生单位、其他事业单位、国有企业、三资企业、其他企业、部队、乡镇建制村和城镇社区,而毕业生父代就业单位类型分类为党政机关、科研设计单位、高等教育单位、中初教育单位、医疗卫生单位、文化新闻出版单位、社会团体和社会服务机构、国有企业、三资企业、民营企业、部队、乡镇建制村、城镇社区和其他。为便于比较分析,根据《事业单位登记管理暂行条例实施细则》第一章第四条规定,本章将调查中毕业生及其父代单位类型中的科研设计、高等教育、中初教育、医疗卫生、文化新闻出版、社会服务和其他事业单位合并为事业单位。具体情况见表 4-1。

**表 4-1 毕业生与父代职业类型对应表**

| 父代职业单位类型 | 毕业生职业单位类型 | 合并后对应职业单位类型 |
|---|---|---|
| 党政机关 | 党政机关 | 机关单位 |
| 科研设计单位<br>高等教育单位<br>中初教育单位<br>医疗卫生单位<br>文化新闻出版单位 | 科研设计单位<br>高等教育单位<br>中初教育单位<br>医疗卫生单位<br>其他事业单位 | 事业单位 |
| 社会团体和社会服务机构 | — | |
| 国有企业 | 国有企业 | 国有企业 |
| 三资企业 | 三资企业 | 三资企业 |
| 民营企业 | 其他企业 | 民营企业 |
| 部队 | 部队 | 部队 |
| 乡镇建制村 | 农村建制村 | 乡镇建制村 |
| 城镇社区 | 城镇社区 | 城镇社区 |
| 其他 | — | 其他职业 |

资料来源:根据 2018 年中部某省高校毕业生就业行政数据整理得到。

第二，代际传递水平指数。

为定量研究职业代际传递效应与职业流动性的大小，本章借鉴李天舒等(2017)、卢现祥和尹玉琳(2018)、Blau and Duncan(1967)等众多学者计算职业代际继承性指数和职业代际流动性指数的方法，对不同职业类型的代际差异进行分析。假定存在 $n$ 种职业，理论期望值概率为独立假设下父代职业为 $i$，子代职业为 $j$ 的边际概率乘积。实际观测值概率表示父代职业为 $i$，子代职业为 $j$ 的联合概率。职业代际继承性指数和流动性指数 $M_{ij}$ 为：

$$M_{ij} = p_{ij} \Big/ \frac{\sum_{i-1}^{n} p_{ij} \times \sum_{j-1}^{n} p_{ij}}{\sum_{i=1}^{n} \sum_{j=1}^{n}} \tag{4-1}$$

当 $i=j$ 时，父代与子代职业相同，$M_{ij}$ 表示职业代际继承性指数；当 $i \neq j$ 时，父代与子代职业不同，$M_{ij}$ 表示职业代际流动性指数。当 $M_{ij} > 1$ 时，表示父代职业为 $i$，子代职业为 $j$ 的实际观测值大于理论期望值，说明父代职业为 $i$ 时，子代将更可能流入职业 $j$；当 $M_{ij} < 1$ 时，表示可能性较小。

职业代际流入指数 $I_j$ 表示为：

$$I_j = \left( \sum_{i \neq j} p_{ij}/n - 1 \right) \tag{4-2}$$

职业代际流入指数表示父代职业不为 $j$，子代职业为 $j$ 的可能性。数值越小，说明该职业代际流动性较小，若父代不是该项职业，则子代进入该职业就比较困难；反之，说明该职业代际流动性较大，职业进入开放程度较大。

职业代际流出指数 $O_i$ 表示为：

$$Q_i = \left( \sum_{i \neq j} p_{ij}/n - 1 \right) \tag{4-3}$$

职业代际流出指数表示父代职业为 $i$，子代职业不为 $i$ 的可能性。数值越大，说明该职业代际流动水平较高，子代有很大的可能不从事与父代相同的职业；反之，则说明该职业代际流动水平较低。

第三，测算结果。

总体来看，高校毕业生职业代际流动性指数平均为 1.05，职业代际流出指数均值为 0.89。

样本毕业生职业代际流动矩阵如表 4-2 所示。职业代际继承性指数为主对角线上的元素(即父代与子代从事相同职业类型所对应的指数),衡量了职业代际继承性水平,数值越大意味着职业代际继承水平越高。职业代际流动性指数为非主对角线上的元素(即父代与子代从事不同职业类型所对应的指数),衡量了职业代际流动性水平,数值越大意味着职业在代际的流动性越强。

**表 4-2　样本毕业生职业职业代际继承性指数和职业代际流动性指数**

| 父代 | 子代 | | | | | | | | | |
|---|---|---|---|---|---|---|---|---|---|---|
| | 其他 | 机关单位 | 事业单位 | 国有企业 | 三资企业 | 民营企业 | 部队 | 乡镇建制村 | 城镇社区 | 流出指数 |
| 其他 | 0 | 0.914 | 1.116 | 0.876 | 0.965 | 0.999 | 0.920 | 0.584 | 0.945 | 0.915 |
| 机关单位 | 0 | 4.782 | 1.163 | 1.507 | 0.692 | 0.869 | 0.907 | 0.000 | 4.303 | 1.180 |
| 事业单位 | 0 | 1.520 | 1.286 | 1.414 | 1.108 | 0.893 | 1.130 | 0.000 | 1.261 | 0.916 |
| 国有企业 | 0 | 0.950 | 0.735 | 2.633 | 0.749 | 0.871 | 1.271 | 2.437 | 0.667 | 0.960 |
| 三资企业 | 0 | 1.024 | 0.632 | 0.689 | 3.516 | 0.968 | 0.634 | 0.000 | 1.416 | 0.670 |
| 民营企业 | 0 | 0.558 | 0.614 | 0.750 | 1.005 | 1.098 | 0.746 | 1.907 | 0.636 | 0.777 |
| 部队 | 0 | 0.880 | 1.194 | 1.701 | 0.815 | 0.810 | 30.536 | 0.000 | 0.000 | 0.675 |
| 乡镇建制村 | 0 | 0.809 | 0.926 | 1.152 | 1.452 | 0.972 | 1.755 | 2.725 | 0.933 | 1.000 |
| 城镇社区 | 0 | 0.677 | 1.086 | 0.741 | 1.100 | 1.014 | 1.454 | 1.216 | 0.749 | 0.911 |
| 流入指数 | 0 | 0.916 | 0.933 | 1.104 | 0.986 | 0.925 | 1.102 | 0.768 | 1.270 | |

资料来源:根据 2018 年中部某省高校毕业生就业行政数据计算得到。

分析表 4-2 可知,从职业代际继承性指数和职业代际流动性指数(包括职业代际流出指数和职业代际流入指数)来看,除城镇社区职业类型外,其他 7 种职业的代际继承性指数均大于 1。其中,部队的职业代际继承性指数最高,为 30.536。机关单位职业代际继承性指数较高,为 4.782,事业单位职业代际继承性指数为 1.286,这两种职业类型在体制内单位流动的倾向明显。此外,三资企业、乡镇建制村、国有企业的职业代际继承性指数分别为 3.516、2.725、2.633,都体现了这些职业存在明显的子承父业现象。

从职业代际流出指数来看,机关单位的职业代际流出指数最高,为 1.180,说明父代职业为机关单位的毕业生有很大的概率不从事相同职业。国有企业、事业单位、乡镇建制村和城镇社区职业,毕业生从父代职业中流出的可能性也较大。

从职业代际流入指数来看,国有企业、部队和城镇社区职业的职业代际流入指数都比较大,说明这些职业的开放程度较高,父代不是该类职业而毕业生流入该职业的可能性较大。乡镇建制村职业的职业代际流入指数最小,为 0.768,说明父代不是该职业的毕业生从事该职业的概率较小。

根据表 4-2 的代际流入、流出难易结果对不同职业类型进行分类,结果如表 4-3 所示。容易流入是指父代不从事某种职业的子女流入该职业的可能性较大,流入该类职业较为容易。容易流出是指父代从事某种职业的子女流出该职业的可能性较大,容易流出该类职业。由表 4-3 可以看出部队职业容易流入,但是不易流出;国有企业和城镇社区容易流入和流出;机关单位、事业单位和乡镇建制村都容易流出但不易流入。三资企业和民营企业既不易流入也不易流出。

**表 4-3　职业代际流入、流出分类表**

| 代际流入 | 代际流出 | |
|---|---|---|
| | 容易流出 | 不易流出 |
| 容易流入 | 国有企业<br>城镇社区 | 部队 |
| 不易流入 | 机关单位<br>事业单位<br>乡镇建制村 | 三资企业<br>民营企业 |

资料来源:根据 2018 年中部某省高校毕业生就业行政数据计算得到。

### 2. 高校毕业生职业代际传递水平判断

随着对职业代际传递问题的研究不断深入,众多学者计算出了具体的职业代际继承性指数、职业代际流动性指数以及职业代际流入、流出指数,本章总结整理了部分学者的数据结果,如表 4-4 所示。

**表 4-4　相关学者职业代际继承、流动数据结果**

| 作者(年份) | 数据 | 调查对象 | 计量方法 | 结果 |
|---|---|---|---|---|
| 郭丛斌和丁小浩(2004) | 2000 年国家统计局在全国范围内城镇住户调查数据 | 全国范围内抽样城镇住户 | 代际继承性指数,Logit 回归模型 | 我国所有职业的职业代际继承性指数均大于 1,职业代际流动性指数平均为 0.87,职业代际流出指数平均为 0.75 |

（续表）

| 作者(年份) | 数据 | 调查对象 | 计量方法 | 结果 |
|---|---|---|---|---|
| 刘非菲和梁岩(2014) | 中国综合社会调查(CGSS2006) | 全国范围多阶段分层抽样 | 职业代际继承性指数,对数线性模型 | 职业代际继承性指数均大于1,除农民外,其他职业代际流入指数、指数流出指数都较小 |
| 周兴和张鹏(2015) | 中国综合社会调查(CGSS2006) | 全国范围多阶段分层抽样 | 职业代际继承性指数,Multinomial Logit Model(MLM)模型 | 无论城镇家庭还是农村家庭,子代初次就业和现在职业的职业代际继承性指数均大于1 |
| 李天舒等(2017) | 中国综合社会调查(CGSS2013) | 全国范围多阶段分层抽样 | 职业代际继承性指数,Ordinal Logistic 模型 | 无论城镇家庭还是农村家庭,各职业类型的职业代际继承性指数均大于1,且除务农人员以外,农村家庭的其他职业代际继承性均要稍高于城镇 |
| 王春光(2003) | 2001年中国社会科学院社会学研究所“当代中国社会结构变迁研究”课题组调查数据 | 全国分阶段随机抽样 | 职业代际继承率,描述性分析 | 我国职业代际继承率为76.04%,职业代际流动率仅为23.96% |
| 许申(2011) | 2009年北京大学教育学院高校毕业生就业调查 | 高职学生和本科学生 | 职业代际继承率,描述性分析 | 高职学生职业代际继承率为12.4%,职业代际流动率为87.6%;本科学生职业代际继承率为12.9%,职业代际流动率为87.1% |
| 薛凯(2014) | 中国健康与养老追踪调查(CHARLS 2011) | 中国45岁及以上中老年家庭和个人 | 职业代际继承率,单变量线性回归,有序响应模型 | 农业、商业、公务员的父子职业代际继承率分别为33.0%、63.2%和31.3%;母子职业代际继承率分别为31.2%、66.4%和44.4% |
| 李力行和周广肃(2014) | 中国家庭收入调查(CHIP1995、CHIP 2002、CHIP2007)和2005年中国人口抽样调查 | 全国范围多阶段分层抽样 | 职业代际继承率,Probit回归 | 1931—1985年,我国职业代际传递趋势不断加强,1985年职业代际传递概率约为0.36 |

(续表)

| 作者(年份) | 数据 | 调查对象 | 计量方法 | 结果 |
|---|---|---|---|---|
| 莫艳清(2017) | 2011 年浙江省居民社会流动问卷调查数据 | 浙江农村和城区1978 年以后入职的居民 | 职业代际继承率,Logit 回归模型 | 改革开放以来,我国总体职业代际流动率为79.3%,不流动率为20.7%,且随时间的推移总流动率呈现出不断上升的趋势。2002—2011 年职业代际流动率为 82.1%,不流动率为 17.9% |
| 秦晓岚(2019) | 2015 年 1 月国家社科基金青年项目《高等教育能否促进社会阶层流动》问卷调查"大学能否改变命运"总数据 | 受高等教育者 | 职业代际继承率,Logit 回归模型 | 职业代际继承率为25.9%,职业代际流动率为 74.1% |

资料来源:根据各学者文献整理得到。

由于研究年份、数据以及研究对象不同,学者们得到的数据结果也存在一定的差异。但仍然可以看出,尽管职业分类不同,所有学者计算得到的职业代际继承性指数均大于 1,这说明我国劳动力就业市场存在比较明显的子承父业现象。莫艳清(2017)指出改革开放以后,我国总体代际职业不流动率为 20.7%。在研究对象都为高等教育接受者的前提下,本章计算得到的 2018 年高校毕业生所有职业代际继承率仅为 17.02%,比 2015 年的 25.9%明显降低,说明职业代际继承总体情况明显减弱。

本章职业代际流动性指数平均为 1.05,代际流出指数平均为 0.89,与郭丛斌和丁小浩(2004)计算得到的 2000 年平均代际流动性指数 0.85、平均代际流出指数 0.75 相比分别都有所提高,说明社会职业流动水平增强。以上分析结果表明:毕业生职业选择在代际存在明显的传递效应,多数毕业生从事与父代相同的职业,但与此同时,不同职业类型代际传递程度存在较大差异。

那么,不同职业间是否存在明显的代际传递水平差异?又是什么原因导致这些职业间的代际传递水平差异?本章的第四部分利用 Logit 回归对职业代际传递水平差异进行分析,第五部分从职业效评与职业概率对其成因进行说明。

## 三、职业代际传递水平差异:Logit 回归

### 1. 模型选择

本部分旨在考察各职业代际传递的差异性。显然,父代职业不由子女情况来确定,子女的学历、职业等特征不会反向影响父代的单位性质,因而可将父代职业看成外生变量,模型的内生性问题较弱。已有研究表明职业代际传递程度受到子女的年龄(卢现祥和尹玉琳,2018)、性别(张国诚,2019)、户口(李天舒等,2017;陆学艺,2004;吴晓刚,2007)等因素的影响,我们需要在控制可能产生影响的其他因素的前提下,通过回归模型来分析各个职业的代际传递差异。

$$\text{Logit}Y_i = \beta_0 + \beta_1 X_i + \beta_2 Z_i + \varepsilon \quad (4\text{-}4)$$

其中,$Y_i$ 代表毕业生的职业类型,$X_i$ 代表父代职业类型,$Z_i$ 代表性别等控制变量,$\varepsilon$ 代表误差项。

### 2. 职业代际传递水平差异分析

首先以毕业生的职业类型为因变量,以父代的职业类型为自变量,控制性别、户口、民族和年龄等变量进行 Logit 回归。回归结果如表 4-5 所示。

**表 4-5 样本毕业生各职业代际传递的回归结果**

| 职业类型 | 机关单位 | 事业单位 | 国有企业 | 三资企业 | 民营企业 | 部队 |
|---|---|---|---|---|---|---|
| 父代职业单位为机关单位 | 1.657*** | 0.208*** | 0.515*** | -0.406*** | -0.476*** | -0.232 |
| 父代职业单位为事业单位 | 0.494*** | 0.337*** | 0.437*** | 0.071 | -0.399*** | 0.013 |
| 父代职业单位为国有企业 | 0.033 | -0.422*** | 1.286*** | -0.284*** | -0.461*** | 0.147 |
| 父代职业单位为三资企业 | 0.131 | -0.522*** | -0.321 | 1.351*** | -0.143 | -0.616 |

（续表）

| 职业类型 | 机关单位 | 事业单位 | 国有企业 | 三资企业 | 民营企业 | 部队 |
|---|---|---|---|---|---|---|
| 父代职业单位为民营企业 | -0.477*** | -0.546*** | -0.244*** | -0.031 | 0.406*** | 0.454* |
| 父代职业单位为部队 | -0.003 | 0.331 | 0.619* | -0.306 | -0.695*** | 3.277*** |
| 父代职业单位为乡镇建制村 | -0.151 | -0.015 | 0.134** | 0.312*** | -0.118*** | 0.545* |
| 父代职业单位为城镇社区 | -0.310 | 0.008 | -0.207** | 0.122 | 0.058 | 0.429 |
| 男性 | -0.036 | -1.522*** | 0.956*** | 0.808*** | 0.215*** | 3.488*** |
| 户口 | 0.097 | -0.090** | 0.263*** | 0.017 | -0.071** | 0.283 |
| 民族 | -0.713*** | -0.052 | -0.184** | 0.320** | 0.141*** | 0.162 |
| 年龄 | 0.112*** | -0.204*** | 0.313*** | 0.144*** | -0.040*** | -0.324*** |
| 截距项 | -6.323*** | 3.156*** | -9.880*** | -7.228*** | 1.707*** | -1.960 |
| 样本量 | 106877 | 106877 | 106877 | 106877 | 106877 | 106877 |
| $R^2$ | 0.0349 | 0.0855 | 0.067 | 0.0259 | 0.0120 | 0.1008 |

资料来源：根据2018年中部某省高校毕业生就业行政数据计算得到。

注：(1) 民族分为汉族和少数民族，汉族为1，少数民族为0；(2) 户口分为城镇和农村两类，城镇户口为1，农村户口为0；(3) *、** 和 *** 分别表示系数在10%、5%和1%的置信水平上显著。

根据回归结果可知，在控制相同变量的情况下，父代从事某职业明显有利于子女从事相同的职业，但不同职业类型的影响程度又存在明显的差异。父代单位性质为部队的毕业生进入部队的可能性是父代为非部队职业的毕业生的26.496倍（$e^{3.277} \approx 26.496$）。父代单位性质为机关单位的毕业生进入机关单位的可能性是父代为非机关单位的毕业生的5.244倍（$e^{1.657} \approx 5.244$）；父代为三资企业的毕业生进入三资企业的可能性是父代为非三资企业的毕业生的3.861倍（$e^{1.351} \approx 3.861$）；国有企业的这一数值为3.618（$e^{1.286} \approx 3.618$）；民营企业的这一数值为1.501（$e^{0.406} \approx 1.501$）；事业单位的可能性最小，为1.401（$e^{0.337} \approx 1.401$）。可见，部队的职业代际传递最为明显，其后依次是机关单位、三资企业、国有企业、民营企业，事业单位最小。该结果与统计性描述中的继承性指数结论大体一致。

## 四、职业代际传递水平差异的成因：职业效评与职业概率

由表4-5可知，父代职业会显著提升子代从事相同职业的概率，所有职业均存在代际传递现象，但不同职业的代际传递水平又存在明显的差异。那么，影响毕业生职业选择的因素是什么？哪些因素会促使毕业生从事与父代相同的职业？

在职业选择过程中，毕业生往往从自己心理期望的动机出发，通过衡量自身和职业的各种情况，判断是否选择从事与其父代相同的职业，从而形成职业代际传递现象。在职业单位类型选择上，赖德胜和吉利（2003）从劳动力市场分割理论出发，认为主要劳动力市场和次要劳动力市场的福利待遇、就业机会存在明显的差异。赖德胜等（2012）、张丽等（2018）从人力资本和社会资本的角度出发，研究毕业生职业选择的差异。

本章基于职业选择动机理论探究各职业类型的代际传递差异。Vroom（1964）从期望理论出发解释个体的职业选择动机，认为个体的职业选择动机与职业效价和职业概率有关。其中，职业效价表示个体对职业价值的评价，职业概率表示个体获得该职业的可能性。本部分从职业效价和职业概率两个角度出发，用各种职业的月薪、社保等客观因素以及毕业生满意程度等主观评价来反映职业效价，用毕业生的人力资本来反映职业概率。

### 1. 职业代际传递水平差异影响因素分析：职业效价视角

毕业生进行职业选择时往往会充分考虑各职业的情况，而毕业生对不同职业的心理效价是吸引其就业的最主要因素，也是影响职业发生代际传递的重要原因。Navarro and Selman（2014）等都认为公共部门与私人部门存在明显的工资差异。孙凤（2006）认为由于市场收入、工作条件和培训机会较好等优势，主要劳动力市场的代际继承程度较高。杨娟等（2012）、尹志超和甘犁（2009）等指出公有制部门和非公有制部门之间存

在明显的工资差异。由于不同职业类型中工资、社保、工作环境等主客观因素差异的存在，毕业生对不同职业的主观效价存在差异，这就导致了不同职业的代际传递程度具有明显的差异。

表 4-6 为各职业类型毕业生在月薪、工作环境评价等主客观因素方面的均值。比较可知，部队不但在月薪、社保、硬件环境、软件环境、培训状况、晋升空间和单位知名度等方面都较有优势，而且毕业生方面的主观满意程度也很高，工作压力小，但是工作自主程度较低。国有企业相比其他职业，月薪、社保和单位知名度的满意程度都较高，但硬件环境、软件环境较差，工作压力较大，晋升空间较小。民营企业的月薪较高，但毕业生的满意程度又相对较低，民营企业拥有最高的工作自主程度和单位知名度，硬件环境、软件条件较好，工作压力较小，晋升空间较大，但在社保方面相对其他企业有所不足。机关和事业单位的月薪以及满意程度都较低，硬件环境、软件环境较好，培训较少，专业相关程度上要求较高，但在晋升空间和知名度上与其他类型的单位存在差异。三资企业月薪、社保都较高，但毕业生的满意程度低，工作环境、晋升空间、单位知名度、自主程度等主观评价都相对偏低，满意程度相比也最低。

**表 4-6　样本各职业类型毕业生在职业因素评价上的均值**

| 类型 | 机关单位 | 事业单位 | 国有企业 | 三资企业 | 民营企业 | 部队 |
|---|---|---|---|---|---|---|
| 月薪区间 | 2.6990 | 2.3358 | 3.5071 | 3.5481 | 3.0236 | 3.7840 |
| 月薪满意程度 | 2.0048 | 1.9375 | 2.1010 | 1.9796 | 2.0218 | 2.2920 |
| 社保覆盖程度 | 1.6457 | 1.1854 | 2.0156 | 1.7048 | 1.2277 | 1.7920 |
| 社保满意程度 | 2.6263 | 2.3256 | 2.7714 | 2.4786 | 2.3016 | 2.8160 |
| 硬件环境 | 2.3987 | 2.3986 | 2.1005 | 2.2586 | 2.4525 | 2.5680 |
| 软件环境 | 2.4713 | 2.6053 | 2.2092 | 2.4342 | 2.7220 | 2.7800 |
| 培训状况 | 2.0605 | 2.0840 | 2.1570 | 2.1173 | 2.1861 | 2.4560 |
| 工作压力状况 | 2.0573 | 1.8573 | 1.9969 | 1.8690 | 1.8392 | 1.6960 |
| 晋升空间 | 1.8095 | 1.9655 | 1.8620 | 1.8779 | 2.1145 | 2.1320 |
| 单位知名度 | 2.4818 | 2.1214 | 2.6107 | 2.3418 | 2.7350 | 2.8680 |
| 工作自主程度 | 2.2284 | 2.3266 | 2.0061 | 2.2327 | 2.4601 | 1.9720 |
| 工作专业相关程度 | 2.4891 | 3.1624 | 2.8018 | 2.4225 | 2.3905 | 2.2680 |

(续表)

| 类型 | 机关单位 | 事业单位 | 国有企业 | 三资企业 | 民营企业 | 部队 |
|---|---|---|---|---|---|---|
| 理想工作一致程度 | 2.4350 | 2.4726 | 2.3101 | 2.1071 | 2.2263 | 2.4440 |
| 对当前工作满意程度 | 3.7603 | 3.7136 | 3.7141 | 3.5429 | 3.6572 | 3.7440 |

资料来源:根据2018年中部某省高校毕业生就业行政数据计算得到。

注:(1)月薪区间分为2000元及以下、2001—3000元、3001—4000元、4001—5000元、5001—6000元和6000元以上六类;(2)社保覆盖程度分为没有提供任何福利保障、基本保障——五险/四险(工伤、失业、医疗、养老、生育共五险,部分地区试点生育与医疗合并统称"四险")、一金(住房公积金)和除五险一金或四险一金外,其他的保障和补贴四类;(3)月薪满意程度、社保满意程度和对当前工作满意程度分为非常不满意、不太满意、一般、比较满意和非常满意五类;(4)硬件和软件环境分为非常不好、不好、一般、较好和非常好五类;(5)培训状况分为几乎没有、很少、一般、比较多和非常多五类;(6)工作自主程度分为非常不自主、不太自主、一般、比较自主和非常自主五类;(7)工作专业相关程度分为非常不相关、不太相关、一般、比较相关和非常相关五类;(8)工作压力状况、晋升空间和单位知名度分为非常小、比较小、一般、比较大和非常大五类;(9)理想工作一致程度分为非常不一致、不太一致、一般、比较一致和非常一致五类。

为进一步探究各职业的主客观因素对职业代际传递的影响,本章以各职业是否发生代际传递为因变量,以月薪、社保以及毕业生在工作环境、压力状况等方面的主观效价为自变量建立Logit回归模型,结果如表4-7所示。

**表4-7 样本毕业生职业效价对各职业代际传递的影响的回归结果**

| 类型 | 机关单位 | 事业单位 | 国有企业 | 三资企业 | 民营企业 | 部队 |
|---|---|---|---|---|---|---|
| 月薪区间 | -0.186*** | -0.434*** | 0.060* | 0.024 | 0.133*** | 2.733 |
| 月薪满意程度 | -0.086 | -0.030 | 0.059 | 0.042 | 0.059* | -0.436 |
| 社保覆盖程度 | 0.101 | 0.031 | 0.479*** | 0.335** | -0.293*** | 0.695 |
| 社保满意程度 | 0.196** | 0.028 | 0.372*** | 0.117 | -0.163*** | -1.514 |
| 硬件环境 | 0.194** | 0.080 | -0.153*** | 0.113 | 0.073*** | 0.201 |
| 软件环境 | -0.096 | 0.069 | -0.315*** | -0.077 | 0.295*** | 3.553 |
| 培训状况 | 0.042 | -0.085 | 0.160*** | -0.132 | -0.081*** | -2.450 |
| 工作压力状况 | 0.013 | 0.003 | 0.125*** | 0.018 | -0.012 | 1.762 |
| 晋升空间 | -0.318*** | -0.040 | -0.176*** | 0.125 | 0.254*** | 0.607 |
| 单位知名度 | 0.378*** | 0.011 | 0.642*** | 0.116 | -0.384*** | 2.052* |
| 工作自主程度 | -0.153* | -0.210*** | -0.417*** | -0.0413 | 0.3378*** | -3.427** |

（续表）

| 类型 | 机关单位 | 事业单位 | 国有企业 | 三资企业 | 民营企业 | 部队 |
|---|---|---|---|---|---|---|
| 工作专业相关程度 | -0.174*** | 0.329*** | 0.198*** | -0.013 | -0.326*** | 1.244 |
| 理想工作一致程度 | 0.155 | 0.242*** | -0.132** | -0.509*** | -0.090*** | -0.201 |
| 当前工作满意程度 | 0.116 | 0.013 | 0.021 | -0.155 | -0.015 | 0.596 |
| 截距项 | -5.162*** | 1.346 | -3.780*** | -4.191 | 2.038*** | 3.594 |
| 控制变量 | 有 | 有 | 有 | 有 | 有 | 有 |
| 样本量 | 3770 | 4540 | 5720 | 674 | 19492 | 62 |
| $R^2$ | 0.057 | 0.136 | 0.199 | 0.069 | 0.098 | 0.609 |

资料来源：根据2018年中部某省高校毕业生就业行政数据计算得到。

注：*、**和***分别表示系数在10%、5%和1%的置信水平上显著。

按列比较各结果可知，部队工作自主程度较低，且自主程度对发生职业代际传递呈明显的反向作用，但单位知名度对发生代际传递的正向作用较大。机关单位发生代际传递的可能性与月薪、晋升空间和工作专业相关程度呈反向关系，但社保、硬件环境和单位知名度会促进代际传递的发生。国有企业在社保、培训、单位知名度和工作专业相关程度方面的优势会增大职业代际传递发生的概率，但工作环境、晋升空间和工作自主程度会对其产生反向作用。民营企业在月薪、工作环境、晋升空间、工作自主程度水平的优势会吸引更多的毕业生选择与父代相同的职业，但单位知名度、社保等因素会减少职业代际传递发生的可能。

按行比较各结果可知，月薪越高，民营企业发生职业代际传递的可能性越大；社保覆盖越广，国有企业和三资企业发生代际传递的可能性越大，且对国有企业影响更大；工作环境、晋升空间、工作自主程度的提升会增加民营企业发生职业代际传递的概率；单位知名度越高，机关单位和国有企业发生职业代际传递的概率越大，且对国有企业的影响更明显；工作专业相关程度在机关单位和民营企业中呈反向作用，但对事业单位和国有企业的职业代际传递呈促进作用，对事业单位的影响更为明显。

### 2. 职业代际传递差异影响因素分析：职业概率视角

不同职业都存在进入门槛，这些门槛在很大程度上表现为对毕业生人力资本的要求。毕业生从事该项职业的概率可以通过毕业生的人力资本来衡量。这些人力资本也是毕业生进行职业选择的基础,是形成不同职业代际传递差异的重要原因。Maczulskij(2013)分析个体类型对公共部门的偏好程度时,强调了学历水平的重要性。张优良和刘腾飞(2016)指出重点院校和父亲职业为行政管理人员的学生更偏向于进入公共部门。韩雷等(2016)、刘彦林和马莉萍(2018)、刘志国和 M(2016)等学者指出性别、学历、毕业院校等毕业生人力资本都会影响体制内单位职业代际传递的情况。

表 4-8 为各职业类型毕业生的学校层次、学历等人力资本因素的均值。通过比较均值,可以看出进入国有企业的毕业生的学校层次、学历、成绩排名、学生干部要求相对更高;机关单位对学历、党员身份、成绩排名、学科类别上有一定的要求;部队单位对学历、学生干部要求较低,但对成绩排名有一定的要求,同时更偏好男性、具有党员身份和理工科毕

**表 4-8　各职业类型样本毕业生各项人力资本因素的均值**

| 类型 | 机关单位 | 事业单位 | 国有企业 | 三资企业 | 民营企业 | 部队 |
|---|---|---|---|---|---|---|
| 学校层次 | 0.8176 | 0.6423 | 1.3124 | 1.0244 | 0.6160 | 0.7489 |
| 学历 | 1.5100 | 1.3319 | 1.7370 | 1.5508 | 1.3210 | 1.1760 |
| 党员身份 | 0.0347 | 0.0176 | 0.0240 | 0.0115 | 0.0084 | 0.0360 |
| 成绩排名 | 0.3140 | 0.3064 | 0.3370 | 0.2967 | 0.2963 | 0.4080 |
| 学生干部 | 0.0299 | 0.0320 | 0.0311 | 0.0272 | 0.0330 | 0.0240 |
| 困难生程度 | 0.1905 | 0.1896 | 0.1682 | 0.2556 | 0.1956 | 0.1240 |
| 学科类别 | 0.5714 | 0.4899 | 0.3582 | 0.3550 | 0.5750 | 0.1400 |
| 家庭背景帮助 | 0.5892 | 0.5410 | 0.4915 | 0.3869 | 0.4973 | 0.5000 |
| 男性 | 0.5020 | 0.1968 | 0.7143 | 0.6911 | 0.5130 | 0.9680 |
| 民族 | 0.9201 | 0.9693 | 0.9543 | 0.9753 | 0.9708 | 0.9800 |
| 户口 | 0.1146 | 0.1087 | 0.1329 | 0.1074 | 0.1102 | 0.1560 |
| 年龄 | 22.1735 | 21.7911 | 22.3603 | 22.2143 | 22.0154 | 21.7640 |

资料来源:根据 2018 年中部某省高校毕业生就业行政数据计算得到。

注:(1) 学校层次分为专科高校、本科重点高校和其他本科高校三类;(2) 学历分为专科、本科和研究生三类;(3) 成绩排名分为前 20% 和非前 20% 两类;(4) 学生干部分为担任过学生干部和没有担任过学生干部两类;(5) 困难生程度分为非困难生、家庭困难和建档立卡贫困户三类;(6) 学科类别分为人文社科和理工科两类;(7) 家庭背景帮助依据毕业生求职渠道是否包含“父母亲友推荐”,分为有家庭背景帮助和无家庭背景帮助两类。

业生;民营企业对毕业生的学校层次、学历、党员身份、成绩排名要求较低,但更偏好担任过学生干部和人文社科毕业生;事业单位对学校层次、学历、党员身份要求不高,且更偏好女性毕业生;三资企业各项要求相对居中,略为偏好理工科毕业生。

这些人力资本是否会导致各职业代际传递的差异?表4-9列示了毕业生人力资本对职业代际传递的影响的Logit回归结果,该回归分析以各职业是否发生代际传递为因变量,以毕业生的人力资本为自变量,探究毕业生人力资本对各职业代际传递的影响。

**表4-9 样本毕业生人力资本对各职业代际传递的回归结果**

| 类型 | 机关单位 | 事业单位 | 国有企业 | 三资企业 | 民营企业 | 部队 |
|---|---|---|---|---|---|---|
| 学校层次 | -0.1157 | -0.2502*** | 0.7779*** | 0.1089 | -0.3819*** | 2.9826* |
| 学历 | 0.4924** | 0.3623** | 0.5181*** | 0.4627 | -0.5537*** | -6.7355** |
| 党员身份 | 0.3683 | 0.6751** | 0.0071 | 0.4335 | -0.5486*** | — |
| 学生干部 | 0.1260 | -0.3515* | -0.2040 | -0.2415 | 0.0579 | — |
| 成绩排名 | 0.3666** | -0.0653 | 0.3345*** | 0.5353** | -0.0760* | 2.3059* |
| 困难生程度 | 0.5638*** | -0.1038 | -0.0216 | 0.2408 | 0.0400 | — |
| 学科类别 | 0.3912** | -0.3437*** | -0.7345*** | -0.1289 | 0.7496*** | — |
| 家庭背景帮助 | 0.6118*** | 0.5082*** | 0.5636*** | 0.1223 | 0.0111 | 2.1635 |
| 截距项 | -3.4262* | 3.0111** | 1.4674 | -3.7980 | -1.3023*** | 4.8184 |
| 控制变量 | 有 | 有 | 有 | 有 | 有 | 有 |
| 样本量 | 3770 | 4540 | 5720 | 658 | 19492 | 33 |
| $R^2$ | 0.0306 | 0.0888 | 0.1165 | 0.0484 | 0.0577 | 0.3812 |

资料来源:根据2018年中部某省高校毕业生就业行政数据计算得到。

注:*、**和***分别表示系数在10%、5%和1%的置信水平上显著。

按列比较各结果,对父代职业类型为国有企业的毕业生而言,学校层次、学历越高,成绩越好,发生代际传递的可能性越大,而学科类别为人文社科会对其产生负向影响;对父代职业类型为机关单位的毕业生来说,学历越高,成绩越好,学科类别为人文社科会促进职业代际传递的发生;事业单位中毕业生学校层次越高,学科类别为人文社科时,发生代际传递的可能性越小,但提高学历和拥有党员身份对其存在促进作用;在三资企业中,毕业生的成绩排名对发生职业代际传递的可能性存在正向影响;对于父代职业为民营企业的毕业生,学校层次和学历水平越高,成绩越好,具有党员身份的毕业生从事相同职业的概率越小;学科类别为人文社科的毕业生更可能与父代从事相同的职业;在父代职业类型为部队的情况下,学历越高的毕业生更大概率不会在部队就业。

按行比较各结果,毕业生学校层次越高,事业单位、民营企业发生职业代际传递的可能性越低,且对民营企业的负向影响较大,对国有企业代际传递水平呈正向影响,且影响程度最大;除部队和民营企业外,学历水平的提升对职业代际传递概率呈正向影响,且对机关单位和国有企业的影响效果最大,说明教育水平的提高会增加职业代际传递的发生;党员身份对事业单位的职业代际传递存在促进作用,对民营企业代际传递存在抑制作用;提高成绩能够增大机关单位、国有企业、三资企业发生职业代际传递的概率。同时,拥有家庭背景帮助对机关单位、事业单位和国有企业发生职业代际传递具有明显的促进作用。

总体来看,高校毕业生不同职业类型的代际传递存在明显差异。

第一,从职业代际继承角度看,部队 > 机关单位 > 三资企业 > 国有企业 > 事业单位 > 民营企业。其中部队的代际传递现象尤为明显。部队虽然对毕业生成绩有一定的要求,但对毕业生的学校层次、学历水平、是否为学生干部等要求不高,同时,月薪、社保、单位知名度、硬件环境、软件环境,培训状况和晋升空间等各项职业评价都较高,工作压力小,因而职业代际传递程度较高。

第二,机关单位对毕业生的学校层次要求较低,但对学历、成绩排名、党员身份等尤为注重。机关单位的月薪水平较低,但单位知名度较高,硬件环境、软件环境较好,培训最少,但压力较大、晋升空间较小。虽然机关单位门槛较高,但由于单位知名度、工作环境等原因,职业代际传递程度也相对较高。

第三,三资企业与国有企业类似,对毕业生的学校层次、学历水平、成绩排名、是否为学生干部要求都较高,进而获得该职业的要求较高。但这两类企业在月薪、社保、工作环境方面对毕业生有明显的吸引力,因而代际传递程度居中。

第四，事业单位对学校层次、学历水平等人力资本方面要求较低，但是月薪和社保水平较低，毕业生对其满意程度也较低，这可能是造成事业单位职业代际传递程度较低的原因之一。

第五，民营企业的职业代际传递程度最低，该类型的企业对毕业生人力资本要求较低，获得该职业的概率较大。虽然民营企业在月薪、硬件环境和软件环境方面评价较高，但是社保方面与其他职业存在明显的差距。学校层次和学历水平越高的毕业生越不愿意进入民营企业，且民营企业社会保障优势不足，可能是导致民营企业职业代际传递程度偏低的重要原因。

## 五、研 究 结 论

本章用2018年中部某省高校毕业生就业行政数据研究不同职业类型代际传递的差异，从职业效评和职业概率两方面出发，着重分析导致职业代际传递差异的原因。主要结论如下：

第一，样本高校毕业生存在明显的子承父业现象。无论父代是何种职业类型，都有众多毕业生从事与父代相同的职业。这与以往的多数研究结论相一致，说明样本所代表的高校毕业生群体仍存在很强的子承父业趋势，职业代际传递水平较高。但相比而言，整体上代际传递现象已有好转，职业代际流动水平逐渐提高。

第二，样本所代表的高校毕业生群体职业代际传递性存在明显差异。父代职业明显有利于毕业生进入相同职业，但不同职业类型代际传递的程度不同。部队、机关单位、三资企业和国有企业的职业代际传递程度较高，而民营企业和事业单位的代际传递程度较低。其中，性别因素对部队单位呈现高职业代际传递水平格外突出。

第三，样本所代表的高校毕业生群体职业效评和职业概率能有效解释职业类型代际传递性差异。由于不同职业存在职业特性差异，毕业生在选择时会充分考虑自身对该职业的评价以及获得该项职业的概率，决定是否子承父业。高代际传递水平的职业类型在职业评价上存在突出优势,但在反映职业获得概率的人力资本水平上存在区别,如部队职业要求较低,机关单位要求较高。职业代际传递水平居中的职业类型表现出职业评价和职业要求双高的特点。而代际传递水平较低的职业类型在社保等评价上存在明显不足,而且人力资本要求不高,职业获得概率较大,这就使得该职业类型代际流动性较强。

# 第五章 关于我国人口健康代际传导的实证研究[①]

近几十年来中国经济持续增长,伴随的是严重的收入不平等,这可能是教育和健康机会的不平等造成的。本书第四章已经讨论了高校毕业生职业代际传递分布的差异及可能的影响因素。本章基于1991—2009年中国健康与营养调查(CHNS)数据估计中国的代际健康传递情况,同时考察父母的社会经济特征和生活环境选择与自身以及子女健康状况的关系,并进一步利用Blinder-Oaxaca分解方法探索城乡儿童健康差距与父母健康差异的关系。

## 一、研究背景

大量文献阐述和分析了全球不同国家和地区的个人、

① 本章内容来自Eriksson et al.(2014)。

家庭、区域以及城乡之间收入差异的根源(Shi and Sicular,2012)。然而,对个人生命周期内的收入流动和收入差异的代际传递的研究还相对较少。对此,一些研究(Zhang and Eriksson,2010;Eriksson and Zhang,2012;Gong et al., 2012;Deng et al., 2013)发现:① 全球性的机会不平等较为严重并在继续扩大;② 收入不平等在很大程度上是机会不平等导致的;③ 在中国的农村和城镇地区,父母与其子女的收入之间存在较高且持续的相关性。这些研究表明严重的收入不平等在未来很可能会继续。但是,正如我们对造成低水平代际流动的机制知之甚少,上述研究也并没有告诉我们如何逆转收入不平等加剧的现象。两个主要潜在因素是教育和健康方面的机会不平等(Zhang and Kanbur,2005),本章将关注焦点放在了后者。

不仅国内有关于代际收入不平等潜在机制的少量研究,国外关于代际流动性的文献也有所涉及。[①] 在发展中国家,健康是收入的决定性因素之一(Deaton,2003),而婴幼儿期的健康状况则是决定未来成年期健康状况的关键因素(Case et al., 2005;Currie, 2009,2011)。因此,研究不良健康状况在代际的传递并寻找有助于打破这种相关性的因素就具有重大意义。与此相关的一系列问题包括:不良健康状况的代际传递在多大程度上是由资源缺乏(收入较低)以及居住所在地医疗水平、生活方式、食物、基础教育水平和环境风险上的差异造成的?父母与子女之间的代际健康传递能否解释兄弟之间以及子女与父母之间收入的相关性?

在中国,城镇地区获得的优惠待遇(其中包括城乡居民的不同医疗保险制度)导致城乡部门间的健康差距在1985—1993年不断加大(Liu et al., 1999)。Liu et al.(2012)进一步发现,1989—2006年城乡儿童在健康和营养上的差距一直很大(尽管这一差距正在减小)。WHO(2001)等其他研究也证明了健康的不平等与城乡收入、教育、环境和医疗可及性上的不平等密切相关。限制农民向城市迁移的户口制度进一步加大了健康差距(Liu et al., 1999;Gao et al., 2001)。城乡间持续的健康不平等引发了社会对其不平衡的发展路径的担忧。因此,考察代际健康传递在健康不平等中起到的作用并对城乡人口进行单独分析显得尤为重要。

---

① 其中一篇为 Lefgren et al.(2012)。

本章研究有以下三个目标:第一,本章使用涵盖中国九个省份的长面板数据研究了健康的代际持续性,重点是在控制了其他一系列解释变量(特别是父母的社会经济地位和儿童的成长环境特征)之后,考察儿童健康状况与父母健康状况的相关程度。我们利用健康的年龄和性别队列效应,使用工具变量(IV)方法纠正了未观察到的异质性对代际健康传递的影响。第二,我们对城乡儿童之间的健康差距进行了 Blinder-Oaxaca 分解,以考察这种差距在多大程度上归因于父母健康和其他特征的差异。第三,本章分析了影响我国儿童健康的决定因素中是否存在先天—后天交互作用的痕迹。本书为中国这个世界上人口最多的国家提供了重要的政策建议。

本章的其余部分安排如下:第二部分简要介绍了之前有关代际流动的研究;第三部分描述了基准计量模型及其扩展模型,此外还介绍了 Blinder-Oaxaca 分解以及先天—后天交互假说的分析方法;第四部分为数据介绍和关键变量的统计描述;第五部分汇报了研究的结果;第六部分总结研究发现、相关的政策建议以及未来研究的方向。

## 二、文献综述

自 20 世纪 90 年代初以来,经济学家们对代际流动问题重新产生了兴趣。这主要是因为 Solon(1992)和 Zimmermann(1992)两篇重要文献重新考虑了代际流动性的度量方法。他们证明了早期的研究显著高估了经济机会和社会流动性。[①] 正如 Solon(1999)指出的那样,经济学家基本上可以利用两种方法来分析代际流动问题:一是考察父母—子女的收入差异;二是分析兄弟之间的收入相关性。大多数研究都采用了前一种分析方法,但是它的缺陷在于仅考虑了家庭的单一特征(通常是父亲的特

① Solon(1999)整理并讨论了使用改进后的方法和数据的文献。最新的相关文献可以参考 Björklund and Jäntti(2009, 2012)和 Black and Devereux(2010)。

征),同时对数据的要求较高。[①]

父母—子女的收入相关系数在不同国家有所不同,但在大多数国家都为 0.3 左右(Björklund and Jäntti,2009)。这一系数的估计结果对所用数据的差异相当敏感,在一些国家也与研究的时间段有关。来自兄弟(姐妹)的估计结果往往较高,这主要是由于兄弟(姐妹)之间的收入相关度是总体收入变化中归因于家庭成分[不仅仅是与父母收入直接相关的因素,还包括由兄弟(姐妹)们分享的价值观、志向等]变动的那部分。正如 Björklund and Salvanes(2011)强调的那样,由于父母可能以不同的方式对待子女,因此兄弟(姐妹)之间的相关性是家庭和邻里效应的下限。

与其他发达国家相比,美国的代际流动差异引起了较多的关注(Björklund and Jäntti,2012;Grawe,2004;Corak,2013)。对发展中国家代际流动性的研究较为稀少。[②] Grawe(2004)的研究报告了五个发展中国家(厄瓜多尔、马来西亚、尼泊尔、巴基斯坦和秘鲁)的父—子收入弹性。他发现这些国家的收入弹性在国际上处于较高水平,拉美国家的这一数字更是远大于美国。Dunn(2007)对巴西的估计结果也超过了美国和欧洲国家的估计值。

据我们所知,关于中国代际收入流动性的研究文献主要有以下三篇:Gong et al.(2012)利用中国 12 个省份城镇地区的数据估计了父母—子女的收入弹性。他们使用 2004 年的一项调查来获取子女的收入信息以及父母的特征,而父母的收入则通过 1986—2004 年的重复横截面数据预测得到。研究结果显示出很高的代际收入持续性。Eriksson and Zhang(2012)使用与本章相同的数据[③]来估计中国 9 个省份农村地区兄弟之间的收入相关性。结果发现,中国农村地区的代际流动性依然较低。Deng et al.(2013)使用 1995 年和 2002 年的 CHIP 数据(分别来自 11 个省份的 69 个和 70 个城市)估计父母—子女的收入弹性,并发现了较高的代际收入持续性。

---

① 不仅需要对几代人的收入信息进行追踪,而且为了减少终生收入的测量误差(可能导致估计结果的向下偏误),收入也必须在个人的职业生涯开始之后开始度量(最好经过一段较长的时间)。

② 关于发展中国家代际教育持续性的研究较多,参见 Hertz et al.(2007)。

③ 另一篇相关研究(Zhang and Eriksson,2010)关注了收入不平等与机会不平等的作用。

虽然越来越多的文献关注代际收入流动性,却很少有文章研究父母—子女收入弹性与兄弟收入相关性背后的机制。仅有的一些文献也主要涉及认知技能,这是因为标准的代际传递模型(Becker and Tomes,1979)关注的是父母对子女人力资本的投资。尽管人力资本通常被解释为认知技能的存量,但它还包括非认知性技能、健康和人格等其他内容(Bowles et al.,2001)。Blanden et al.(2007)发现了非认知技能在解释代际收入弹性中所发挥的不可忽视的作用。Dohmen et al.(2012)发现风险和信任观念等人格特征具有较强的代际相似性。Ermisch et al.(2012)介绍了发达国家许多关于认知和非认知技能代际传递的研究。

Bowles et al.(2005)和 Case et al.(2005)指出,作为社会经济状况跨代传递过程中的一部分,健康可能发挥了重要的作用,但相关数据的缺乏阻碍了对代际健康传递的研究。目前有许多关于父母和子女出生体重之间相关性的研究[Currie and Moretti(2007)以及其中的部分参考文献]①,但只有少数文献关注子女成年以后的健康状况。Eriksson et al.(2005)从丹麦青少年组研究(Danish Youth Cohort Study)中自身以及父母健康状况的信息中,发现代际的健康状况具有很强的相关性,而且在控制了健康状况之后,代际收入弹性系数会显著减小。Johnston et al.(2013)使用英国分组研究(British Cohort Study)的数据来定量分析心理健康的代际持续性,发现产妇的心理健康状况对子女的心理健康状况和子女的受教育程度以及未来劳动力市场状况都将产生持久的影响。

相当多的文献研究了个体早期的健康对成年期经济结果的影响,其中 Almond and Currie(2010)提供了研究综述。这些研究证明,早期的健康状况确实会对个人未来的经济结果(受教育程度以及收入水平)产生决定性的影响,并且这种健康水平的不平等早在儿童达到学龄前,甚至在出生之前就已经出现。② 表观遗传学(Epigenetics)的最新研究表明,出生时的健康差异并非主要是由遗传因素造成的,而是先天与后天之间的交互作用,具体可参阅 Currie(2011)中的摘要部分。

---

① 另可参考 Bhalotra and Rawlings(2013),文章使用从 38 个发展中国家收集的大样本数据,研究了母亲健康状况与婴儿死亡率和儿童身高之间的关系。

② 大部分实证研究都关注个体出生之前的健康状况。这可能受到了所谓的巴克假说(Barker hypothesis)启发,也可能因为对产前期健康冲击的定义较为明确。

虽然大部分关于个体早期健康的影响的文献都是基于富裕国家数据的分析,但是越来越多的研究也开始关注发展中国家的情况。比如,Smith et al.(2012)发现,个体早期的健康状况(用身高和自评健康状况度量)会对 45 岁之后的健康和经济结果(比如消费支出)产生显著的影响。Currie and Vogl(2013)对这些研究进行了回顾,并指出在比较贫穷的国家,个体早期的健康所带来的长期影响可能更大。在这些国家,健康冲击不仅发生的可能性更大,而且更容易产生交互影响。由于个体早期的健康水平较低,发达国家可以在更大程度上提供有效的缓解措施,因此特定冲击给较贫穷国家带来不利或较大影响的可能性更大。对发展中国家的研究通常将身高视为健康变量[①],所考虑的健康冲击多是营养不良(其中饥荒是一种极端情况)、流行病、污染和战争。但是,诸如饥荒、流行病和战争这样的冲击通常与死亡选择相关,如果不加以控制,会使得冲击影响的估计产生向下的偏误。空气、水和土壤的污染作为一种健康冲击,相对于发达国家来说,对发展中国家的影响更大,另外,穷人(因为他们缺乏从污染区迁出的手段)和儿童(由于仍在成长,较小的身体尺寸使得他们在相同体重下接受了较高的剂量污染)受到的影响相对来说更大。总而言之,这表明环境污染可能对发展中国家儿童的发展产生长期的不利影响。然而,大多数关于污染影响的研究来自发达国家,特别是美国。[②]

## 三、计量模型与估计

### 1. 代际健康传递的基准模型

为了考察中国的代际健康不平等问题,我们首先给出一个基准模型,分析在其他影响因素给定的情况下,父母与子女之间健康传递的特征:

$$\mathrm{CHealth}_{it} = \alpha_0 + \alpha_m \mathrm{MHealth}_{it} + \alpha_f \mathrm{FHealth}_{it} + \alpha_1 X_{it} + \alpha_2 W_{it} + \alpha_3 E_{it} + \alpha_4 H_{it} + u_{it} \tag{5-1}$$

① 这是一个比体重内涵更广的衡量指标,其主要反映了营养上的差异。同时,身高也反映了个体早年关键时期的其他健康状况。

② Currie(2011)讨论了其中的一些文献,并且全部都是相对较新的文献。

其中，$CHealth_{it}$为(5-1)式中的因变量，表示儿童 $i$ 在时期 $t$ 的健康状况，并用两个不同的指标来度量：年龄别身高和年龄别体重 $z$ 得分(二者均是使用 WHO 标准并根据儿童的身高与体重数据计算得到)。(5-1)式中的核心解释变量为 $MHealth_{it}$ 和 $FHealth_{it}$，分别表示儿童 $i$ 的父亲和母亲在时期 $t$ 的健康状况，分别用对应的年龄别身高和年龄别体重 $z$ 得分(与经过年龄和性别调整后的样本中位值的标准差)来度量。因此，参数 $\alpha_m$ 和 $\alpha_f$ 表示两代人的健康相关性，并作为模型的关键系数。我们主要关注的是父母的身高，因为这是一项被广泛采用(尤其是在发展中国家)的度量成人长期健康状况的指标。①

(5-1)式中的其他解释变量包括了其他主要的健康决定因素，例如人口统计学指标、环境因素、社会经济状况以及医疗因素。人口统计学指标由变量 $X_{it}$ 表示，其中包含儿童的年龄、性别、兄弟姐妹的数量、出生顺序以及父母的年龄。为了控制时间趋势以及地区固定效应，变量 $X_{it}$ 还包括一组虚拟变量以表明调查的年份(year93，year97，year00，year04，year06，year09)和居住的地区(east，central)。另一个变量 $W_{it}$ 表示家庭的社会经济状况，包括家庭人均收入、父母受教育程度(小学或以下，中学，高中，大学或以上)及其工作类型的信息(农民、政府、国有企业、集体企业、私企或外资企业)。因此，变量 $W_{it}$ 的系数反映家庭的金融资本积累(财富)、人力资本(教育)和社会资本(就业层次)对儿童健康的影响。

为了控制环境因素的影响，(5-1)式中加入了变量 $E_{it}$，包括儿童所在的家庭是否拥有抽水马桶(作为整体卫生条件的指标)和自来水(表明改善后的饮用水状况)以及儿童所在社区的成人吸烟发生率(用来度量室内空气污染的程度)。变量 $H_{it}$ 代表儿童的医疗可及性，用从住所到社区内最近的医疗机构的距离来度量。$u_{it}$ 是随个体和年份而变化的随机误差项。本章使用(5-1)式分别对城镇和农村地区样本进行 OLS 估计。

**2. 健康传递中不可观察的异质性**

在上述基准模型中，关键解释变量 MHealth 和 FHealth 可能是内生

① 成年身高通常被用来衡量一个人的长期健康状况，并被认为是由儿童期的健康状况和青春期的成长所共同决定的。后者受营养摄入和常见病症(尤其是传染性疾病)的共同影响。

的,导致代际健康传递的估计可能存在偏误。理论上,内生性可能是由以下三个原因导致的:① 遗漏了同时影响父母健康和儿童健康的变量;② 儿童健康与父母健康之间存在“反向因果”的关系;③ 父母汇报的健康变量存在测量误差。在我们的模型中,儿童健康指标(身高和体重)不可能“反向”影响父母的健康[①],并且通常不会出现重大的回忆错误,因此原因②和③不太可能发生。所以我们认为潜在的内生性很可能来自同时影响父母和儿童健康的不可观测因素。

例如,基因是一种在代际传递的先天禀赋,会导致父母及其后代具有许多相似的身体特征(身高、体重以及遗传性疾病等)。这种可遗传的基因特质通常是影响儿童未来健康结果的重要因素,但由于其不能被观测到而无法加入回归方程中。再如,家庭成员都具有的行为习惯和生活方式会同时影响父母和孩子的健康。这些行为习惯和生活方式很大程度上取决于家庭传统和文化背景,而这些都是无法从调查数据中观察到的。

在估计代际影响时,忽略上面提到的家庭异质性会引起向上或向下的偏误。受限于数据的不充分,现有的大多数研究在估计代际健康传递时都未能解决这个问题。考虑到这种不可观测的异质性,本章使用工具变量(IV)估计的方法来改进早期的研究。[②] 工具变量估计是通过两阶段最小二乘法(2SLS)实现的,具体步骤如下:

$$\text{MHealth}_{it} = \theta_0 + \theta_m \text{Avg\_MHealth}_{it} + \theta_f \text{Avg\_FHealth}_{it} + \theta_1 X_{it} + \theta_2 W_{it} + \theta_3 E_{it} + \theta_4 H_{it} + v_{it} \tag{5-2}$$

$$\text{FHealth}_{it} = \gamma_0 + \gamma_m \text{Avg\_MHealth}_{it} + \gamma_f \text{Avg\_FHealth}_{it} + \gamma_1 X_{it} + \gamma_2 W_{it} + \gamma_3 E_{it} + \gamma_4 H_{it} + e_{it} \tag{5-3}$$

$$\text{CHealth}_{it} = \alpha_0 + \alpha_m \widehat{\text{MHealth}}_{it} + \alpha_f \widehat{\text{FHealth}}_{it} + \alpha_1 X_{it} + \alpha_2 W_{it} + \alpha_3 E_{it} + \alpha_4 H_{it} + u_{it} \tag{5-4}$$

---

① 可以认为,在某些情形下,儿童的健康状况会反过来影响父母的健康。例如,照顾一个不健康的孩子会使父母筋疲力尽,这不利于父母的健康。然而,这并不会影响父母的身高,因为身高是一种长期健康指标,不会受短期疾病的影响。

② 固定效应模型(FE)和随机效应模型(RE)也可以消除不可观测的异质性。但是,由于父母的身高和体重通常是固定不变的,会被固定效应模型的去均值转换消掉;随机效应模型依赖较强的分布假设,即不可观察的固定异质性与解释变量(比如母亲的健康状况)不相关,这在本章中是不太可能的。

其中,(5-2)式和(5-3)式为两阶段最小二乘法的一阶段回归,分别描述父亲与母亲健康状况的决定因素。(5-4)式为两阶段最小二乘法的二阶段回归,主要解释变量分别是(5-2)式和(5-3)式回归中被解释变量 $MHealth_{it}$ 和 $Fhealth_{it}$ 的预测值。$Avg\_MHealth_{it}$ 和 $Avg\_FHealth_{it}$ 是工具变量,分别表示父母所在省份经过年龄和性别调整之后的平均健康指标(身高和体重),即:

$$Avg\_MHealth_{it} = \frac{1}{n}\sum_{j\neq i}^{n} MHealth_{jt} \tag{5-5}$$

$$Avg\_FHealth_{it} = \frac{1}{n}\sum_{j\neq i}^{n} FHealth_{jt} \tag{5-6}$$

其中,个体 $j$ 是与所研究的父亲/母亲处于同一年龄段年龄差小于或等于 5 岁且性别相同的中国营养与健康调查(CHNS)中的样本,$n$ 是父母所在省份的个体 $j$ 的总人数(父母自身除外)。

选择上述工具变量的原因包括以下几点:第一,之前的文献证明,(尤其在发展中国家)同一年龄和性别人群的身高与体重表现出明显的聚集现象(Cavelaars et al., 2000; Deaton, 2007; Sandhu et al., 2006; Schultz, 2002; Steckel, 1983; Tanner et al., 1968; Woodruff and Duffield, 2002)。这主要是由于队列效应,即相同年龄和性别的人在他们的幼时以及往后的生命历程中可能经历了类似的健康冲击,因而会出现与其他群体不同的健康结果。同时,队列平均指标与个体度量值的强相关性在本章所用的数据中也得到了证实:一阶段回归的 $F$ 值始终大于 100(见表 5-3),表明我们的工具变量不太可能是弱工具变量。

第二,分队列的人体测量指标应该不会直接影响儿童的身高和体重,原因在于年龄和性别队列效应主要反映的是外生性的健康冲击,这类冲击不可能与不可观测的家庭异质性(比如遗传信息)相关。例如,饥荒之后出生的儿童不会直接受到这一异常事件的影响,因此他们父母经历的饥荒对这些儿童的影响主要通过代际健康传递而不是其他路径(Fung and Ha, 2010; Lumey et al., 2011; Wang et al., 2010)。本章还使用 Wooldridge(2002)描述的间接方法(用二阶段回归的残差项对工具变量进行回归)检验了排他性条件。[①] 结果显示,在控制了父母的健康状况之后,分队列的平均身高和平均体重均不与儿童的身高和体重直接相关(工具变量的估计系数在10%置信水平上均不显著),表明本章使用的工具变量应该是有效的。[②]

第三,我们的工具变量估计方法在以往一些文献中也出现过,这些文献同样使用总体的分组指标作为个体健康状况的工具变量(Currie and Cole, 1993; Deaton and Paxson, 2001; Lo Sasso and Buchmueller, 2004; Morris, 2007; Pan et al., 2013)。例如,Morris(2007)和Pan et al.(2013)都使用了总体的身高和体重指标作为工具变量,以控制个体体型的内生性影响。

### 3. 健康差异的Blinder-Oaxaca分解

Blinder(1973)和Oaxaca(1973)提出的Blinder-Oaxaca分解方法在经济学文献中经常被用来考察劳动力市场上工资歧视的来源。该方法将两组样本之间的总体差异(例如白人与非白人)分成两个部分:禀赋效应,即两组样本之间在能够观察到的特征(例如教育和工作经验)上的差异;歧视效应,即这种特征对结果(如工资率)的差异影响。在研究中,城乡儿童的健康差异可以用类似的方式分解。首先,城乡父母在健康禀赋、社会经济状况以及其他与环境和医疗有关的因素上可能存在较大差异,因此城乡儿童健康差异中的很大一部分可以归因于这种可观察特征上的"禀赋差异"。其次,城乡家庭之间不可观察特征的差异也会对儿童的健康结果产生影响,导致总体健康差异中的"歧视"成分(即可观察特征无法解释的差距)。

Blinder-Oaxaca分解方法通过以下公式来量化城乡儿童之间的健康

---

① 由于我们的模型是恰好识别的(工具变量的个数等于内生解释变量的个数),因此不能使用传统的Hansen's *J* test来验证工具变量的排他性(该检验只能用于过度识别的情形)。因此,我们采用了Wooldridge(2002)中的间接检验方法。

② 如果父母年龄和性别队列中的儿童和非父母成年人受到一种环境因素(这一环境与儿童的身高和体重直接相关)的影响,那么排他性条件就不能得到满足。虽然不可能排除这种影响的存在,但是大量行为遗传性的研究表明这种影响小到不可察觉、可以忽视(Hewitt, 1997; Grilo and Pogue-Geile, 1991; Maes et al., 1997; Birch and Fisher, 2000; Gulliford et al., 1991; Rona and Chinn, 1995)。

差异：

$$\overline{\text{CHealth}_u} - \overline{\text{CHealth}_r} = (\bar{Z}_m - \bar{Z}_r)B^* + \bar{Z}_u(B_u - B^*) + \bar{Z}_r(B^* - B_r) \tag{5-7}$$

其中，因变量 CHealth 表示儿童的健康状况，下标 $u$ 和 $r$ 分别表示城镇与农村。变量 $Z$ 代表可观察到的特征，包括 $MHealth_{it}$、$FHealth_{it}$、$X_{it}$、$W_{it}$、$E_{it}$和 $H_{it}$（含义见上文）。变量 $B$ 代表相关的系数，其中 $B^*$ 表示非歧视系数（$Z$ 的基准影响）。因此，(5-7)式右边的第一项表示禀赋效应（由 $Z$ 解释的健康差异），其他两项共同表示歧视效应（由不可观测的因素造成的健康差异）。

这种分解需要估计 $B^*$ 的数值，即不存在歧视效应的情况下 $Z$ 对 CHealth 的影响。按照以前研究的惯例[比如 Bowblis et al.，(2013)]，本章假设城镇人群并未受到歧视，因而被用作基准组。城镇居民享受的较高的社会经济地位（包括收入、教育、医疗和就业）可以证明这一假设的合理性。另外，农村户口的持有者历来处于不利的地位，且被限制迁入城镇。用 $B_u$（城镇样本的系数向量）替代 $B^*$，(5-7)式变成：

$$\overline{\text{CHealth}_u} - \overline{\text{CHealth}_r} = (\bar{Z}_m - \bar{Z}_r)B_u + \bar{Z}_r(B_r - B_u) \tag{5-8}$$

根据(5-8)式，我们可以在基准模型中使用城镇和农村样本的组均值和系数估计值来计算禀赋效应（等号右边第一项）以及歧视效应（等号右边第二项）。例如，禀赋效应为变量 $Z$ 中每个子变量的组间差与(5-1)式中对应系数估计值的乘积，同理可以计算出歧视效应。此外，两类效应估计值的标准误差和统计显著性可以使用 Morduch and Sicular(2002)与 Jann(2005)中说明的 Delta 方法计算得出。

根据变量 $Z$ 的定义，我们可以通过将总禀赋效应和总歧视效应分解成六个维度：父母的健康（$MHealth_{it}$和 $FHealth_{it}$）、父母的社会经济状况（$W_{it}$）、家庭环境（$E_{it}$）、医疗可及性（$H_{it}$）、人口统计学变量（儿童的年龄和性别、父母的年龄）以及其他因素（比如年份和地区固定效应等），以进一步确定健康差异的详细来源。每一维度的影响大小可以根据与总效应相同的方法来计算。例如，天生的代际健康不平等可以通过父亲和母亲健康的组间差异乘以对应的系数估计值得到。在六个维度中，我们主要关注父母健康的影响，这种影响被分解为禀赋效应和歧视效应。禀赋效应揭示了能够观察到的父母健康差异对子女健康的影响，可以被视为城乡之间的直接代际健康不平等。歧视效应反映了健康传递的弹性差异(城乡家庭之间父母健康的差异性影响),可以被视为间接代际健康不平等。

**4. 代际健康传递中的先天—后天交互作用**

医学文献通常将人类健康的决定因素分为两类:一类是先天因素,表示出生时的遗传禀赋,比如先天特质和能力等;另一类是后天因素,代表由于环境作用或个人行为而获得的特质和能力。然而,最新的医学和卫生经济学研究证明,上述两类因素之间存在交互作用。许多通常被认为是先天性因素导致的健康结果差异实际上可能是源于后天因素或个人选择的影响(Currie,2011)。

例如,身高是一种可遗传的基因特质,也是个体健康结果的重要信号。然而,人类基因组的测序表明,人体中的基因过少,无法完全解释个体之间的身高差异。而表观基因组(决定哪些基因通过遗传表达出来的"开关")对身高结果起着重要的作用。这种表现基因组很容易受到环境因素的影响,并可能通过以下三种方式与后天因素发生交互作用:

(1) 大量关于"胎元"的研究表明,成年人的健康状况很大程度上取决于其出生之前的状况,并且产前和哺乳期的医疗可及性是决定个人幼时、成年时乃至下一代健康状况的关键因素。具体可参阅 Almond and Currie(2010)对这一主题的评述。

(2) 产前,怀孕的母亲和子宫内的胎儿的身体状况都会随着环境的改变而变化。因此,父母所处的环境(例如接触有毒物质、污染的空气和水)对儿童的健康结果有重要影响。相关的研究可以参考 Currie (2011)、Lien and Evans (2005)、Nilsson (2008)、Currie and Neidell (2005)和 Banzhaf and Walsh(2008)的相关研究。

(3) 父母的社会经济状况(如收入和受教育程度)在很大程度上决定了孩子在子宫里时和幼时所接受的护理质量与营养摄入量,因此对社会环境的适应也是先天与后天因素发生交互作用的重要渠道之一。具体可参阅 Currie and Moretti(2003)、Johnson and Schoeni(2011)和 Chen and Li(2009)的相关研究。

通过上述机制,后天因素可以影响表观基因组开关与基因表达,从而使健康的代际传递产生差异。我们采用如下模型来考察先天与后天因素之间潜在的交互作用：

$$Z_{it} = \beta_0 + \beta_m \text{MHealth}_{it} + \beta_f \text{FHealth}_{it} + \beta_1 X_{it} + \varepsilon_{it} \tag{5-9}$$

其中，$Z_{it}$表示在 $t$ 期影响儿童 $i$ 健康的后天因素。根据之前的分析，$Z_{it}$包括父母的社会经济状况（$W_{ijt}$）、父母的环境选择（$E_{ijt}$），以及儿童的医疗可及性（$H_{ijt}$）。$\text{MHealth}_{ijt}$和 $\text{FHealth}_{ijt}$分别表示父亲和母亲的健康状况，代表儿童 $i$ 健康的先天（或遗传性）决定因素，并使用前文提过的指标进行度量。控制变量 $X_{it}$包括前文定义的个体特征。我们将对城镇和农村的样本分别进行估计，以反映两者健康传递机制之间的差异性。

$\beta_m$和 $\beta_f$是(5-9)式的关键参数，代表父母的健康状况（先天）与他们的环境和行为选择（后天）之间的相关性。$\beta>0$，意味着健康的父母往往会对子女的健康产生正面的后天影响，并且这一先天—后天的交互作用会放大健康资本的代际传递效应。例如，健康的父母可能会选择生活在一个更加“干净”的环境中（表现为改良的饮用水和抽水马桶的使用，更少地接触空气污染等），或者可能会通过选择居住在更接近医疗机构的地点以享受更好的医疗服务。再如，健康的父母往往更加富有、学历更高并且拥有更高的社会地位[参见 Cutler et al. (2011) 关于健康—SES 梯度的评论]。由于这类后天因素有益于后代的健康，因而 $\beta$ 也反映了中国代际健康传递的机制。

## 四、数据与样本

### 1. 数据来源

本章所用的数据来自 1991—2009 年的中国健康与营养调查(CHNS)，该调查自 1989 年以来一直由北卡罗来纳大学教堂山分校(University of North Carolina at Chapel Hill, UNC)卡罗来纳人口研究中心与中国疾病预防控制中心合作实施。[①] CHNS 是一项追踪调查，截至 2015 年

① 可登录 http://www.cpc.unc.edu/china 查看关于该项目以及数据的详细信息。

已进行了10轮(1989年、1991年、1993年、1997年、2000年、2004年、2006年、2009年、2011年、2015年)。在每一轮调查中,CHNS使用多层随机聚类方法,抽取9个地理和经济特征差别很大的省份(广西、贵州、黑龙江、河南、湖北、湖南、江苏、辽宁和山东)的约4 400家户、总计15 000—19 000的个体样本进行观测。在各省,CHNS使用加权抽样方法随机抽取4个县,在各个县随机抽取"社区(村)"作为代表城镇(郊区)社区和乡镇(村庄)的基本抽样单位(PSU)。其中,家户调查收集了受访者的社会人口统计特征、健康状况与营养摄入量、医疗服务使用与支出等方面的详细信息,社区调查则提供了当地卫生状况、公共服务基础设施、医疗资源和医疗保险覆盖等方面的信息。

在本章中,我们首先收集了1991—2009年7轮的汇总样本,然后使用父母—子女标识符选择包含了成对父母—子女的样本,并将样本限制在18岁以下的儿童。对于拥有多个子女的家户,则通过家户代码(Household IDs)来识别他们的家庭关系(以及家庭固定效应)。父母和孩子的人口统计学、社会经济和健康状况等相关信息分别直接从成人和儿童的调查问卷中获取,而有关家庭收入、家庭饮用水和卫生间设施条件的信息则从家户问卷中获取。此外,我们从社区层面的限制使用档案中提取了其他环境特征信息,比如邻近医院的距离和社区的成人吸烟率。最终,本章获得了12 749个已匹配父母信息的非成年观测对象,其中3 558个居住在城镇,9 191个居住在农村。

本研究的核心因变量(儿童健康状况)是基于CHNS中的人体测量记录,使用年龄别身高和年龄别体重$z$得分来度量的。[①] 大量医学研究结果表明,这种人体测量指数是评估发展中国家儿童短期和长期健康结果的良好指标。其中年龄别体重$z$得分一直被认为是最好的指标(Thomas et al., 1992; Strauss and Thomas, 1998),并被广泛用作研究中国儿童健康的代理指标(Chen and Li, 2009; Mangyo, 2008; Chen et al., 2010; Smith et al., 2012)。成年身高也经常被用来衡量一个人的长期健康状况,这在

① CHNS也包含了父母及12岁以上儿童的主观健康指标(自评健康状况)。但是,这一指标可能不可靠。原因在于,这一年龄段的儿童无法以一种客观、准确的标准来衡量他们的健康状况;同时,他们的参照组是不同的,导致评估的数据不可比较。基于上述原因,本章并没有使用这些主观健康指标。

发展中国家尤其明显。因此，在下面的分析中，我们将重点关注身高指标，体重指标则用于稳健性检验。儿童(成人)$z$得分等于个体观察到的身高(体重)与参考人群的中位值之间的偏差除以该组人群的标准差，计算公式具体如下：

$$z\text{得分}=\frac{\text{个体观察到的身高(体重)}-\text{参考人群的中位值}}{\text{参考人群的标准差}} \tag{5-10}$$

对于儿童$z$得分，观察值为儿童的身高(体重)记录，参照组由儿童的性别和年龄(以月为单位)确定，各组的中位值和标准差根据WHO的多中心成长基准研究(Multicentre Growth Reference Study, MGRS)①的数据计算得到。因此$z$得分反映了儿童相比于同一性别及年龄群体的相对成长水平，并且比绝对身高(体重)和分位数指标更具优势(WHO, 1995)。以前的研究发现，$z$得分能够揭示长期的健康和营养状况，较低的$z$得分往往与早期的不良医疗经历或不当抚养有关。对于父母，我们在CHNS样本中根据他们的年龄(以年为单位)和性别选定参照人群(包括没有孩子的成年人)，然后根据(5-10)式计算出他们的年龄别身高和年龄别体重$z$得分。

### 2. 样本描述

表5-1列出了关键变量的样本统计描述。其中，第(1)—(3)列分别代表全样本、城镇样本以及农村样本。

**表5-1　关键变量的统计描述**

| 变量 | 定义 | 全样本 | 城镇 | 农村 |
|---|---|---|---|---|
| | | (1) | (2) | (3) |
| hzscore | 儿童的身高$z$得分 | −0.990 | −0.741 | −1.086* |
| | | (1.227) | (1.246) | (1.205) |
| wzscore | 儿童的体重$z$得分 | −0.568 | −0.371 | −0.640* |
| | | (1.190) | (1.218) | (1.172) |

① 多中心成长基准研究官网：http://www.who.int/childgrowth/mgrs/en/。它提供了18岁以下孩子的年龄别身高$z$得分的计算公式以及10岁以下孩子的年龄别体重$z$得分的计算公式。这说明年龄别体重$z$得分回归中的样本量较少。

（续表）

| 变量 | 定义 | 全样本 | 城镇 | 农村 |
|---|---|---|---|---|
| | | (1) | (2) | (3) |
| heightf | 母亲的身高 z 得分 | 0.130 | 0.181 | 0.110* |
| | | (0.917) | (0.948) | (0.905) |
| heightm | 父亲的身高 z 得分 | 0.043 | 0.116 | 0.015* |
| | | (0.971) | (1.036) | (0.944) |
| weightf | 母亲的体重 z 得分 | 0.020 | 0.129 | -0.022* |
| | | (0.920) | (0.939) | (0.909) |
| weightm | 父亲的体重 z 得分 | 0.046 | 0.180 | -0.005* |
| | | (0.949) | (1.010) | (0.920) |
| age | 儿童的年龄（岁） | 9.955 | 10.085 | 9.905* |
| | | (4.672) | (4.705) | (4.658) |
| female | 儿童的性别（女性=1） | 0.469 | 0.486 | 0.463* |
| | | (0.499) | (0.500) | (0.499) |
| sibno | 兄弟姐妹的个数 | 1.776 | 1.487 | 1.888 |
| | | (0.817) | (0.651) | (0.847) |
| ord2 | 第二个出生的孩子 | 0.255 | 0.188 | 0.280 |
| | | (0.436) | (0.391) | (0.449) |
| ord3 | 第三个出生（或更后）的孩子 | 0.062 | 0.026 | 0.076 |
| | | (0.241) | (0.159) | (0.264) |
| agef | 母亲的年龄（岁） | 37.651 | 38.112 | 37.472 |
| | | (7.110) | (6.920) | (7.174) |
| agem | 父亲的年龄（岁） | 35.977 | 35.960 | 35.984* |
| | | (6.607) | (6.469) | (6.660) |
| east | 居住在中国东部 | 0.281 | 0.243 | 0.295* |
| | | (0.449) | (0.429) | (0.456) |
| central | 居住在中国中部 | 0.426 | 0.434 | 0.423 |
| | | (0.495) | (0.496) | (0.494) |
| prm | 小学学历（父亲） | 0.269 | 0.193 | 0.298* |
| | | (0.443) | (0.395) | (0.458) |
| jum | 初中学历（父亲） | 0.423 | 0.400 | 0.432* |
| | | (0.494) | (0.490) | (0.495) |
| senm | 高中学历（父亲） | 0.205 | 0.259 | 0.184* |
| | | (0.404) | (0.438) | (0.387) |

（续表）

| 变量 | 定义 | 全样本 | 城镇 | 农村 |
|---|---|---|---|---|
| | | (1) | (2) | (3) |
| com | 大学以上学历(父亲) | 0.035 | 0.085 | 0.015* |
| | | (0.183) | (0.279) | (0.123) |
| prif | 小学学历(母亲) | 0.305 | 0.234 | 0.332* |
| | | (0.460) | (0.424) | (0.471) |
| juf | 初中学历(母亲) | 0.328 | 0.354 | 0.319* |
| | | (0.470) | (0.478) | (0.466) |
| senf | 高中学历(母亲) | 0.147 | 0.230 | 0.114* |
| | | (0.354) | (0.421) | (0.318) |
| colf | 大学以上学历(母亲) | 0.019 | 0.052 | 0.006* |
| | | (0.137) | (0.223) | (0.079) |
| farmm | 农民(父亲) | 0.086 | 0.043 | 0.103* |
| | | (0.281) | (0.203) | (0.304) |
| collm | 集体企业(父亲) | 0.480 | 0.301 | 0.549* |
| | | (0.500) | (0.459) | (0.498) |
| privm | 私有企业(父亲) | 0.084 | 0.092 | 0.080 |
| | | (0.277) | (0.289) | (0.272) |
| govem | 政府或国有企业(父亲) | 0.263 | 0.440 | 0.195* |
| | | (0.440) | (0.496) | (0.396) |
| forem | 外资企业(父亲) | 0.002 | 0.004 | 0.002* |
| | | (0.048) | (0.065) | (0.039) |
| farmf | 农民(母亲) | 0.092 | 0.045 | 0.110* |
| | | (0.289) | (0.207) | (0.313) |
| collf | 集体企业(母亲) | 0.497 | 0.316 | 0.568* |
| | | (0.500) | (0.465) | (0.495) |
| privf | 私有企业(母亲) | 0.053 | 0.068 | 0.047* |
| | | (0.225) | (0.252) | (0.213) |
| govef | 政府或国有企业(母亲) | 0.187 | 0.359 | 0.120* |
| | | (0.390) | (0.480) | (0.325) |
| foref | 外资企业(母亲) | 0.003 | 0.008 | 0.001* |
| | | (0.055) | (0.087) | (0.036) |
| income | 人均家庭收入(元) | 4227.806 | 5719.209 | 3664.910* |
| | | (5327.088) | (6024.092) | (4923.226) |

（续表）

| 变量 | 定义 | 全样本 | 城镇 | 农村 |
|---|---|---|---|---|
| | | (1) | (2) | (3) |
| tap | 自来水(有 =1) | 0.623 | 0.877 | 0.524* |
| | | (0.485) | (0.329) | (0.499) |
| flush | 室内冲水马桶(有 =1) | 0.235 | 0.454 | 0.150* |
| | | (0.424) | (0.498) | (0.358) |
| smokep | 社区吸烟发生率(%) | 0.337 | 0.336 | 0.338 |
| | | (0.081) | (0.080) | (0.082) |
| hfdis | 邻近医疗机构的距离 | 0.389 | 0.409 | 0.381 |
| | (km) | (0.926) | (0.846) | (0.955) |
| Obs | 观测数 | 12749 | 3558 | 9191 |

资料来源：中国健康与营养调查(1991—2009)。

注：(1) 汇报的数字为样本均值，括号内为标准差；(2) * 表示城乡样本之间差异显著(在5%的水平上显著)；(3) 人均家庭收入以2009年的数据为基准度量，用家庭总收入除以家庭总人数(父母与孩子)计算得出结果；(4) 社区吸烟发生率用吸烟的成人数除以社区18岁以上人口总数计算得出。

样本儿童的平均年龄约为10岁，其中46.9%为女孩。城镇样本儿童的平均年龄略高(10.1岁)，女孩所占比例也更高(48.6%)。样本儿童年龄别身高和年龄别体重 $z$ 得分的均值为负，这表明中国儿童的健康水平低于世界成长标准。样本中父母的平均年龄分别为35.977岁和37.651岁，父亲的标准化身高(体重) $z$ 得分为0.043(0.046)，母亲的对应得分为0.130(0.020)。地理分布的统计数据显示，来自东部地区(江苏、辽宁、黑龙江和山东)的样本量占28.1%，来自中部(河南、湖北和湖南)和西部地区(广西和贵州)的样本量分别占42.6%和29.3%。

在父母的社会经济状况方面，样本家庭人均年收入的均值为4227.81元，父亲的平均受教育年限为8.2年，母亲的平均受教育年限为6.6年，反映了受教育程度的性别差异。绝大多数的样本父母(74.3%的父亲和68.4%的母亲)在政府部门(包括国有企业)或集体企业中工作。由于我们采用的是1991—2009年的数据，因此这一全样本均值不能显著说明中国工业部门近年来发生的显著所有制结构变化(从国有企业、集体企业为主到民营企业后来居上)。

对环境变量的统计描述表明，超过一半的样本家庭(62.3%)可以使用自来水,但只有23.5%的家庭拥有冲水马桶。在社区样本中,成年人吸烟的平均发生率(定义为吸烟的成人数占社区18岁以上人口的比例)为33.7%,说明中国人的吸烟情况比较普遍。家庭住址到邻近医疗机构的平均距离为0.389千米,说明中国人比较容易获得基础的医疗救助。

由于经济和基础设施发展上的巨大差距,城镇和农村样本之间,几乎所有方面都存在实质性且统计显著的差异(在表5-1中用星号标注)。在结果指标中,农村儿童相比城镇儿童更矮($z$得分分别为-1.086和-0.741)、更瘦($z$得分分别为-0.640和-0.371),显示农村儿童在身体发育、总体健康状况以及营养摄入方面的表现较差。两组父母之间的比较也体现了相同的特征,农村父母的人体测量指标值明显较城镇父母低。

对于社会经济变量,城乡差距更加显著。城镇家庭的人均年收入为5719.21元,约为农村家庭的1.6倍。在城镇中拥有高中及以上学历的父亲和母亲的比例分别为34.4%和28.2%,而农村中这两个比例分别只有19.9%和12.0%。受教育程度的巨大差异反映了两者人力资本积累和儿童"养育环境"之间的巨大差距。这种差距同样出现在个人的社会资本中,并通过父母就业层次的形式体现出来。在中国,政府部门(包括国有企业)或外资企业的工作通常意味着更高的社会地位和更多的社会资源。而在我们的样本中,城镇父母在上述两类单位工作的比例分别为44.4%和36.7%,农村父母的这两个比例分别只有19.7%和12.1%,这反映出城镇父母和农村父母在社会经济层面的差距。

农村家庭在环境质量方面也较为落后。农村家庭的卫生条件明显更差:只有52.4%和15.0%的农户能够使用改良后的饮用水(自来水)和室内冲水马桶,而城镇家庭的两项比例分别为87.7%和45.4%。比较两组家户住址到邻近医疗机构的距离可以发现,相比城镇儿童,农村儿童平均住在离医疗诊所更近的地点(前者距离为0.389千米,后者距离为0.409千米)。然而,这种距离上的差异与医疗质量的差异并不相符:事实上,城镇样本中报告的邻近医疗机构中高评级的医院(基层医院以上)所占的比例大大高于农村样本(两者的比例分别为48.3%和35.4%),说明城市居民更容易获得高质量的医疗服务。最后,由于全国吸烟人口众多,社区吸烟发生率(室内空气污染的代理指标)在城镇和农村地区大体相同(两者分别为33.6%和33.8%)。

# 五、实证结果

## 1. 基准模型回归结果

在基准模型中，我们用(5-1)式分别对城镇和农村样本进行了 OLS 估计，估计的结果见表 5-2。在两组样本中，给定控制变量（比如社会经济因素 $W_{it}$、环境特征 $E_{it}$和医疗可及性 $H_{it}$等），两个关键变量（MHealth 和 FHealth）的系数估计都显著为正。回归结果表明，当父亲（母亲）的年龄别身高 $z$ 得分增加 1 单位（一个标准差），城镇儿童的年龄别身高 $z$ 得分将上升 0.298（0.272），农村儿童的年龄别身高 $z$ 得分将上升 0.297（0.246）。体重 $z$ 得分传递的估计结果与前者类似。因此，这一准弹性估计结果意味着，中国的城镇和农村家庭都存在强烈的代际健康传递效应。同时，两组子样本之间的比较表明，中国城镇地区父母对子女的健康（尤其是身高）传递更加强烈，显示了两者在机会平等方面的差异（下文将对此问题进行更详细的分析）。

表 5-2　OLS 回归结果

| 变量 | 城镇样本 | | 农村样本 | |
|---|---|---|---|---|
| | hzscore<br>(1) | wzscore<br>(2) | hzscore<br>(3) | wzscore<br>(4) |
| MHealth | 0.272*** | 0.235*** | 0.246*** | 0.276*** |
| | (0.029) | (0.032) | (0.020) | (0.024) |
| FHealth | 0.298*** | 0.263*** | 0.297*** | 0.232*** |
| | (0.024) | (0.035) | (0.018) | (0.022) |
| age | 0.027 | -0.235*** | 0.030** | -0.252*** |
| | (0.021) | (0.043) | (0.013) | (0.026) |
| $age^2$ | -0.002** | 0.014*** | -0.002*** | 0.015*** |
| | (0.001) | (0.004) | (0.001) | (0.002) |
| female | -0.044 | -0.065 | 0.010 | -0.108*** |
| | (0.044) | (0.054) | (0.028) | (0.034) |
| sibno | -0.075 | 0.010 | -0.081*** | -0.099*** |
| | (0.048) | (0.072) | (0.023) | (0.036) |

（续表）

| 变量 | 城镇样本 | | 农村样本 | |
|---|---|---|---|---|
| | hzscore<br>(1) | wzscore<br>(2) | hzscore<br>(3) | wzscore<br>(4) |
| ord2 | -0.099 | -0.248*** | -0.072** | 0.024 |
| | (0.061) | (0.087) | (0.034) | (0.045) |
| ord3 | -0.114 | -0.195 | -0.098 | 0.124 |
| | (0.153) | (0.181) | (0.062) | (0.087) |
| agef | 0.010 | 0.023** | 0.007 | -0.008 |
| | (0.007) | (0.009) | (0.005) | (0.005) |
| agem | 0.010 | -0.014 | 0.006 | 0.013** |
| | (0.008) | (0.011) | (0.006) | (0.006) |
| east | 0.300*** | 0.466*** | 0.282*** | 0.514*** |
| | (0.074) | (0.093) | (0.047) | (0.057) |
| central | 0.178*** | 0.250*** | 0.162*** | 0.281*** |
| | (0.060) | (0.078) | (0.042) | (0.049) |
| prif | 0.015 | -0.144 | 0.135 | -0.192 |
| | (0.177) | (0.186) | (0.089) | (0.140) |
| juf | 0.123 | 0.008 | 0.128 | -0.225 |
| | (0.177) | (0.181) | (0.092) | (0.143) |
| senf | 0.041 | -0.151 | 0.144 | -0.130 |
| | (0.181) | (0.183) | (0.098) | (0.146) |
| colf | 0.247 | -0.074 | 0.248* | -0.063 |
| | (0.195) | (0.219) | (0.143) | (0.222) |
| prim | -0.211** | -0.016 | 0.056 | -0.190*** |
| | (0.089) | (0.144) | (0.048) | (0.072) |
| jum | -0.153 | 0.131 | 0.100* | -0.080 |
| | (0.095) | (0.151) | (0.054) | (0.074) |
| senm | -0.111 | 0.202 | 0.123* | -0.109 |
| | (0.105) | (0.159) | (0.066) | (0.087) |
| colm | -0.181 | 0.509** | -0.022 | -0.046 |
| | (0.142) | (0.204) | (0.162) | (0.238) |
| farmf | -0.117 | -0.058 | 0.070 | 0.002 |
| | (0.140) | (0.191) | (0.086) | (0.112) |
| collf | -0.039 | -0.157 | 0.018 | -0.084 |
| | (0.088) | (0.127) | (0.072) | (0.098) |
| privf | 0.060 | -0.094 | 0.051 | -0.155 |
| | (0.100) | (0.142) | (0.082) | (0.104) |

（续表）

| 变量 | 城镇样本 | | 农村样本 | |
|---|---|---|---|---|
| | hzscore<br>（1） | wzscore<br>（2） | hzscore<br>（3） | wzscore<br>（4） |
| govef | -0.005 | -0.049 | 0.126* | -0.051 |
| | (0.085) | (0.113) | (0.075) | (0.099) |
| foref | -0.094 | 0.128 | -0.142 | -0.187 |
| | (0.366) | (0.361) | (0.232) | (0.421) |
| farmm | 0.175 | -0.068 | -0.229*** | -0.207** |
| | (0.127) | (0.178) | (0.066) | (0.090) |
| collm | -0.052 | -0.173* | -0.106** | -0.019 |
| | (0.074) | (0.100) | (0.053) | (0.066) |
| privm | 0.136 | 0.061 | 0.014 | 0.023 |
| | (0.097) | (0.146) | (0.071) | (0.093) |
| govem | 0.108 | -0.074 | 0.115* | 0.152** |
| | (0.072) | (0.091) | (0.064) | (0.075) |
| forem | 0.186 | -0.552* | 0.323 | -0.229 |
| | (0.188) | (0.296) | (0.199) | (0.247) |
| income | 0.039 | 0.052 | 0.055*** | 0.029 |
| | (0.026) | (0.033) | (0.016) | (0.020) |
| tap | 0.048 | -0.011 | -0.053* | -0.046 |
| | (0.066) | (0.089) | (0.032) | (0.039) |
| flush | 0.068 | 0.008 | 0.016 | -0.038 |
| | (0.051) | (0.065) | (0.042) | (0.055) |
| smokep | 0.116 | -0.526 | 0.263 | 0.140 |
| | (0.291) | (0.367) | (0.172) | (0.219) |
| hfdis | 0.004 | 0.029 | -0.021 | -0.012 |
| | (0.020) | (0.028) | (0.013) | (0.015) |
| Obs | 3 558 | 1 716 | 9 191 | 4 580 |

资料来源：中国健康与营养调查（1991—2009）。

注：（1）汇报的数字为参数估计值，括号内为家庭聚类标准差；（2）***、**和*分别代表在1%、5%和10%的置信水平上显著；（3）MHealth和FHealth分别表示父亲的健康（heightm，weightm）和母亲的健康（heightf，weightf）指标，并对应儿童健康指标（hzscore，wzscore）；（4）由于WHO只提供了10岁以下儿童的年龄别$z$得分公式，因而wzscore回归的样本量少于hzscore回归；（5）变量的定义请参考表5-1。

接下来我们分析控制变量的估计结果。在基本人口统计学特征中，年龄对儿童的健康状况有显著的非线性影响，但性别之间的差异并不显著。兄弟姐妹（尤其是年长的兄弟姐妹）的数量越多，健康状况越差，表明父母对子女的投入存在数量和质量之间的取舍。生活在东部和中部地区的儿童比西部地区的儿童更加健康。这种区域性的健康差异与中国不均衡的经济发展是一致的。20 世纪 80 年代以来,东部沿海省份经济发展迅速,而西部内陆地区发展滞后,导致儿童在获取营养和医疗资源上的机会是不平等的。

父母的社会经济变量对儿童健康的影响是复杂的,这与以往文献研究结果一致(Adams et al., 2003; Adda et al., 2003; Currie, 1999; Cutler et al., 2011)。在农村地区,家庭收入对年龄别身高 $z$ 得分有着正向的影响,而在城镇地区则不然。父亲受教育程度的系数估计不显著,而母亲受教育程度对其子女的健康起到了重要的作用(很可能是因为母亲花费在孩子身上的时间更多)。例如,在城镇地区,受过大学教育的母亲,其孩子的年龄别体重 $z$ 得分往往较高;而在农村地区,由于大学毕业的样本观测较少,因此中学教育的影响较为显著:具有初中或高中学历女性的子女身高明显较高。在社会经济地位维度,相比父亲的就业层次,我们发现母亲的就业层次发挥着更加重要的作用:在政府或国有企业工作的样本女性其子女的健康水平更高,而那些在农村或集体企业工作的女性的孩子往往健康状况较差。政府、国有企业或外资企业的工作代表较高的社会地位,以上这些结果体现了父母社会资本对子女健康的影响。

以往的研究还表明,环境状况(如水源卫生和空气污染等)可以对成人和儿童的健康状况发挥重要的作用(Lee et al., 1997; Chay and Greenstone, 2005)。这些影响是通过环境变量(flush, tap, smokep)来度量的。尽管这些变量的系数估计总体为正,但大多数不显著(医疗可及性变量 hfdis 同样如此)。这表明环境因素潜在的积极作用会受到父母健康与社会经济状况的影响。

### 2. 工具变量回归结果

正如上文所讨论的,不可观察的家庭特征(比如基因特征和生活方式)可能会影响父母及其子女的健康状况,从而引起基准回归中的内生性偏误。表 5-3 中列出的 W-H 检验结果表明,在目前的情形下,父母的健康是内生性因素。为了消除不可观察的异质性所带来的影响,我们利用健康的年龄和性别队列效应，使用工具变量方法来估计代际健康传递的因果影响。表 5-3 给出了回归结果。

**表 5-3　工具变量回归结果**

| 变量 | 城镇样本 | | 农村样本 | |
|---|---|---|---|---|
| | hzscore | wzscore | hzscore | wzscore |
| | (1) | (2) | (3) | (4) |
| MHealth | 0.358*** | 0.368*** | 0.302*** | 0.320*** |
| | (0.064) | (0.079) | (0.046) | (0.075) |
| FHealth | 0.338*** | 0.305*** | 0.428*** | 0.414*** |
| | (0.056) | (0.097) | (0.050) | (0.074) |
| age | 0.027 | -0.227*** | 0.028*** | -0.258*** |
| | (0.017) | (0.041) | (0.010) | (0.024) |
| $age^2$ | -0.002*** | 0.013*** | -0.002*** | 0.015*** |
| | (0.001) | (0.004) | (0.001) | (0.002) |
| female | -0.043 | -0.074 | 0.012 | -0.100*** |
| | (0.035) | (0.049) | (0.022) | (0.031) |
| sibno | -0.069 | -0.008 | -0.075*** | -0.093*** |
| | (0.042) | (0.072) | (0.019) | (0.030) |
| ord2 | -0.095 | -0.258*** | -0.075** | 0.023 |
| | (0.059) | (0.088) | (0.030) | (0.042) |
| ord3 | -0.131 | -0.193 | -0.108* | 0.116 |
| | (0.133) | (0.177) | (0.056) | (0.078) |
| agef | 0.010* | 0.019** | 0.014*** | -0.003 |
| | (0.006) | (0.009) | (0.004) | (0.005) |
| agem | 0.010 | -0.014 | 0.003 | 0.007 |
| | (0.006) | (0.010) | (0.004) | (0.006) |
| east | 0.177** | 0.315** | 0.153*** | 0.351*** |
| | (0.077) | (0.123) | (0.048) | (0.068) |
| central | 0.097* | 0.149* | 0.074** | 0.175*** |
| | (0.058) | (0.087) | (0.037) | (0.051) |
| prif | -0.036 | -0.167 | 0.128** | -0.204* |
| | (0.141) | (0.233) | (0.061) | (0.105) |
| juf | 0.043 | -0.035 | 0.116* | -0.240** |
| | (0.145) | (0.231) | (0.063) | (0.106) |
| senf | -0.028 | -0.180 | 0.119* | -0.141 |
| | (0.147) | (0.232) | (0.068) | (0.110) |
| colf | 0.138 | -0.130 | 0.208* | -0.092 |
| | (0.166) | (0.255) | (0.117) | (0.177) |

（续表）

| 变量 | 城镇样本 | | 农村样本 | |
|---|---|---|---|---|
| | hzscore (1) | wzscore (2) | hzscore (3) | wzscore (4) |
| prim | -0.219*** | -0.034 | 0.029 | -0.221*** |
| | (0.079) | (0.136) | (0.035) | (0.054) |
| jum | -0.194** | 0.091 | 0.054 | -0.117** |
| | (0.084) | (0.139) | (0.040) | (0.057) |
| senm | -0.153* | 0.187 | 0.052 | -0.164** |
| | (0.091) | (0.145) | (0.052) | (0.074) |
| colm | -0.228* | 0.478** | -0.121 | -0.117 |
| | (0.130) | (0.195) | (0.158) | (0.212) |
| farmf | -0.122 | -0.057 | 0.062 | -0.009 |
| | (0.125) | (0.178) | (0.074) | (0.103) |
| collf | -0.033 | -0.149 | 0.032 | -0.089 |
| | (0.080) | (0.122) | (0.062) | (0.095) |
| privf | 0.060 | -0.130 | 0.048 | -0.180* |
| | (0.088) | (0.129) | (0.070) | (0.102) |
| govef | -0.009 | -0.069 | 0.124** | -0.074 |
| | (0.072) | (0.109) | (0.062) | (0.094) |
| foref | -0.068 | 0.164 | -0.128 | -0.270 |
| | (0.290) | (0.329) | (0.291) | (0.383) |
| farmm | 0.193* | -0.048 | -0.195*** | -0.170** |
| | (0.115) | (0.157) | (0.059) | (0.080) |
| collm | -0.060 | -0.161 | -0.103** | 0.003 |
| | (0.067) | (0.098) | (0.045) | (0.067) |
| privm | 0.137 | 0.074 | 0.019 | 0.042 |
| | (0.085) | (0.123) | (0.065) | (0.090) |
| govem | 0.105* | -0.065 | 0.102** | 0.110 |
| | (0.061) | (0.087) | (0.051) | (0.074) |
| forem | 0.239 | -0.442 | 0.325 | -0.154 |
| | (0.219) | (0.314) | (0.309) | (0.433) |
| lnincome | 0.034 | 0.047 | 0.051*** | 0.025 |
| | (0.022) | (0.032) | (0.014) | (0.019) |
| tap | 0.036 | -0.029 | -0.059** | -0.041 |
| | (0.059) | (0.084) | (0.025) | (0.034) |
| flush | 0.065 | 0.014 | 0.009 | -0.063 |
| | (0.043) | (0.061) | (0.036) | (0.051) |
| smokep | 0.080 | -0.656** | 0.250* | 0.074 |
| | (0.235) | (0.335) | (0.137) | (0.190) |

（续表）

| 变量 | 城镇样本 | | 农村样本 | |
|---|---|---|---|---|
| | hzscore<br>(1) | wzscore<br>(2) | hzscore<br>(3) | wzscore<br>(4) |
| hfdis | -0.001 | 0.031 | -0.026** | -0.017 |
| | (0.021) | (0.028) | (0.012) | (0.016) |
| Obs | 3 558 | 1 716 | 9 191 | 4 580 |
| 一阶段 *F* 值 | 374.841 | 143.970 | 292.344 | 104.185 |
| W-H 检验 *F* 值 | 3.193** | 2.437* | 8.070*** | 7.351*** |

资料来源：中国健康与营养调查（1991—2009）。

注：(1) 所有的工具变量回归使用经过年龄和性别调整之后的平均健康指标作为父母健康变量的工具变量；(2) 汇报的数字为参数估计值，括号内为家庭聚类标准差，***、** 和 * 分别代表在 1%、5% 和 10% 的置信水平上显著；(3) MHealth 和 FHealth 表示母亲的健康（heightm，weightm）和父亲的健康（heightf，weightf）指标，并对应儿童健康指标（hzscore，wzscore）；(4) 一阶段 *F* 值对应一阶段 IV 回归的联立性检验；W-H 检验 *F* 值（星号代表显著性）对应检验 MHealth 和 FHealth 外生性的 W-H 检验；(5) 变量的定义请参考表 5-1。

与基准模型一样，无论城镇还是农村样本，身高和体重结果对父母健康状况的系数估计都显著为正。这表明在控制了不可观察的家庭异质性之后，本章关于父母对子女健康传递的研究结果仍然是稳健的。与表 5-2 相比，工具变量回归中的传递量更大（例如城镇样本中身高的准传递弹性为 0.358，农村样本的这一数值则为 0.302）。这表明忽略家庭异质性因素可能会引起传递弹性估计的向下偏误。此外，其他控制变量（比如人口统计学、社会经济和环境特征）系数估计的符号和显著性也与基准回归的结果一致。值得注意的是，东部地区、高收入家庭的儿童以及高学历父母的子女其健康水平更高。

除了全样本估计，本章还研究了人口统计学指标与社会经济状况不同的人群在影响系数上的差异，以了解不同人群的传递弹性是否不同，以及是如何体现的。表 5-4 列出了健康代际传递系数的分样本工具变量估计结果。回归结果表明，无论城镇还是农村地区，在多数健康指标上，父母对女孩的传递程度都高于男孩。这说明从父母那里继承不良的健康状况时，女性后代可能处于不利的地位。有趣的是，基于收入分组的子样本分析结果表明家庭收入对传递弹性有着非线性影响。无论城镇还是农村，低收入和高收入群体的健康传递效应更强，中等收入群体则较弱。这种非线性的影响是预料之中的，原因在于低收入群体通常缺乏社会经济资源来打破健康结果的代际传递，而高收入群体有更好的经济能力去投资后代的人力资本，从而强化了父母良好的健康状况向子女的传递。

**表 5-4　健康代际传递的分样本回归结果**

| | | | | MHealth | 标准误 | FHealth | 标准误 |
|---|---|---|---|---|---|---|---|
| | | hzscore | (1) | 0.377*** | (0.085) | 0.369*** | (0.113) |
| | female | wzscore | (2) | 0.453*** | (0.122) | 0.320*** | (0.117) |
| | | hzscore | (3) | 0.302*** | (0.087) | 0.339*** | (0.100) |
| 城镇 | male | wzscore | (4) | 0.151 | (0.172) | 0.434*** | (0.133) |
| | | hzscore | (5) | 0.486*** | (0.077) | 0.319*** | (0.079) |
| | female | wzscore | (6) | 0.464*** | (0.104) | 0.256** | (0.120) |
| | | hzscore | (7) | 0.361*** | (0.095) | 0.284*** | (0.103) |
| 农村 | male | wzscore | (8) | 0.344*** | (0.118) | 0.416*** | (0.124) |
| | | hzscore | (9) | 0.313*** | (0.119) | 0.449*** | (0.146) |
| | low income | wzscore | (10) | 0.508** | (0.201) | 0.198 | (0.128) |
| | | hzscore | (11) | 0.495*** | (0.092) | 0.148 | (0.126) |
| | middle income | wzscore | (12) | 0.119 | (0.154) | 0.513*** | (0.145) |
| | | hzscore | (13) | 0.240** | (0.104) | 0.458*** | (0.128) |
| 城镇 | high income | wzscore | (14) | 0.280 | (0.220) | 0.419 | (0.259) |
| | | hzscore | (15) | 0.611*** | (0.138) | 0.278** | (0.113) |
| | low income | wzscore | (16) | 0.473*** | (0.171) | 0.190 | (0.171) |
| | | hzscore | (17) | 0.299*** | (0.081) | 0.484*** | (0.116) |
| | middle income | wzscore | (18) | 0.330*** | (0.116) | 0.406*** | (0.126) |
| | | hzscore | (19) | 0.393*** | (0.101) | 0.230** | (0.098) |
| 农村 | high income | wzscore | (20) | 0.474*** | (0.154) | 0.334** | (0.164) |

资料来源：中国健康与营养调查（1991—2009）。

注：(1) 所有的回归为工具变量估计，并加入了所有控制变量；(2) 汇报的数字为参数估计值，括号内为家庭聚类标准差，***、** 和 * 分别代表在 1%、5% 和 10% 的置信水平上显著；(3) MHealth 和 FHealth 表示父亲的健康（heightm，weightm）和母亲的健康（heightf，weightf）指标，并对应儿童健康指标（hzscore，wzscore）；(4) 变量的定义请参考表 5-1。

### 3. Blinder-Oaxaca 分解

Blinder-Oaxaca 分解通过将儿童年龄别身高和年龄别体重 $z$ 得分的总体差异分为两部分，从而分析城乡儿童健康差异的两类潜在驱动因素：

一类是禀赋效应，代表可观察到的父母特征差异，如健康状况、社会经济状况、生活环境和医疗可及性等；另一类是歧视效应，表示不可观察到的父母特征对子女健康结果的影响。表5-5说明，两种效应在解释儿童健康的总体差异方面都具有统计学意义。在城镇和农村儿童身高与体重的总

**表 5-5　城镇和农村儿童健康差异的 Blinder-Oaxaca 分解**

| 差异分解 | | hzscore | | wzscore | |
|---|---|---|---|---|---|
| | | Estimated effects (1) | Robust std. error (2) | Estimated effects (3) | Robust std. error (4) |
| Overall Urban-rural disparity | | 0.345*** | (0.039) | 0.236*** | (0.047) |
| Total endowment effect | | 0.202*** | (0.032) | 0.114*** | (0.037) |
| Total discrimination effect | | 0.144*** | (0.031) | 0.122*** | (0.038) |
| Detailed endowment effects | Parent health | 0.051*** | (0.019) | 0.064*** | (0.018) |
| | Parent income | 0.030*** | (0.007) | 0.019** | (0.008) |
| | Parent education | 0.031*** | (0.010) | 0.027** | (0.012) |
| | Parent employment | 0.091*** | (0.012) | 0.063*** | (0.014) |
| | Environment | -0.002 | (0.013) | -0.017 | (0.017) |
| | Access to care | 0.000 | (0.000) | 0.000 | (0.001) |
| | Demographic | 0.004 | (0.004) | -0.015* | (0.008) |
| | Year fixed effect | 0.011** | (0.005) | 0.005 | (0.006) |
| | Region fixed effect | -0.015*** | (0.005) | -0.030*** | (0.011) |
| Detailed discrimination effects | Parent health | 0.739 | (1.022) | -0.115 | (0.309) |
| | Parent income | -0.201 | (0.252) | 0.124 | (0.306) |
| | Parent education | -0.286 | (0.212) | 0.318 | (0.225) |
| | Parent employment | -0.036 | (0.094) | -0.148 | (0.133) |
| | Environment | 0.051 | (0.133) | -0.192 | (0.168) |
| | Access to care | 0.010 | (0.010) | 0.019 | (0.014) |
| | Demographic | 0.137 | (0.217) | 0.135 | (0.270) |
| | Year fixed effect | -0.007 | (0.045) | -0.034 | (0.054) |
| | Region fixed effect | 0.020 | (0.047) | -0.020 | (0.057) |

资料来源：中国健康与营养调查（1991—2009）。

注：(1) 报告的数值为基于双向 Blinder-Oaxaca 分解估计出的影响，括号内的稳健标准误是使用 Delta 方法计算出来的；(2) ***、** 和 * 分别代表在 1%、5% 和 10% 的置信水平上显著；(3) 禀赋效应和歧视效应被分解到以下几方面：父母健康状况（MHealth, FHealth）、父母收入（income）、父母受教育程度（prm, jum, senm, colm, prif, juf, senf, colf）、父母的工作（farmm, collm, prim, govem, forem, othm, farf, collf, privf, govef, foref, othef）、家庭环境（tap water, flush toilet, community smoking prevalence）、医疗可及性（distance to nearest health facility）、人口统计学因素（female, age, $age^2$, agef, agem）、年份固定效应（y93, y97, y00, y04, y06, y09）和地区固定效应（east, central）；(4) 变量的定义请参考表 5-1。

体差异(年龄别体重 $z$ 得分为 0.345,年龄别身高 $z$ 得分为 0.236)中,来自父母特征的“禀赋差异”分别占到了约 59% 和约 48%,剩余的差异归因于歧视效应。这意味着很大一部分的儿童健康差异可以通过父母的健康和非健康禀赋来解释。因此,户籍制度导致的劳动力流动限制以及城镇和农村之间在收入、健康、教育和环境方面的不平等,会给当代人的生活质量和后代的人力资本积累带来持久的影响。

为了找出健康差异的详细来源,我们进一步将禀赋效应分解到以下几方面:父母的健康状况($MHealth_{it}$ 和 $FHealth_{it}$)、父母的社会经济状况(收入、教育和就业)、家庭环境、医疗可及性、人口统计变量(儿童年龄和性别、父母年龄)和其他因素(年份和地区固定效应)。从表 5-5 可以发现,父母的健康状况和他们的社会经济状况解释了禀赋效应的绝大部分。例如,父母的健康状况分别解释了 25% 的儿童年龄别身高 $z$ 得分的禀赋差异以及 56% 的儿童年龄别体重 $z$ 得分的禀赋差异。父母的收入、受教育程度和就业状况共解释了 75% 的身高禀赋差应和 96% 的体重禀赋差应。这意味着大部分的儿童健康差异(59% 的身高差异与 73% 的体重差异)可归因于父母的健康和社会经济因素,而直接的代际健康传递只能分别解释其中 15% 和 27% 的差异。换言之,如果农村父母同城镇父母一样健康,那么由于直接的(被赋予的)代际健康差异,子女健康之间的差异将减少 15%—27%。

另外,歧视效应反映了城镇和农村之间健康传递弹性的差异。这一差异可以被看作间接的代际健康不平等。从表 5-5 可以发现,将总体的歧视效应进行详细分解之后,多数的分类歧视效应并不显著。这意味着,尽管城镇父母与农村父母的特征对子女的影响可能存在异质性(分别占身高和体重 $z$ 得分总体差异的 42% 和 52%),但是各个变量(特别是健康和社会经济变量)并没有在两部门之间发挥显著不同的影响。总体而言,Blinder-Oaxaca 分解的结果意味着父母之间健康的差异是其子代健康差异的重要决定因素,这支持了代际健康不平等的假设。

### 4. 先天—后天交互的证据

接下来,我们将目光转向“先天”与“后天”之间的交互作用,并考察它们在代际健康传递中的作用。正如上文所讨论的那样，遗传性的基因特征（比如身高和体重）通常被认为是一种纯粹的先天禀赋。但是，医学研究发现，上述特征与反映“个人选择”的后天因素相关（Currie, 2011）。具体而言，由于通过遗传决定基因表达的表观基因组开关可以由环境因素触发，因此父母的行为和选择可以对其后代的健康产生长期影响。如果健康状况较好的父母选择生活在“更清洁”的环境中或者选择更健康的生活方式，由于父母健康资本的一部分会通过行为渠道转移给他们的后代，上述代际的健康传递将被先天—后天的交互作用放大。

通过对城镇样本和农村样本进行(5-9)式的估计，表 5-6 提供了上述先天—后天交互作用的证据。表 5-6 中的每一列都有一个代表特定后天因素的因变量，而我们关注的是父母健康指标的系数，即(5-9)式中的 $\beta_m$ 和 $\beta_f$。如第(1)—(5)列所示，在城乡样本回归中，父母的健康状况（母亲的体重除外）对所有的社会经济变量都有着显著且积极的影响。比如，健康状况较好的父亲和母亲（以身高指标表示）往往会有更高的收入、更高的受教育程度（以受教育年限衡量）和更高层次的工作（由政府、国有企业或外资企业的就业机会来衡量）。

**表 5-6 健康代际传递中的先天—后天交互作用**

| 变量 | income | gfworkf | gfworkm | eyf | eym | tap | flush | smokep | hfdis |
|---|---|---|---|---|---|---|---|---|---|
| | (1) | (2) | (3) | (4) | (5) | (8) | (9) | (10) | (11) |
| | | | | | 城镇 | | | | |
| heightf | 0.040* | 0.068*** | 0.062*** | 0.436*** | 0.728*** | 0.034** | 0.064*** | 0.021* | 0.021* |
| | (0.022) | (0.014) | (0.013) | (0.117) | (0.124) | (0.017) | (0.015) | (0.011) | (0.011) |
| heightm | 0.082*** | 0.027* | 0.017 | 0.762*** | 0.682*** | 0.053*** | 0.048*** | 0.024** | 0.024** |
| | (0.025) | (0.015) | (0.014) | (0.139) | (0.137) | (0.019) | (0.017) | (0.012) | (0.012) |
| 观测值 | 3 977 | 3 994 | 3 997 | 3 849 | 3 813 | 4 031 | 4 031 | 4 031 | 3 830 |
| weightf | 0.106*** | 0.068*** | 0.069*** | 0.643*** | 0.806*** | 0.059*** | 0.079*** | 0.026*** | 0.026*** |
| | (0.020) | (0.013) | (0.012) | (0.101) | (0.107) | (0.015) | (0.014) | (0.009) | (0.009) |
| weightm | 0.019 | 0.009 | 0.005 | 0.017 | −0.077 | −0.010 | −0.038*** | 0.015* | 0.015* |
| | (0.026) | (0.012) | (0.012) | (0.107) | (0.116) | (0.015) | (0.014) | (0.008) | (0.008) |
| 观测值 | 3 921 | 3 940 | 3 943 | 3 792 | 3 754 | 3 975 | 3 975 | 3 975 | 3 777 |

（续表）

| 变量 | income | gfworkf | gfworkm | eyf | eym | tap | flush | smokep | hfdis |
|---|---|---|---|---|---|---|---|---|---|
| | (1) | (2) | (3) | (4) | (5) | (8) | (9) | (10) | (11) |
| | | | | | 农村 | | | | |
| heightf | -0.006 | 0.073*** | 0.067*** | 0.056*** | 0.372*** | 0.743*** | 0.048*** | 0.060*** | 0.046*** |
| | (0.019) | (0.015) | (0.008) | (0.007) | (0.067) | (0.084) | (0.009) | (0.009) | (0.010) |
| heightm | -0.040** | 0.013 | 0.021*** | 0.014** | 0.075 | 0.052 | -0.001 | -0.013* | 0.015 |
| | (0.020) | (0.015) | (0.008) | (0.006) | (0.071) | (0.084) | (0.009) | (0.007) | (0.010) |
| 观测值 | 10 381 | 10 385 | 10 409 | 10 240 | 10 127 | 10 573 | 10 573 | 10 573 | 10 099 |
| weightf | 0.009*** | 0.005*** | 0.004*** | 0.019*** | 0.024*** | 0.003*** | 0.005*** | -0.000** | -0.000 |
| | (0.001) | (0.001) | (0.001) | (0.004) | (0.005) | (0.001) | (0.001) | (0.000) | (0.001) |
| weightm | 0.000 | 0.001* | 0.001 | 0.003 | 0.002 | 0.002** | 0.001 | 0.000 | 0.002 |
| | (0.002) | (0.001) | (0.001) | (0.004) | (0.005) | (0.001) | (0.001) | (0.000) | (0.002) |
| 观测值 | 10 271 | 10 278 | 10 301 | 10 131 | 10 017 | 10 463 | 10 463 | 10 463 | 9 990 |

资料来源：中国健康与营养调查（CHNS）（1991—2009）。

注：(1) 所有的回归为 OLS 估计，并加入了个人水平的控制变量，包括 age, $age^2$, female, number of siblings, sibling order, agef, agem, region dummies 和 year dummies；(2) gfworkf 和 gfworkm 是虚拟变量，表示父母是否在政府、国有企业和外资企业工作，eym 和 eyf 分别为父亲和母亲受教育的年限（正规教育）；(3) 括号内为家庭聚类标准差，***、** 和 * 分别代表在 1%、5% 和 10% 的置信水平上显著；(4) 变量的定义请参考表 5-1。

类似地，第(8)—(10)列的结果表明，无论城镇家庭还是农村家庭，健康状况较好的父母更有可能生活在一个较清洁的环境中，比如有改良后的饮用水、较低程度的室内空气污染（农村样本）和更好的家庭卫生条件等。医疗可及性[第(11)列]的结果不太明显，父母健康状况和住址与邻近医疗机构之间的距离在大多数农村样本回归中并不显著相关，但二者在城镇样本回归中正相关。这可能是因为邻近的医疗机构和父母在产前或哺乳期实际就诊的机构并不一致。总体而言，上述发现表明，中国父母的健康状况与其社会经济状况和环境选择之间存在正相关关系，这说明除了非行为渠道，健康也可能会通过行为渠道在各代人之间传递。表 5-6 还表明，城镇地区的先天—后天交互通常更为强烈，即城镇中健康状况较好的父母为子女提供更好的后天环境的可能性，相较农村父母来说更大。这加剧了中国城镇与农村之间的健康不平等。

## 六、结　　论

长期以来,我国的城镇和农村存在经济发展水平和居民收入差距较大的问题,这一问题在市场化改革和劳动力自由流动的背景下日益演化为人力资本积累与人口发展机会之间的巨大差异。虽然造成高代际收入持续性的机制尚不完全清楚,但教育和健康是经常被提到的两个因素。本章中,我们考察了中国的代际健康不平等问题,重点关注了儿童的健康状况以及不良健康状况的代际传递程度。结果显示,在控制了父母的社会经济状况(受教育程度、收入和就业类型)、父母及其子女的人口统计学特征、环境和医疗因素以及不可观察的家庭异质性后,父母的健康状况与其子女的健康状况密切相关。

结果表明,城镇与农村儿童的健康存在较大差异。城镇儿童与农村儿童之间的健康差异在很大程度上是由城镇父母与农村父母之间的受教育程度和收入差异所造成的,但父母的健康差异也起着重要作用。因此,如果城镇父母与农村父母的健康状况不存在差异,则其子女健康状况的不平等程度将减少15%—27%。我们还发现,后天因素(环境)与先天因素密切相关,为先天和后天因素交互作用的观点提供了支持。这些交互作用可能会放大健康的代际传递。

改善人口健康状况和缩小城镇与农村健康差距是中国面临的主要挑战之一。研究表明,儿童健康的差距很大程度上取决于父母社会经济状况的差异,城镇与农村的健康差距也反映了这些差异。这意味着中国日益加剧的收入和机会不平等问题可以通过改善当代人的健康状况和生活水平来缓解。特别是旨在降低父母社会经济资源对其后代健康影响的政策,不仅会促进总体健康状况的改善,而且有助于缩小城镇与农村的健康差距。研究表明,不良的健康状况对儿童早期的学习成绩(尤其是农村地区的儿童)和未来的人力资本积累都具有明显的负面影响(Luo et al., 2012; Shi et al., 2012)。因此,这类政策将对劳动力市场产生重要的溢出效应。

# 第六章 人力资本形成机制研究：关于人口数量—质量替代关系的检验[①]

根据前五章的研究结论，代际人力资本投资对人力资本的积累和经济增长有着显著的促进作用，因此有必要进一步研究家庭内部人力资本投资的影响因素。经济学中存在人口数量和质量的权衡取舍(quantity-quality trade-off)理论，家庭生育数量的增加可能会导致对单个子女人力资本投资的减少，进而对人力资本积累和经济增长产生负面影响。随着“三孩”政策的实行，这一问题在我国显得尤为重要。接下来，本章基于2005年全国1%人口抽样调查数据，利用多种计量方法对我国人口数量与质量之间的因果关系进行识别，以更好地分析人口政策放松对我国经济发展的长期影响。

---

① 本章内容来自秦雪征等(2018)，有改动。

# 一、研 究 背 景

## 1. 我国人口政策的放松

面对人口老龄化的压力,党中央在十八届三中全会通过的《关于全面深化改革若干重大问题的决定》中提出启动“单独二孩”的政策,标志着我国自 20 世纪 70 年代以来的人口政策于 2013 年首次在全国得到放松。随后,2015 年召开的十八届五中全会提出了全面放开“二孩”政策;2021 年,随着《中共中央 国务院关于优化生育政策促进人口长期均衡发展的决定》的公布,“三孩”政策在我国正式开始实施。“三孩”政策实施之前,国内就有学者认为,继续执行严格的计划生育政策将加重人口老龄化负担,并对我国的经济增长带来负面影响(周俊山和尹银,2011;马骁骁,2010)。从理论层面来看,以上两种观点的焦点是,在中国的经济发展水平下,人口数量与质量之间是否存在权衡取舍的替代关系。如果人口数量的大幅增长将导致人口质量的下降,那么全面放松人口政策将可能对我国“以人为本”的创新型经济增长模式带来不利影响;反之,如果人口数量与质量之间不存在这样的负相关关系,甚至人口数量的提升还会导致人口质量的改善,那么当前人口政策的放松将很可能会促进中国经济的长期增长。

## 2. 人口数量与质量之间的关系有待进一步研究

人口数量与质量的替代是经济学和人口学领域长期关注的重要理论命题。这一命题最早由“人力资本学说”的创始人加里·贝克尔(Gary Becker)在 Becker and Lewis(1973)中正式提出[Willis(1973)在同一时期也对这一命题有所阐述]。根据经典理论,在父母对子女一视同仁、家庭面临预算约束(budget constraint)和信贷市场失灵(credit market failure)这三条假定下,由于家庭资源的稀缺性,子女数量的增多必然意味着父母只能对每个子女进行更少的人力资本投资,从而家庭中子女的数量与质量(人力资本)之间便会存在负向关系。

为检验这一理论,文献中往往使用子女的教育水平或健康水平作为人力资本的代表,用实证研究方法来考察家庭中子女的平均数量与平均质量的关系。大部分文献发现,两者之间确实存在负向关系。Lee(2008)利用父母对儿子的偏好,使用第一个子女的性别作为子女数目的工具变量,研究了父母在子女数量和质量之间的权衡取舍。研究发现,父母对子女数量与质量的偏好在不同的家庭之间存在显著的异质性,在控制了这种不可观测的异质性之后,子女数目的增加会对每个子女获得的教育投资产生不利的影响。基于中国人口普查的数据,Li et al. (2008)利用双胞胎对子女数目的外生冲击,运用工具变量回归的方法研究了家庭规模对子女受教育程度的影响。研究发现,在控制了出生顺序之后,家庭规模依然对子女受教育年限存在显著的负向影响,并且这种影响在公共教育并不发达的农村地区更加显著。Booth and Kee(2009)在使用新指标控制了出生顺序的影响之后,发现来自较大规模家庭的子女往往无法获得较高程度的教育。Rosenzweig and Zhang(2009)同样利用双胞胎作为子女数目的工具变量,发现在控制了不同家庭子女在出生体重之间的差异性之后,子女数目的增加不利于每个子女学业的进步。Hatton and Martin (2010)利用巴西的数据,研究了家庭中子女数目与身高之间的关系。研究发现,子女的身高与兄弟姐妹的数目或者家庭规模负相关,并且家庭规模对子女健康的影响是通过营养和疾病两种渠道实现的。Sen and Clemente(2010)利用加拿大的三期面板数据,发现在控制了子女的出生顺序之后,子女的最终教育年限与兄弟姐妹的数目之间存在显著的负相关关系。Silles(2010)利用爱尔兰的面板数据,研究了家庭规模和出生顺序对个体的学习成绩以及行为发展的作用。研究发现,兄弟姐妹的数目对个体的学习成绩和行为发展有着显著的不利影响,并且第一个出生的子女往往学习成绩最优秀。Becker et al. (2001) 利用 1849 年普鲁士地区的 334 个数据,首次证实了人口数量—质量替代早在 19 世纪就已存在。Fernihough(2011)使用爱尔兰的数据分析了子女数量与质量之间的关系。研究表明,兄弟姐妹的数目对个体入学的概率有着显著影响,并且这种影响在不同的组别间表现出明显的异质性。Ponczek and Souza(2012)利用双胞胎的出现对家庭规模的外生冲击,分析了家庭规模对巴西未成年人和年轻人的教育水平的影响。研究发现，家庭规模的增加显著降低了男孩和女孩的教育水平，并且抑制了年轻男性成年人的人力资本积累。此外，文章发现贫困家庭面临的借贷和时间约束可能是造成这一现象的原因。Bagger et al.(2021)引入父母的出生顺序偏好，在一般均衡框架下研究了家庭规模与教育之间的替代关系。研究发现，出生顺序和家庭规模分别给子女的教育水平带来了显著的正向和负向影响。Dang and Rogers(2016)使用与最近的计划生育中心的距离作为衡量家庭规模的工具变量，检验了越南家庭中的人口数量—质量替代关系。研究表明，子女较多的农村家庭确实会对每个孩子进行更少的教育投资。Juhn et al.(2016)使用匹配后的母亲—子女数据，估计了家庭规模的扩大对子女经济的影响。研究发现，家庭中存在明显的数量—质量替代：家庭规模的扩大会降低父母对子女的投资，不利于子女认知能力的形成以及良好行为习惯的培养。Dicbolt et al.(2017)使用三阶段估计方法，发现生育率对教育的影响是一种单向的负作用。Fernihough(2017)使用蒙特卡洛估计方法，检验了爱尔兰的人口数量—质量替代关系。研究结果表明，生育率的降低显著提高了孩子的受教育程度，从而证实了人口变迁对人力资本积累的重要影响。Kugler and Kumar(2017)使用第一个孩子的性别作为衡量家庭规模的工具变量，检验了人口数量—质量替代在印度家庭中的存在性。回归结果表明，家庭的规模越大，子女的受教育程度越低。并且，这种数量—质量的替代关系在农村、贫困以及低种姓的家庭表现得更加明显。

但是，有些文献则发现这种替代关系并不显著，甚至人口数量与质量之间存在互补的关系。Black et al.(2005)使用双胞胎的出生作为工具变量，发现在控制了出生顺序之后，家庭规模对子女教育水平的影响变得不再显著。Conley and Glauber(2006)使用子女的性别组成作为工具变量，研究了兄弟姐妹的数目对男孩就读私立学校的概率以及留级状况的影响。回归结果表明，兄弟姐妹的数目越多，二胎出生的男孩就读私立学校的概率越低、留级的概率越高。但是，这种影响对于头胎出生的男孩并不显著。Momota(2009)通过理论推导发现，平均生育率的下降可能同时伴随着平均入学率的降低。他认为，不同家庭对生育和教育的差异性偏好是上述现象发生的重要原因。Dayiŏglu et al.(2009)使用双胞胎的出生作为子女数目的工具变量，研究了兄弟数目、出生顺序和兄弟的性别构成对土耳其城镇儿童入学率的影响。回归结果表明,兄弟数目对入学率并无显著的影响。Qian(2009)利用中国一孩生育政策放松对家庭规模的外生冲击,分析了家庭规模对第一个孩子入学率的影响。研究发现,对于只有一个孩子的家庭,多生育一个孩子能够使第一个孩子入学的概率增加16个百分点。De(2010)使用双胞胎的出生和前两个孩子的性别构成作为子女数目的工具变量,分析了家庭规模和出生顺序对子女受教育程度的影响。回归结果表明,出生顺序对受教育程度有着显著的负向影响,但家庭规模对受教育程度的影响并不存在;Aslund and Gronqvist(2010)使用双胞胎的出生作为工具变量,分析了家庭规模对子女学习成绩短期和长期结果的影响。研究发现,虽然家庭规模对子女早期的学习成绩有着显著的负向影响,但这一影响长期来看并不明显。Angrist et al.(2006)使用双胞胎的出生以及父母对混合性别型子女的偏好作为家庭规模的工具变量,分析了家庭规模对子女的受教育程度以及收入的影响。研究表明,人口数量与质量之间并不存在显著的替代关系。Kravdal et al.(2013)使用26个非洲国家的数据,发现子女数目的增加会提高年长孩子入学的概率。Fitzsimons and Malde(2014)使用父母对男性后代的偏好作为子女数目的工具变量,分析了墨西哥家庭的规模对女孩受教育程度的影响。研究发现,家庭规模对女孩的受教育程度并无显著的影响。Liu(2014)利用中国的计划生育政策对生育率的外生冲击,分析了子女数量对子女质量的影响。研究发现,兄弟姐妹的数量对男孩的入学率不存在显著的负向影响,但对女孩存在显著的负向影响。

经验证据与理论预测的背离往往是因为现实条件不符合理论假设。例如,Black et al.(2005)基于挪威全国人口数据发现,在考虑子女的出生顺序之后,家庭中子女的数量对其教育水平的影响不再显著,并且子女的出生顺序与其教育水平存在负相关关系。这表明父母对其子女可能不是"一视同仁"的,父母有可能对部分子女投入了更多的时间与资源,或者说某些子女在家庭中受到了偏爱(例如父母可能对长子寄予更高期望或对女孩存在性别歧视)。Park and Chung(2012)通过对孟加拉国MHSS数据的实证研究发现,家庭规模对教育水平的负向影响只在前两个子女中显著,而对于第三个及以后的子女不再显著。这可能是因为当家庭达到一定规模时,预算约束或信贷约束可能不再成为家庭发展的限制因素,多生育的决策恰恰是父母收入或能力提高的结果,从而那些来自大规模家庭的子女在人力资本积累方面未必低于小规模家庭的子女(事实上,这也说明家庭内部生育决策存在内生性)。Qian(2009)利用 CHNS 数据对中国农村地区进行的实证研究同样发现了这一现象。研究表明,家庭中子女数量增加将显著提高长子或长女的入学概率,并且在所有子女的性别相同时这一效应更大。Lordan and Frijters(2013)利用秘鲁数据发现,只有在意外生育的情况下,子女的数量与质量(身高)之间才存在负向关系,而在主动生育的情况下,子女数量与质量的关系变为正向。

国内多数文献支持人口数量和质量之间的替代关系。夏怡然和苏锦红(2016)利用 2005 年 1% 人口抽样调查的微观数据估计了独生子女政策对中国人力资本水平的影响效应。研究发现,独生子女政策显著提高了独生子女的人力资本水平,促使他们获得高中及以上教育程度的概率平均提高了 2.7 个百分点。并且,独生子女政策对人力资本水平的影响效应在城镇与农村和性别间存在显著差异,在城镇的影响效应大于农村,对女性的影响大于男性。刘苓玲和王克(2016)基于 CGSS 数据,发现子女数目的增加会显著降低其受教育的程度。并且,随着子女数目的增加,较之子女数目较多的家庭或农村家庭,子女数目较少的家庭或城镇家庭中子女受教育的程度会受到更大的影响。钟粤俊和董志强(2018)利用多个微观数据集,检验了我国家庭内同胞数量的增加是否会降低个体教育成就,以及这种影响是否因个体性别而存在差异。实证结果同样证实了以下结论:拥有兄弟姐妹会对个体产生教育挤占效应,并且这种效应存在显著的性别差异。

家庭内部生育决策的内生性是相关实证研究所面临的重要挑战。一方面,子女的数量与质量往往同时受到很多不可观测因素的影响,例如,父母的社会地位或对子女特殊的偏好有可能同时影响子女的数量和质量;另一方面,子女的数量与质量之间还可能存在反向因果关系,即子女质量的提高可能导致父母偏好生育更多的子女。为了控制内生性的影响,文献往往采用工具变量方法,而常用工具变量包括“是否生育双胞胎”(Glick et al.,2010;Li et al.,2008;Angrist et al.,2006;Hatton and Martin,2010)或“是否实施人口政策”(Qian,2009;Park and Chung,2012;Cameron et al.,2013),因为这些变量一般外生于家庭生育决策,并且会直接影响家庭规模。然而,由于人口政策只在部分国家得到实施,并且实施力度、时间和范围不同,因此并非所有政策都适合使用工具变量方法,这使得基于人口政策的研究受到限制。用“是否生育双胞胎”作为家庭规模的工具变量也可能存在如下问题:一方面,尽管双胞胎的出生会“意外”增大家庭规模,然而基因等不可观测的因素也可能同时对人口质量和双胞胎生育带来影响,从而削弱工具变量的有效性;另一方面,父母后续生育决策和对子女的态度也可能受到双胞胎意外出生的影响而发生改变,例如,在我国双胞胎家庭无法享受独生子女家庭奖励或优待,并且同时增加多个子女往往会给家庭带来更大的经济压力,这就可能使父母放弃后续的生育计划或对双胞胎子女采取不同的态度。

断点回归设计(Regression Discontinuity Design,RDD)是近年来兴起的计量经济学方法。断点回归设计的基本思想是在制度的外生变化环境中寻找合适的驱动变量,使其能够导致人口数量发生“跳跃”,但不直接影响人口质量,由此便可估算出人口质量的变化在多大程度上是由人口数量的外生变化所引起,即验证了两者的因果关系。相对于传统的工具变量方法而言,断点回归设计的优势是能够充分利用政策冲击所带来的“跳跃”效应,而对变量本身的外生性要求则没有那么苛刻,从而有利于解决家庭生育决策的内生性问题,进而得到对两者因果关系的无偏估计。

本研究是断点回归设计方法在相关实证研究中的一次尝试。我国是一个社会主义人口大国,历史因素和制度特点导致我国的人口控制政策在实施力度上显著大于其他国家,这就为断点回归设计的实现提供了可能性。计划生育政策在全国范围内的实施为研究人口数量与质量的关系提供了较好的自然实验(natural experiment)机会,而2005年全国1%人口的抽样调查数据则满足了断点回归设计对大样本量的需求。基于此,本研究利用我国20世纪80年代开始推行的“一胎化”计划生育政策,对“Q-Q替代”(数量—质量替代)这一理论命题进行断点回归设计实证检验。为了验证RDD实证结果的可靠性,我们同时提供一个双重差分(DID)的回归分析。

本研究的贡献主要集中于以下几个方面:① 本研究尝试使用了断点回归设计等多种计量方法解决家庭内部生育决策的内生性问题,为相关领域的研究提供了一个示范性参考;② 本研究对Becker and Lewis

(1973)和 Willis(1973)提出的人口数量与质量替代的相关前提假设进行了检验,为理解该经典理论提供了更为全面的视角;③ 我们的实证模型基于具有全国代表性的大样本数据,为重新评估我国计划生育政策的实施效果提供了最新的估计结果;④ 实验结果有助于深刻认识我国人力资本的投资与决定机制,为我国当前和未来人口政策的制定提供微观理论基础和政策启示。

本章接下来的安排如下:第二部分简单介绍我国计划生育政策和“一胎化”政策的背景与制度安排;第三部分介绍本章的研究方法和模型设定;第四部分介绍数据选择及样本描述统计;第五部分汇报实证结果,并对结果进行稳健性检验和安慰剂检验;第六部分通过分样本回归对经典理论的前提条件进行系统的验证;第七部分总结全章内容并提出政策建议。

## 二、计划生育与“一胎化”政策

### 1. 我国计划生育政策的发展过程

计划生育是我国的一项基本国策,也是一个长期以来不断发展的政策。该人口管控政策自中华人民共和国成立以来大体经历了七个阶段。表 6-1 是对这七个阶段基本情况的总结。

**表 6-1 中华人民共和国成立以来我国计划生育政策的主要历史沿革**

| 阶段 | 年份 | 内容 | 文件 |
|---|---|---|---|
| 第一阶段 | 1949—1961 | 计划生育概念提出,引发了关注与争论 | 《避孕及人工流产办法》(1953 年 8 月 11 日)、《中共中央对卫生部党组关于节制生育问题的报告的批示》(1955 年 3 月 1 日)、《关于发展国民经济的第二个五年计划的建议》(1956 年 9 月 16 日) |

(续表)

| 阶段 | 年份 | 内容 | 文件 |
| --- | --- | --- | --- |
| 第二阶段 | 1962—1978 | 计划生育政策提出,计划生育机构成立 | 《关于认真提倡计划生育的指示》(1962年12月18日)、《关于第四个五年国民经济计划纲要》(1970年5月20日)、《关于一九七五年国民经济计划的报告》(1974年12月29日)、《关于全国计划生育工作汇报会的报告》(1978年2月24日) |
| 第三阶段 | 1979—1991 | 计划生育成为国策,"一胎"数量抽紧 | 《中华人民共和国宪法》(1978年3月5日,1982年12月4日)、《关于控制我国人口增长问题致全体共产党员共青团员的公开信》(1980年9月25日)、《中共中央、国务院关于进一步做好计划生育工作的指示》(1982年2月9日) |
| 第四阶段 | 1992—2000 | 计划生育体制逐步规范,组织机构更加健全 | 《中国计划生育工作纲要(1995—2000年)》(1995年1月14日)、《关于加强人口与计划生育工作稳定低生育水平的决定》(2000年3月2日) |
| 第五阶段 | 2001—2012 | 低生育水平的稳定,人口问题统筹解决 | 《中华人民共和国人口和计划生育法》(2001年12月29日)、《中共中央国务院关于全面加强人口和计划生育工作统筹解决人口问题的决定》(2006年12月17日) |
| 第六阶段 | 2013—2020 | 计划生育政策放松,"二孩"限制放宽 | 《中共中央关于全面深化改革若干重大问题的决定》(2013年11月15日)、《中共中央关于制定国民经济和社会发展第十三个五年规划的建议》(2015年10月29日)、《中华人民共和国人口与计划生育法修正案(草案)》(2015年12月21日) |
| 第七阶段 | 2021年至今 | 进一步优化生育政策,实施"三孩"生育政策 | 《中共中央 国务院关于优化生育政策促进人口长期均衡发展的决定》(2021年7月20日) |

注:本表中的部分资料转引自杨发祥(2003)和徐剑(2010),阶段划分稍有区别,主要根据"文件"的内容和性质进行划分,有学者也将我国的政治特征总结为"文件政治"(documental politics)。

可以看到,我国的人口控制经历了“先松、再紧、又松”的曲折发展过程。第一、第二阶段是计划生育的预备和起步阶段,第三、第四阶段是计划生育的加强和深化阶段,第五、第六、第七阶段则是计划生育的成熟与放宽阶段。人口控制政策的变化将引起独生子女率在政策转折点附近发生“跳跃”:当政策从“先松”转变为“再紧”时,独生子女率有可能发生向上的“跳跃”;而当政策从“再紧”转变为“又松”时,独生子女率可能发生向下的“跳跃”。变量在政策断点附近发生“跳跃”是使用断点回归设计的基础条件,有效的断点回归设计需要独生子女率在断点处发生“足够”的跳跃;而如果政策实施力度不够大①,那么断点回归设计方法将很难得到显著的估计结果。由于大多数国家的人口政策实施力度有限,其政策引发的变化往往并不显著,这或许也是目前几乎没有文献使用断点回归设计方法进行相关实证研究的原因之一。

### 2. “一胎化”政策使城镇人口的独生子女率发生跳跃

从20世纪70年代末开始,计划生育政策在内容和性质上发生重大转变:从之前的“晚、稀、少”等鼓励性政策全面转向“一胎化”的强制性生育管制(Zhang and Spencer,1992;Li,1995;杨发祥,2003;徐剑,2010;Cameron et al.,2013)。该政策在半数以上的省份(郭志刚等,2003)②通过法规严格规定城镇居民和国家干部、职工除特殊情况外只能生育一胎,而不少夫妇也自发响应政府号召在生育一个子女后便领取“独生子女光荣证”并不再继续生育。该政策的实施采取了“胡萝卜加大棒”的方式:一方面,“独生子女光荣证”为遵从“一胎化”政策的父母及其子女提供诸多福利(如住房分配和子女入学的优先权、现金和医疗补贴等);另一方面,对不服从政策的“超生”父母,收取相当于地方年人均可支配收入的3—10倍的罚金(Banister,1987;Cooney et al.,1991;Li and Cooney,1993)。③

上述“一胎化”政策代表了我国计划生育史上的一次重大制度变革,

① 这将导致只有少部分人成为顺从者(complier),即实施“一胎化”政策后只有少部分人放弃生育多胎而只生育一胎,那么断点前后的独生子女率就不会发生实质性的变化。

② 实行或基本实行“一胎化”的省份大致包括上海、江苏、北京、天津、四川、重庆、辽宁、黑龙江、广东、吉林、山东、江西、湖北、浙江、湖南、安徽、福建和山西等。

③ 1979年年底至1980年年初,各地均陆陆续续开始出现“超生罚款”的相关规定。根据各地经济水平的不同,“超生罚款”也有所差异;然而,对于大多数父母而言,“超生罚款”力度不轻(Ebenstein,2010)

与此前相对缓和并以自愿为主的人口政策不同,它具有强制性和较高的贯彻力度。考虑到该政策在短时间内对城镇①父母生育决策具有较强的冲击性,我们认为该政策推出后我国城镇人口的独生子女率会发生向上的“跳跃”。由于“独生子女光荣证”在 1979 年年底开始大范围发行(根据我国人口和计划生育委员会统计,仅 1979 年全国就颁发了 610 万张“独生子女光荣证”),而“超生罚款”也在 1980 年年初迅速在各省推行(梁中堂,2014),以此政策执行时点为基础,考虑到“怀胎十月”的孕期,我们预测在 1980 年 10 月前后我国新出生人口中可能会出现一个独生子女率的“断点”。尽管各地区实施政策的严格程度和执行政策的时点有区别,但我们相信在预期的“断点”处,政策影响的力度和密度都将达到最大值。为了证实此预测,图 6-1 基于 2005 年全国 1% 人口抽样调查数

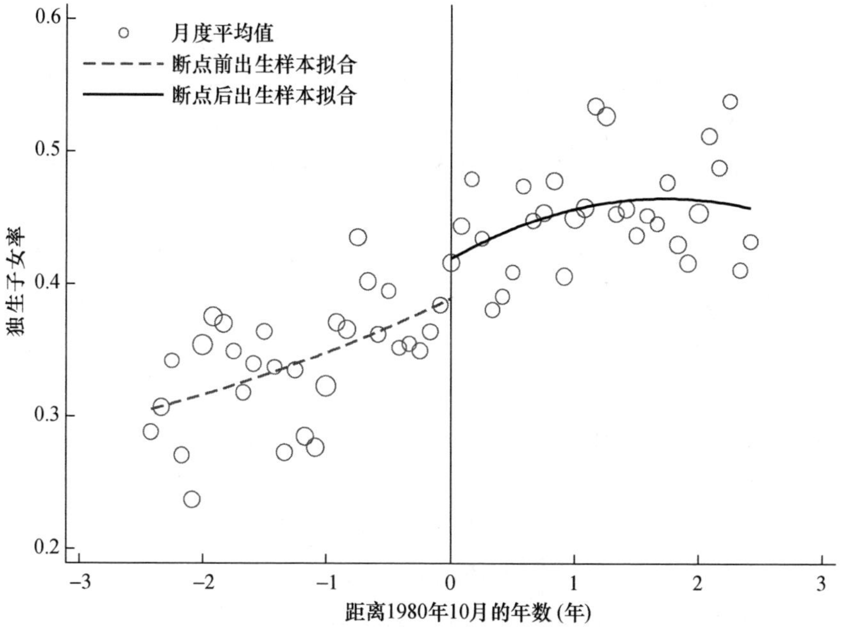


**图 6-1 独生子女率在断点前后的跳跃**

注:图中散点表示每个月的独生子女率,通过计算各月出生的样本中独生子女所占比例而得到;图中的两条曲线分别代表对断点前、断点后两个时期的散点进行非线性回归所得到的拟合线。

---

① 城市地区基本做到了“一胎化”,而农村地区在贯彻该政策时受到较大阻力,农民往往以非正常办法(如隐瞒户口)抵制该政策的执行。

据画出了在 1980 年 10 月前后出生的人口中独生子女率的变化情况。可以发现,独生子女率在该政策"断点"处的跳跃是比较明显的。

## 三、估计方法与实证策略

本研究将利用断点回归设计(RDD)和双重差分设计(DID)等计量方法进行实证检验。下面简要阐述这两种方法在本章中的设定。

### 1. 断点回归设计

断点回归设计的基本思路如下:在外生冲击下有且只有两个变量发生跳跃,从而获得两者之间的因果关系。本研究使用的是模糊型的断点回归设计,因为个体在临界值两边接受处理效应(treatment effect)的概率(即成为独生子女的概率)在 0 到 1 发生变化,这也是诸多相关文献使用的类型(Angrist and Lavy,1999;雷晓燕等,2010;余静文和王春超,2011;Chen et al. ,2013)。

本研究的指派变量(assignment variable)$X$ 为样本个体的出生月份距离断点(定义为 1980 年 10 月)的时间①,结果变量(outcome variable)$Y$ 是样本个体的人力资本水平(用受教育年限衡量),处理变量(treatment variable)$D$ 定义为样本个体是否为独生子女(是则取 $D=1$,否则取 $D=0$)。我们基于(6-1)式对独生子女与非独生子女之间受教育水平的差异(处理效应)进行估计:

$$\tau = \frac{\lim\limits_{x \downarrow c} E[Y|X] - \lim\limits_{x \uparrow c} E[Y|X]}{\lim\limits_{x \downarrow c} E[D|X] - \lim\limits_{x \uparrow c} E[D|X]} \tag{6-1}$$

该 Wald 估计量的分母是处理变量的期望值在断点 $c$ 处发生的"跳跃",分子则是结果变量在断点 $c$ 处发生的"跳跃"。我们选取断点 $c$ 附近(距离 $\pm h$)的样本进行估计,相当于做一个局部试验。可以证明,在异质性假设下,(6-1) 式是对顺从者(complier,指按"一胎化"政策进行生育的

---

① 由于数据的出生时间信息仅仅具体到出生月份,因此本章中"箱体"(bin)的最小单位是一个月。

个体,即在“一胎化”政策实施之前打算生育两个或多个子女,而政策实施后转而只生育一个子女的个体[①])的局部平均处理效应(local average treatment effect,LATE)的估计。对于(6-1)式所涉及的四个期望值,我们可以利用工具变量(IV)的原理,通过参数估计方法(Imbens and Lemieux,2008;Lee and Lemieux,2010)获得。首先,基于断点回归设计中的指派变量构造分组指代变量(记为 $T$,如果指派变量将个体分配到断点右边的处理组,则 $T=1$,否则 $T=0$),然后将 $T$ 作为 $D$ 的工具变量,利用传统的两阶段最小二乘法(2SLS)来估计 $D$ 与 $Y$ 之间的因果关系。该参数估计可以用以下回归等式刻画[②]:

$$Y=\theta+\tau D+f(X-c)+\varepsilon \tag{6-2}$$

$$D=\gamma+\delta T+g(X-c)+u \tag{6-3}$$

(6-2)式和(6-3)式分别为最小二乘法估计中的二阶段和一阶段回归等式。其中,$\delta$ 反映了顺从者的比率;$\theta$ 和 $\gamma$ 是截距项;$f(\cdot)$ 和 $g(\cdot)$ 分别是指派变量对处理变量和结果变量的影响函数,可以采用线性和非线性设定;文献中为了缓解 $X$ 与 $T$ 和 $D$ 之间的多重共线性,一般对 $f(\cdot)$ 和 $g(\cdot)$ 采用二次型设定;$u$ 和 $\varepsilon$ 则是随机误差项。可以证明,当“工具”$T$ 为二值变量时,我们对处理效应 $\tau$ 的估计等价于:

$$\begin{aligned}\tau &= \frac{\sum_{i=1}^{N}(T_i-\bar{T})(Y_i-\bar{Y})}{\sum_{i=1}^{N}(T_i-\bar{T})(X_i-\bar{X})}\\ &= \frac{E[Y\mid c<X\leqslant c+h]-E[Y\mid c-h\leqslant X\leqslant c]}{E[D\mid c<X\leqslant c+h]-E[D\mid c-h\leqslant X\leqslant c]}\end{aligned} \tag{6-4}$$

对比(6-4)式与(6-1)式可知,参数估计只是为我们提供了一个近似估计量(不一定是最优估计量)。因此,更符合直觉的方法是采用非参数方法中的核密度估计法(kernel density estimation),通过单边核回归(one-sided kernel regression)来实现对它们的点估计(point estimate),从而

---

① 顺从者不包括原本就打算生育独生子女或政策推行后仍生育多个子女的个体。本章认为,样本中不存在“一胎化”政策实施前打算生育一个子女而政策实施后却打算生育多个子女的叛逆者(defier),也即样本是满足单调性(monotonicity)假定的;并且顺从者在人群中的比例不低,这就使得结果具有一定的普遍意义。

② 可以证明,在确定型 RDD 中,$\gamma=0$,$\alpha=0$,而 $\delta=1$。

得到 Wald 估计量：

$$\lim_{x\downarrow c}E[Y\mid X]=\frac{\sum_{i:X_i>c}Y_i\times K[(X_i-x)/h]}{\sum_{i:X_i>c}K[(X_i-x)/h]}\tag{6-5}$$

$$\lim_{x\uparrow c}E[Y\mid X]=\frac{\sum_{i:X_i<c}Y_i\times K[(X_i-x)/h]}{\sum_{i:X_i<c}K[(X_i-x)/h]}\tag{6-6}$$

$$\lim_{x\downarrow c}E[D\mid X]=\frac{\sum_{i:X_i>c}D_i\times K[(X_i-x)/h]}{\sum_{i:X_i>c}K[(X_i-x)/h]}\tag{6-7}$$

$$\lim_{x\uparrow c}E[D\mid X]=\frac{\sum_{i:X_i<c}D_i\times K[(X_i-x)/h]}{\sum_{i:X_i<c}K[(X_i-x)/h]}\tag{6-8}$$

(6-5)式至(6-8)式分别从断点两侧对结果变量和处理变量的期望值进行点估计。带宽 $h$ 是依照 Imbens and Kalyanaraman(2012)按最小化均方误差(mean squared error)选择的最优带宽(optimal bandwidth)。$K(\cdot)$为内核函数(kernel function),文献一般认为三角内核(triangle kernel)是对局部线性回归进行边界估计的最优选择(Fan and Gijbels,1996;Lee and Lemieux,2010),因而本研究将使用三角内核进行基准的非参数估计,同时在稳健性检验中选用矩形内核(rectangular kernel)作为参考。

在断点回归设计的框架下,只要其他控制变量(或称为协变量,covariate,记为 $W$)在断点处不发生“跳跃”,我们在获得局部平均处理效应的一致估计值时便无须控制协变量(Lee and Lemieux,2010)。然而,文献中在进行断点回归设计估计时加入协变量主要出于两点考虑:第一,加入协变量可以对断点回归设计结果的稳健性提供检验,即如果协变量满足连续性条件,那么加入协变量将不会显著改变 RDD 的估计结果;第二,加入协变量将有助于减少估计值的抽样变异性(sampling variability),即令断点回归设计估计值更接近“真实”值。我们参照文献传统,将不加入协变量的估计结果作为基准结果，而将加入协变量的估计结果作为稳健性检验。[①]

### 2. 双重差分设计

双重差分设计与断点回归设计的思路稍微不同。我们使用同样的处理变量 $D$ 将样本分为两组——独生子女组与非独生子女组，然后分别考察这两组人群在“一胎化”政策实施前（$T=0$）和实施后（$T=1$）受教育程度变化的趋势，然后比较两组人群教育水平的变化趋势的差距。通过双重差分设计，我们去除了两组人群教育水平的时间趋势，从而得到“一胎化”政策对所有独生子女教育水平的直接（平均）影响——即平均处理效应（average treatment effect，ATE）。

$$Y=\beta_0+\beta_1 D+\beta_2 T+\beta_3(D\times T)+\beta'_4 W+e \tag{6-9}$$

（6-9）式是具体的回归方程，其中，$D\times T$ 表示处理变量与政策实施前后分组变量的交叉项，而 $\beta_4$ 则是控制变量的系数向量。

## 四、数据与描述性统计

### 1. 数据来源及样本选择

本研究所使用的数据来自 2005 年全国 1% 人口抽样调查。该调查是在国务院和地方各级政府的领导与组织协调下进行的，国家统计局负责落实相关调查工作并制订具体计划，调查经费由中央和地方政府共同承担，这使数据的样本量和质量获得了较好的保证。该调查的样本以 2000 年全国人口普查为基础，从中抽取全国 1% 人口作为调查对象，采取分层次（省级、县级、乡级和社区）、按概率比例、整群随机抽样的方法，最终获

① 在非参数估计中控制协变量的办法是：先用结果变量 $Y$ 对协变量 $W$ 进行回归，然后计算预测值 $\hat{Y}$，再用结果变量减去预测值得到新的结果变量 $Y^*=Y-\hat{Y}$。根据 Lee and Lemieux（2010），如果协变量 $W$ 不受处理变量 $D$ 的影响（即 $W$ 在断点处连续），则由协变量 $W$ 引起的 $Y$ 的变化不会影响对 $\tau$ 的一致性估计。然而，如果 $W$ 在断点处发生“跳跃”，那么断点回归设计的估计结果将发生偏误。

取来自全国31个省、自治区和直辖市(港、澳、台地区除外)的1300多万个样本。本章所使用的数据为总体样本量的1/5,即从总样本中随机抽取260多万个观测个体。该调查使用家庭和个人问卷分别收集受访家庭与受访个体的信息,包括家庭构成和住房情况、人口学特征(出生年月、兄弟姐妹个数等)、社会经济状况以及婚姻、教育、就业、收入、迁移流动等情况。

我们首先将样本限定在1980年10月前后5年内出生的汉族人口①,并在主回归中根据郭志刚等(2003)排除当时没有普遍推行"一胎化"政策的地区②;其次,由于政策主要针对城镇居民和国家干部、职工,因此本章进一步将样本限定在城镇地区并根据职业和行业信息排除了农业从业者样本;最后,为了排除干扰,本章还根据户口所在地、5年前常住地等信息将部分流动人口排除在外,我们无法确定这些流动人口的出生地,从而无法确认他们在出生时是否受到"一胎化"政策的影响。本章获得30681个研究样本,其中出生日期距离1980年10月在3年以内的样本有20187个(它们将被用于带宽为3年的基准模型分析,其余样本将参与稳健性检验)。

### 2. 样本描述性统计

表6-2是对带宽为3年的研究样本进行的描述统计,分为总体样本、非独生子女子样本和独生子女子样本。其中,主回归中的结果变量为受访个体的受教育年限③,由问卷所反映的受教育程度信息所得,该变量反

① 这里保留断点前后5年的样本是为了满足稳健性检验的需要。由于在"证伪"检验中断点位置的移动会导致带宽范围的相应变化,因此仅保留断点前后3年的样本会导致证伪检验中所涵盖的数据不足。在主回归中(即以1980年10月为断点),我们将样本限定在断点前后的3年内。

② 根据郭志刚等(2003),这些地区包括河南、广西、甘肃、河北、内蒙古、云南、青海、宁夏、海南、新疆等。由于这些地区大都施行"允许二孩或二孩以上"的生育政策,因此不属于本章所研究的范围。在后文的安慰剂检验中,我们将使用这部分被剔除的样本进行"证伪"检验。

③ 这里实际上是指"连续"受正规学校教育的年限,根据最高学历对应年数计算(在读生视为完成学业)。对于肄业、辍学的样本,我们在计算受教育年限时减去其最高学历阶段对应年限的一半(如大学本科辍学,教育年限算为14年)。值得注意的是,我们考量一个变量的连续性并不是看变量的取值是否连续,而是看这个变量随指派变量的变化在每个"箱体"所对应的平均水平上是否连续。

映了个体的人力资本水平。可以看到,非独生子女样本的平均受教育年限较低(均值为11.96年,在统计意义上显著低于独生子女样本的均值,即13.76年)。由于我们选取的样本较为年轻(22—28岁),1980年10月以前出生的人可能会选择工作一段时间再重返学校而导致其连续受教育时间被低估[①],为了消除“时间趋势”及可能的“季节性”影响,我们通过线性回归去掉了由年龄和出生季节所导致的受教育年限的变化和波动,并将调整后的变量称为“补偿受教育年限”(compensated years of education),从而更好地保证了断点前后样本的可比性。调整以后,总体样本及子样本的受教育年限在均值意义上均没有发生明显的变化。值得注意的是,“时间趋势”不会对断点处的“跳跃”产生影响,但是“季节性”可能对“跳跃”产生影响(Buckles and Hungerman, 2013; Angrist and Krueger, 1991),因此,相比未去除与季节性相关的潜在干扰因素的受教育年限,“补偿受教育年限”更能体现“一胎化”的政策冲击。相应地,在主回归中,我们仍然使用原始的受教育年限作为结果变量,但在加入控制变量的

**表 6-2　主要变量的样本描述统计**

| 变量 | 定义 | 全样本 | 非独生子女 | 独生子女 |
|---|---|---|---|---|
| eduyear | 受教育年限<br>(年) | 12.66<br>(2.889) | 11.96<br>(2.894) | 13.76*<br>(2.517) |
| yhat | 补偿受教育年限<br>(年) | 12.68<br>(2.883) | 11.97<br>(2.873) | 13.81*<br>(2.515) |
| nosibs | 是否为独生子女<br>(是=1,否=0) | 0.387<br>(0.487) | 0.000<br>(0.000) | 1.000*<br>(0.000) |
| healthy | 是否健康<br>(是=1,否=0) | 0.997<br>(0.057) | 0.996<br>(0.060) | 0.997<br>(0.051) |
| married | 是否有配偶<br>(是=1,否=0) | 0.384<br>(0.486) | 0.435<br>(0.496) | 0.302*<br>(0.459) |
| male | 是否为男性<br>(是=1,否=0) | 0.504<br>(0.500) | 0.503<br>(0.500) | 0.506<br>(0.500) |
| *N* | 样本量 | 20 187 | 12 375 | 7 812 |

注:(1) * 表示独生与非独生子女样本的均值在5%的置信水平上有显著的区别;(2) 括号内为标准差。

① 由于2010年全国人口普查数据和2015年全国人口抽样调查数据都没有反映受访者“是否为独生子女”的信息,并且在微观层面上无法与2005年的数据进行合并,因此无法用于本章的研究。

稳健性检验中,我们将引入年份和各个季节的指示变量,以对时间趋势和季节波动进行控制。图 6-2 中我们以 1 个月为箱体(bin),描绘了在断点前后出生的样本“补偿受教育年限”的变化趋势。我们发现,在断点(1980 年 10 月)附近,“补偿受教育年限”向上发生了较大的“跳跃”。[①]

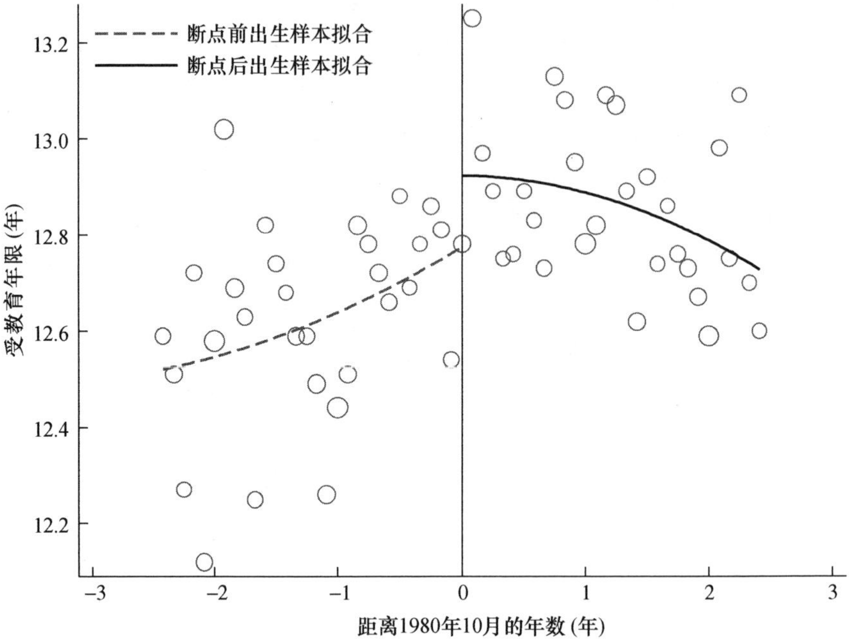


**图 6-2　样本“补偿受教育年限”在断点前后的变化**

注:图中散点表示根据每个月出生的样本估计的平均“补偿受教育年限”,即去掉了时间和季节因素后的受教育年限;图中的三条线分别为对断点前后两个时期的散点和对总样本时期所有散点进行非线性回归所得到的拟合线。

为了检验断点回归设计的稳健性,我们还选取省份、性别、是否有配偶和健康评分等变量作为协变量(covariate),因为这些变量可能会对个体的人力资本水平产生直接影响。[②] 其中,省份变量根据《中华人民共和国行政区划代码》(GB/T 2260)构造,是否有配偶直接来自调查问卷的婚

① 我们也对独生子女率进行了“补偿”,即去掉“是否为独生子女”这个变量的时间趋势和季节波动,并绘制了相应的断点图。结果显示,“补偿独生子女率”同样有明显的“跳跃”。

② 我们认为,是否有配偶会对个体的“连续”受教育年限产生影响,因为本研究所选取的样本较为年轻,而相应年龄段的连续学业往往可能因婚姻而暂时中断。

姻状况信息,而健康评分则是按照雷晓燕等(2010)的方法构造的二值虚拟变量(1 表示健康,0 表示不健康)。在本研究所使用的数据中,非独生子女样本(对照组)与独生子女样本(处理组)在健康水平和男性比例上均无较大差异。尽管“教育—健康”交互作用(education-health gradient)已经被大量经济学文献证实(Smith,2004),但本研究并未发现健康状况在两个人群中有明显的区别,说明样本个体健康状况的区别无法解释受教育年限的区别,这也为断点回归设计估计结果的稳健性提供了间接支持。数据中独生子女样本中的男性比例略高,这在一定程度上反映了计划生育导致家庭的“性别选择”(Zeng et al.,1993;Das,2005;Ebenstein,2010;Li et al.,2011),但由于本研究所选取的样本是在“一胎化”政策前后较短时间(3 年)内出生的,这一问题在短期内并不明显。事实上,我们发现“一胎化”政策后出生的样本中男性比例更低(这与国家统计局公开发布的分年龄段性别比例的宏观数据一致),因此男性比例增加对估计结果的影响较小。然而,对于是否有配偶的情况,两组有较大的差异,独生子女样本的配偶比例显著更低(对照组与实验组有配偶的比例均值分别为 43.5% 和 30.2%),为了减少婚姻状况的潜在干扰,本章将使用“熵平衡”(entropy balancing)①的办法计算权重,对主回归估计结果进行加权调整,以验证估计结果的稳健性。接下来,我们将使用断点回归设计方法估计个体人力资本水平与其是否为独生子女之间的关系,并对估计结果进行多重稳健性检验。

## 五、估计结果与稳健性讨论

### 1.“一胎化”政策显著提升了子女的受教育程度

前文通过图示展现了独生子女率和受教育年限在断点前后发生跳跃的情况,本节将通过断点回归设计方法更为严格地估计这一跳跃在多大程度上反映了两者之间的因果关系。根据 Lee and Lemieux(2010),标准

① “熵平衡”区别于“倾向得分匹配”方法,一方面是直接匹配自变量的均值(一阶矩)甚至更高阶矩,另一方面是通过加权的方式实现匹配,而不通过样本选择来实现匹配,具体可参见 Hainmueller(2012)。

的断点回归设计估计不需要加入协变量,即可根据(6-1)式与(6-5)式至(6-8)式得到一致的局部平均处理效应的估计值,相关结果如表6-3第(1)列所示;为了控制其他因素对人力资本积累的影响并检验基准断点回归设计结果的稳健性,我们在表6-3第(2)列中提供加入协变量的断点回归设计估计结果,这些协变量包括年份、季节、省份、性别、健康及婚姻状况等;另外,为了检验不同内核函数对非参数估计的影响,我们在表6-3第(3)列中给出了使用矩形内核进行非参数估计得到的断点回归设计估计结果;表6-3第(4)列展示经过"熵平衡"加权调整后的结果,即在回归中设置了使得处理组与对照组有配偶的比例的均值相等的权重。①

**表6-3 "一胎化"政策对子女教育水平影响的断点回归设计估计结果**

| 估计量及设定 | (1) | (2) | (3) | (4) |
|---|---|---|---|---|
| 受教育年限的变化 | 0.287*** | 0.295** | 0.383*** | 0.251** |
| | (0.099) | (0.120) | (0.101) | (0.115) |
| 独生子女概率的变化 | 0.049*** | 0.055*** | 0.0648*** | 0.045** |
| | (0.017) | (0.020) | (0.0174) | (0.021) |
| 加权局部平均处理效应 | 5.888** | 5.335** | 5.922*** | 5.551* |
| | (2.396) | (2.560) | (1.849) | (3.031) |
| 是否加入协变量 | 否 | 是 | 否 | 否 |
| 是否"熵平衡"加权 | 否 | 否 | 否 | 是 |
| 内核选择 | 三角内核 | 三角内核 | 矩形内核 | 三角内核 |
| 临界值 | 1980年10月 | 1980年10月 | 1980年10月 | 1980年10月 |
| 最优带宽 | 2.4年 | 2.3年 | 1.9年 | 1.9年 |
| 样本量 | 30681 | 30681 | 30681 | 30681 |

注:(1) ***、**和*分别代表在1%、5%和10%的置信水平上显著;(2)括号内的标准误差(standard error)是用bootstrap方法计算得到的;(3)加权局部平均处理效应(即局部Wald估计)根据非参数方法基于不同内核获得;(4)最优带宽的选择依据Imbens and Kalyanaraman(2012)的方法;(5)第(4)列估计进行了加权,而权重是利用处理组与对照组在是否有配偶这个变量上的"熵平衡"计算出来的。

可以看到,表6-3第(2)—(4)列与表6-3第(1)列的估计结果没有显著区别。"一胎化"政策的推出使样本成为独生子女的概率在短时间内迅速地提高,提高幅度为5%左右(相当于Wald估计量的分母);而出生在该断点两侧的样本在2005年时所具有的教育水平(以未经调整的受教

① 我们同时还做了带宽分别为1年、2年和3年的回归。各个带宽的结果均为显著且差距较小,说明断点回归设计估计是稳健的。受篇幅限制,这些结果未能详细提供,感兴趣的读者可向作者索取。

育年限衡量)同时显示了向上的跳跃,其提高幅度为0.3年左右(即Wald估计量的分子)。根据局部Wald估计方法,我们可以得到“成为独生子女”对受教育年限的影响,即在顺从者中“一胎化”政策对个体人力资本水平的局部平均处理效应,它可以被解释为人口数量与质量的因果关系(而非简单的相关关系)。

从表6-3可以看到,对于“一胎化”政策的顺从者而言,成为独生子女将使其受教育年限提高5.5年左右。由此可见,家庭子女数量的减少能够带来子女人力资本水平的提高,这与经典理论数量—质量替代的预测一致。根据Becker and Lewis(1973)的理论,在不进行人口控制的情况下,家庭受预算约束等条件的限制,通过最大化目标效用函数可得到最优的子女生育数量。对于顺从者家庭,最优的子女生育数量应该大于1,然而受“一胎化”政策影响,这些家庭只能生育一胎,这就使原来效用函数最大化问题中的“内点解”变为“角点解”,并同时改变了家庭其他决策达到最优的条件。根据边际替代率递减规律,在资源有限的情况下,子女数量的减少使家庭对子女人力资本的最优投资水平相应提高,从而有利于每个子女个体人力资本的上升。当然,我们在理解这个结果时应该注意以下几点:① 该结果是基于特定的人群、历史环境和经济条件得到的,说明中国在20世纪末、21世纪初特定的发展状况下,的确存在数量—质量替代,至于具体是什么条件引起了这种替代,在中国当前经济发展水平和人口环境下是否还存在这种替代,还需要进一步探讨(后文将有所涉及)。② 这里识别的是“一胎化”政策对于顺从者这一特定人群的影响,而不是对全体人口的影响。正如前文所述,顺从者群体指的是“一胎化”政策实施之前本打算生育两个或两个以上子女,但该政策实施后转而只生育一个子女的家庭;断点回归设计所估计的局部平均处理效应反映的是该群体中生育决策的被动变化所导致的子女平均人力资本的变化率。尽管该结果仅代表“局部影响”而非“全局影响”,但它是在局部受控条件下基于“断点跳跃”思想所得到的因果关系的估计,具有较好的准确性和可信度。可以预计,如果将该“局部影响”推广到全体人群,那么由于“叛逆者”的存在(例如政策前后均打算生育一个子女的家庭、未受政策影响的“超生”家庭等),该政策效果的估计值将有所下降。③ 我们还需要注意以上局部平均处理效应估计值反映的是“多孩”(两个或两个以上子女)到“一孩”这一生育决策变化所带来的“累积影响”(cumulative effect),而并非子女数量降低一单位的“边际影响”(marginal effect),即它代表“一胎化”政策对于顺从者群体的总效应;可以预计,降低一个子女所对应的平均边际影响将低于此局部平均处理效应估计值。

**2. 稳健性检验**

在上一节中,我们已经检验了断点回归设计估计结果在加入协变量、选择矩形内核与进行“熵平衡”加权这三种情况下的稳健性。接下来,我们还需进行以下几项“例行检查”:

第一,为了检验断点回归设计的有效性,我们需要对个体能否精确操控指派进行检验(与工具变量方法不同,断点回归设计对处理变量本身的外生性要求并不苛刻,只需假定样本个体无法精确操控指派变量)。具体而言,我们只要求造成断点的政策冲击是不可被“精确预期”的即可。我们承认,一部分有条件的家庭可能通过“内部信息”事先了解到政策,但考虑当时的历史背景,我们认为对于研究样本整体而言,“一胎化”政策仍然是不可被“精确预期”的。[①] 为了考察是否存在对“一胎化”政策的“精确预期”,进而导致样本个体精确操控子女出生时间,我们按照文献中一般的做法,考察指派变量密度分布的连续性(McCrary,2008;Imbens and Lemieux,2008)。若密度分布不连续,则可能存在对指派的精确操控,否则可认为没有精确操控。按照 McCrary(2008)和 Lee and Lemieux(2010)的方法,图 6-3 给出了指派变量(样本个体出生日期距离断点的时间)的密度分布图。可以看到,无论是密度函数曲线还是其置信区间,在断点处都几乎重合,即没有显著的跳跃。按照 McCrary(2008)的计算方法,我们发现断点前后的密度差异仅仅为 0.012(标准误差为 0.042),这说明样本个体出生时间(月度数据)的分布是连续和平滑的,即个体没有对指派变量进行精确操控。

---

① 即使有条件的家庭因为预期到了“一胎化”政策而提前生育了二胎,但他们的子女的受教育程度更高,因此虽然断点前独生子女数量被低估(导致 RDD 被高估),但断点后非独生子女的受教育程度被高估了(导致断点回归设计低估),两者作用方向相反,可以在一定程度上相互抵消各自对断点回归设计估计结果的影响。

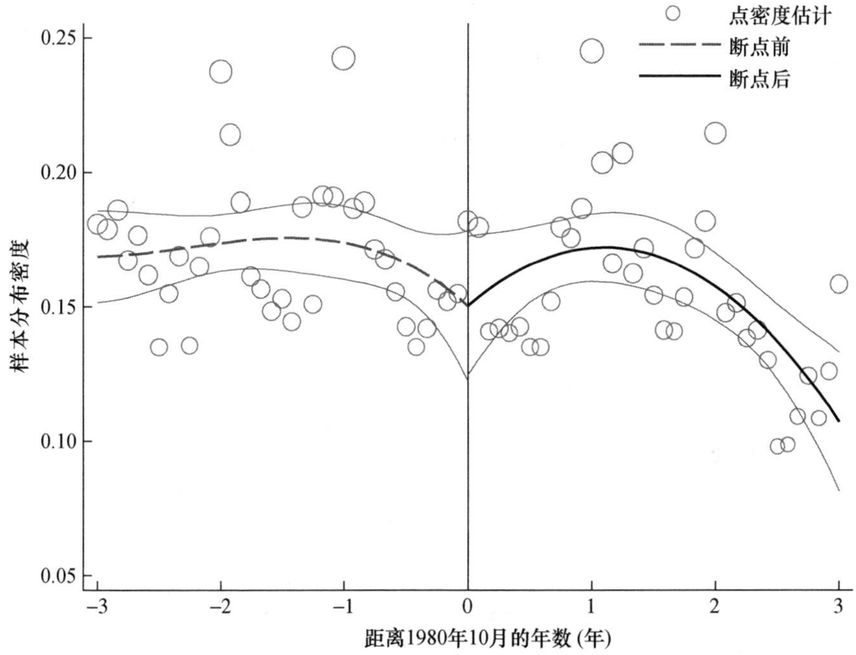


**图 6-3　研究样本出生月的密度分布在断点前后的变化**

注:本图基于 McCrary(2008)建议程序 DCdensity 绘制,断点前后拟合曲线上下为 95% 置信区间。

第二,我们需要检验其他控制变量(包括性别、是否有配偶、健康二值虚拟变量和省份分组虚拟变量)在断点处的密度分布连续性。如果这些控制变量在断点处也发生“跳跃”,那么处理变量的“跳跃”就无法完全解释结果变量的“跳跃”,从而因果推断也就失去效力。为此,我们利用 RDD 中局部线性回归(local linear regression)的思想,将原来的结果变量替换为这些控制变量,并得到表 6-4 中这些协变量在断点前后的变化值。可以看到,这些变量在断点前后均没有发生显著的变化。

第三,我们将检验断点回归设计结果在其他假想临界值点处是否显著(即证伪检验)。如果估计结果在其他临界值处也显著,那么很可能原始断点回归设计的结果并非由处理变量的“跳跃”所导致。为此,我们在原断点(1980 年 10 月)前后 1 年内随机选取了其他几个假想时间断点进行回归,表 6-5 给出了这些假想断点的断点回归设计估计结果。可以看到,对于这些时点,局部平均处理效应估计值均不显著,这说明表 6-3 中断点回归设计估计结果的显著性并不是由大样本量造成的,从而进一步验证了上一节中主要结论的稳健性和有效性。

**表 6-4　对主要控制变量的连续性检验(基于断点回归设计回归)**

| 主要控制变量 | 最优带宽 | 带宽 1 年 | 带宽 2 年 | 带宽 3 年 |
|---|---|---|---|---|
| male | -0.031<br>(0.023) | -0.028<br>(0.027) | -0.019<br>(0.020) | -0.000<br>(0.016) |
| married | 0.039<br>(0.023) | 0.043<br>(0.026) | 0.022<br>(0.019) | 0.001<br>(0.015) |
| healthy | 0.002<br>(0.003) | -0.000<br>(0.003) | -0.001<br>(0.002) | -0.001<br>(0.002) |
| 省份分组变量 | 均不显著 | | | |

注:(1) 本表的估计均不控制协变量,是将断点回归设计的结果变量分别替换为协变量后,在最优带宽下得到的估计结果;(2) 显著性标识、标准误差的计算、内核的选择、最优带宽的选择均与表 6-3 第(1)列相同。

**表 6-5　基于其他假想断点的断点回归设计估计结果**

| 估计量 | 时间 | | | |
|---|---|---|---|---|
| | 1979 年 10 月 | 1980 年 4 月 | 1981 年 4 月 | 1981 年 10 月 |
| 受教育年限的变化 | 0.089<br>(0.092) | 0.086<br>(0.103) | -0.030<br>(0.132) | -0.022<br>(0.113) |
| 独生子女概率的变化 | 0.028*<br>(0.015) | 0.008<br>(0.017) | 0.036<br>(0.0229) | 0.009<br>(0.020) |
| 加权 LATE | 3.136<br>(3.223) | 10.66<br>(22.78) | -0.820<br>(3.865) | -2.492<br>(15.51) |
| 样本量 | 30 681 | 30 681 | 30 681 | 30 681 |

注:(1) 假想断点的选择是随机的,我们选取了 1980 年 10 月之前的 6 个月、12 个月和之后的 6 个月、12 个月作为假想的断点;(2) 显著性标识、标准误差的计算、加权局部平均处理效应的计算(内核的选择)、最优带宽的选择、协变量的选择(不加入协变量)均与表 6-3 第(1)列相同。

另一个值得讨论的问题是,母亲在生下一胎之后往往需要 18—24 个月的生理恢复期,而如果“一胎化”政策恰好在此恢复期内推出,则该断点之前的样本独生子女率也可能受到政策的影响。在这里我们有必要做出相应的解释:一方面,正如表 6-5 所示,我们在断点之前的各期并未发现样本独生子女概率发生明显的“跳跃”现象,说明这样的样本即使存在也只占少数；另一方面，断点回归设计方法所估计的是“一胎化”政策在顺从者之中的影响，而顺从者必须是在没有“一胎化”政策的情况下在断点处能够“自由”进行生育决策的父母，因而那些由于生理或其他原因而无法在断点处生育的父母样本并非断点回归设计结果所适用的对象，其存在并不会影响局部平均处理效应的估计结果。

第四，本研究使用文献中传统的最小二乘法来实现断点回归设计，从而考察这种基于参数估计的结果与上文中的非参数估计结果是否有显著不同。根据(6-2)式和(6-3)式，以样本个体是否出生在1980年10月之后($T$)为工具变量，得到最小二乘法估计值如表6-6所示[表6-6的第一行和第二行估计结果分别与表6-3第(1)、(2)列的第三行估计结果对应，分别表示在不控制和控制协变量的情况下，独生子女率对教育年限的局部平均影响]。可以看出，与表6-3第(1)、(2)列相比，使用最小二乘法进行参数估计得到的局部平均处理效应结果区别不大，并且基本都具有统计显著性。这从另一方面再次证明了主要结果的稳健性。

**表6-6　关于“一胎化”政策影响的断点回归设计估计结果**
**(工具变量/最小二乘法估计)**

| 是否加入协变量 | 带宽2.4年 | 带宽1年 | 带宽2年 | 带宽3年 |
|---|---|---|---|---|
| 否 | 4.729*** | 5.540* | 5.685*** | 4.338*** |
| | (1.777) | (3.058) | (1.662) | (1.008) |
| 是 | 6.034* | 4.379* | 7.016** | 5.965* |
| | (3.239) | (2.452) | (3.476) | (3.170) |
| 样本量 | 16 276 | 7 040 | 14 189 | 20 174 |

注：(1) ***、** 和 * 分别代表在1%、5%和10%的置信水平上显著；(2) 括号内为稳健标准误差(robust standard error)；(3) 表中的估计结果即为(5-2)式中处理变量$D$之前的系数(二阶段回归的主要系数估计值)；(4) 第(1)列对应的带宽(2.4年)为依据Imbens and Kalyanaraman(2012)的方法选取的最优带宽[与表6-3第(1)列一致]。

### 3. 双重差分的思路

另一个可能的估计策略则是通过双重差分方法来估计“一胎化”政策对于所有独生子女的受教育年限的影响(而不仅仅局限于“顺从者”)。表6-7提供基于(6-9)式的回归结果：与表6-6类似，我们同样提供加入协变量与不加入协变量的结果;不同的是,这里估计的是交叉项前的系数,该系数表示的是“一胎化”政策使得独生子女相比非独生子女在平均意义上多增加的受教育年限——该系数不是局部平均处理效应,而是平均处理效应,即将断点回归设计中对于顺从者的局部效应平均到了所有的独生子女。可以看到,正如上一节所预测的,若将“局部影响”推广到全体人群,该政策效果的估计值大幅下降了,但方向不改变,即“一胎化”政策确实提高了子女的受教育程度。

**表 6-7 关于“一胎化”政策影响的双重差分估计结果**

| 是否加入协变量 | 带宽 2.4 年 | 带宽 2 年 | 带宽 3 年 | 带宽 5 年 |
|---|---|---|---|---|
| 否 | 0.411*** | 0.327*** | 0.449*** | 0.616*** |
| | (0.086) | (0.092) | (0.078) | (0.065) |
| 是 | 0.267*** | 0.189** | 0.320*** | 0.504*** |
| | (0.082) | (0.088) | (0.074) | (0.063) |
| 样本量 | 16 276 | 14 189 | 20 174 | 30 681 |

注:(1) ***、** 和 * 分别代表在 1%、5% 和 10% 的置信水平上显著;(2) 括号内为稳健标准误差(robust standard error);(3) 表中的估计结果即为(6-9)式中交叉项 $D \times T$ 之前的系数;(4) 第(1)列对应的带宽(2.4 年)为依据 Imbens and Kalyanaraman (2012)的方法选取的最优带宽[与表 6-3 第(1)列一致]。

### 4. “安慰剂”检验

通过以上稳健性检验,我们可以检验断点回归设计回归结果的有效性。然而,我们无法排除这一显著结果掺杂了其他政策的影响,或者说样本受教育年限的“跳跃”是否主要来自“一胎化”政策。一个潜在的干扰因素是我国在 1999 年施行的“高校扩招”政策。根据邢春冰和李实(2011),该政策显著提高了 1980 年之后出生的人群进入大学的概率,进而有可能导致断点后样本教育水平的提高。为了证明我们的结果并不主要由“高校扩招”政策所致,我们需要进行一组“安慰剂”(placebo)检验。该检验的基本思路如下:考察那些直接受“高校扩招”政策影响但不受“一胎化”政策影响的样本,看其受教育水平在断点前后是否发生“跳跃”,如果不发生“跳跃”,则可间接说明“高校扩招”等其他政策并不是导致样本教育水平变化的主要原因。

首先,我们选用研究样本所在省份的少数民族受访者进行如同表6-3第(1)列的回归。选择该样本是因为他们与主回归样本所在的省份相同,受到其他政策影响的情况应该基本一致,只是他们不会受到“一胎化”政策的直接影响(“一胎化”政策不适用于少数民族人口,但“高校扩招”则是适用于所有适龄人口的普惠性政策)。因而,他们受教育水平的“跳跃”情况能够反映其他政策因素的影响。从表6-8可以看出,该样本的独生子女率或受教育水平在断点前后没有显著“跳跃”,从而否定了“高校扩招”等其他政策导致我们主要结果的推测。

**表6-8　关于“非一胎化”政策影响的安慰剂检验之一**

| 估计量及设定 | 带宽2.3年 | 带宽1年 | 带宽2年 | 带宽3年 |
|---|---|---|---|---|
| 受教育年限的变化 | 0.014 | 0.030 | 0.009 | -0.044 |
| | (0.208) | (0.324) | (0.227) | (0.183) |
| 独生子女概率的变化 | -0.008 | -0.023 | -0.013 | -0.007 |
| | (0.023) | (0.035) | (0.025) | (0.020) |
| 加权局部平均 | -1.590 | -1.319 | -0.678 | 6.095 |
| 处理效应 | (25.98) | (14.63) | (18.31) | (26.37) |
| 是否加入协变量 | 否 | 否 | 否 | 否 |
| 临界值 | 1980年10月 | 1980年10月 | 1980年10月 | 1980年10月 |
| 样本量 | 10 035 | 2 306 | 4 609 | 6 717 |

注:(1)这里选取了研究样本所在省份的少数民族受访者进行了与表6-3第(1)列相同的回归;(2)***、** 和 * 分别代表在1%、5%和10%的置信水平上显著;(3)括号内的标准误差(standard error)是用bootstrap方法计算得到的;(4)加权局部平均处理效应(即局部Wald估计)根据非参数方法基于三角内核(triangle kernel)获得;(5)第(1)列为根据Imbens and Kalyanaraman(2012)的方法选取最优带宽后得到的估计结果。

其次,我们选取在主回归中剔除的省份地区的汉族样本进行与表6-3第(1)列相同的估计(这些地区在当时大多推行的是“允许二孩或二孩以上”的生育政策)。尽管这部分样本与主回归样本所在省份不同,不受“一胎化”政策的直接影响,但他们应该同样受到“高校扩招”这一全国性教育改革政策的影响。同时,考虑到我国的教育政策往往对少数民族群体有特殊优惠,因此使用这部分地区的汉族样本来进行“安慰剂”检验可能更具说服力。基于表6-9的估计结果,我们同样没有发现独生子女率或受教育水平有任何“跳跃”现象。这再次表明,我们的断点回归设计结果主要是由"一胎化"政策而非"高校扩招"等其他政策所引起的。综合以上两组"安慰剂"检验结果,我们认为,虽然"高校扩招"政策会对我们的主要回归带来一定程度的干扰,但它并不是导致样本受教育年限"跳跃"的主要原因。①

**表 6-9 关于"非一胎化"政策影响的安慰剂检验之二**

| 估计量及设定 | 带宽 2.4 年 | 带宽 1 年 | 带宽 2 年 | 带宽 3 年 |
|---|---|---|---|---|
| 受教育年限的变化 | 0.033<br>(0.066) | 0.061<br>(0.102) | 0.022<br>(0.073) | 0.020<br>(0.060) |
| 独生子女概率的变化 | 0.008<br>(0.008) | 0.013<br>(0.012) | 0.008<br>(0.009) | 0.008<br>(0.007) |
| 加权 LATE | 4.434<br>(9.066) | 4.849<br>(8.464) | 2.760<br>(8.914) | 2.624<br>(7.697) |
| 是否加入协变量 | 否 | 否 | 否 | 否 |
| 临界值 | 1980 年 10 月 | 1980 年 10 月 | 1980 年 10 月 | 1980 年 10 月 |
| 样本量 | 61 417 | 13 070 | 26 175 | 37 996 |

注:(1) 这里选取了研究样本之外省份的汉族受访者进行了与表 3 第(1)列相同的回归;(2) ***、** 和 * 分别代表在 1%、5% 和 10% 的置信水平上显著;(3) 括号内的标准误差(standard error)是用 bootstrap 方法计算得到的;(4) 加权 LATE(即局部 Wald 估计)根据非参数方法基于三角内核(triangle kernel)获得;(5) 第(1)列为根据 Imbens and Kalyanaraman(2012)的方法选取最优带宽后得到的估计结果。

## 六、影响机制分析:分样本回归

在上文中,我们发现了顺从者家庭中人口数量与质量的负向因果关系,为了更好地理解这一结果的作用渠道和特定历史条件,以及数量—质量替代成立的前提条件,接下来我们将进一步考察这一关系在不同子样本中的具体情况,以试图对影响机制给出一些解释。

### 1. "重男轻女"现象使得人口数量—质量的替代关系被削弱

首先,我们排除既有男孩又有女孩的家庭,将样本限定在所有子女的

① 事实上,我们利用 2000 年全国人口普查数据考察了各个年龄段在 1999 年高校扩招后的在校生分布情况,发现在断点前后一年出生的样本中,受"高校扩招"直接影响的高中、中专在校生比例相当。

性别都相同的家庭(称为“纯性别子女家庭”)。表 6-10 显示,“纯性别”子样本的断点回归设计估计结果更加显著,其统计显著水平从 5% 上升为 1%;进一步考察“纯性别子女家庭”中的“男孩”子样本和“女孩”子样本可以看到,人口数量与质量的替代关系只在家庭生育的子女全为男孩的情况下显著;而如果子女全为女孩,断点回归设计估计结果则不显著。

**表 6-10　基于子女性别的分样本断点回归设计估计结果**

| 估计量 | 纯性别子女家庭 | 男孩家庭 | 女孩家庭 |
|---|---|---|---|
| 受教育年限的变化 | 0.393*** | 0.561*** | 0.204 |
| | (0.114) | (0.172) | (0.156) |
| 独生子女概率的变化 | 0.071*** | 0.059** | 0.082*** |
| | (0.020) | (0.029) | (0.030) |
| 加权局部平均处理效应 | 5.500*** | 9.548** | 2.504 |
| | (1.910) | (4.863) | (1.921) |
| 样本量 | 16 535 | 8 750 | 7 785 |

注:(1)“男孩家庭”指家庭中只有男孩的情况,“女孩家庭”指家庭中只有女孩的情况,“纯性别子女家庭”指家庭中所有子女性别都相同的情况(包括独生子女家庭);(2)临界值为 1980 年 10 月,带宽为根据 Imbens and Kalyanaraman(2012)方法选取的最优带宽;(3)显著性标识、标准误差的计算、加权局部平均处理效应的计算(内核的选择)、协变量的选择(不加入协变量)均与表 6-3 第(1)列相同。

一个有趣的现象是,相比“男孩家庭”,“女孩家庭”的独生子女率“跳跃”更大,并且更为显著,这可能说明“一胎化”政策实施前,更多的家庭在第一胎是女孩时会打算生育第二胎,而第一胎是男孩的家庭则更少打算继续生育,这从侧面反映了“重男轻女”的现象(当然这也与计划生育的政策有关)。另外,有研究指出“一胎化”政策实际上加重了家庭对男孩的“性别选择”(Zeng et al.,1993;Das,2005;Ebenstein,2010;Li et al.,2011),即“一胎化”政策后男孩的比例应该上升。然而,我们的样本主要是在“一胎化”政策刚推行前后三年内出生的,通过“性别选择”使男孩数量增加的现象还不明显,并且实际上数据显示这一时间段出生的男孩比女孩要少。因此,“性别选择”不太可能通过造成样本男孩比例偏高而使断点回归设计结果被高估。我们的结果表明,“重男轻女”主要体现在对男孩的重视程度上,即不是通过多生男孩而是通过增加对男孩的人力资本投资来体现对男孩的重视。

“重男轻女”的观念造成部分家庭对男孩给予更多的投入，这就有悖于 Becker and Lewis（1973）等提出的“家庭对子女一视同仁”的假设，这对于我们识别数量—质量替代关系是不利的。例如，假设一个家庭中有多个女孩和一个男孩，如果此家庭中父母对子女的人力资本投资（如教育开销）主要集中于此男孩，那么他的人力资本水平可能并不低于来自“独子”家庭（即只有一个孩子且为男孩的家庭）的儿子，从而削弱了数量—质量的负向因果关系。表 6-10 显示，当我们排除这一可能性而只考虑“纯性别子女家庭”时，局部平均处理效应的估计值更显著，说明重男轻女现象对这一关系的识别确实造成了一定的干扰。换言之，“重男轻女”现象的存在有可能导致计划生育政策对人力资本水平的正向影响被削弱。①

### 2. 人口数量—质量替代与地区收入和信贷市场发达程度的关系

接下来，我们再考察人口数量与质量的替代在收入和信贷水平不同的地域上的异质性。本章首先将研究样本所覆盖的地区按人均收入水平划分为“高收入地区”和“低收入地区”两组。② 从表 6-11 可以看到，高收入地区的断点回归设计估计结果不具有统计显著性，并且其局部平均处理效应估计值的大小远远低于落后省份，这说明数量—质量替代关系在高收入地区的样本中并不明显。

根据 Becker and Lewis（1973）等经典理论，人口数量与质量的负向关系还需要在家庭预算约束的假定下才能推出。对于高收入家庭（以高收入地区子样本为代表），其预算约束的限制较为宽松，即家庭能够承担更多对子女教育的投资，这就降低了人力资本投资与其他家庭决策之间的边际替代斜率，从而使人口数量与质量的负向关系变得不再显著。表 6-11 的结果说明，地区人均收入水平（或家庭收入）可能是重要作用渠道，而随着我国今后经济水平的不断提高，家庭对子女的投资能力将得到

---

① 值得一提的是，非独生子女样本可能来自“多胞胎”家庭，而且父母对“多胞胎”子女往往更加“一视同仁”。这样一来，“重男轻女”的现象将在一定程度上被削弱，从而增强了计划生育政策对人力资本水平的正向影响。

② “高收入地区”即 1979—1981 年人均 GDP 较高的地区，包括北京、天津、上海、辽宁、黑龙江、江苏、广东；“低收入地区”为样本中的其他地区。

改善,从而该数量与质量的替代关系将有可能不再显著。换言之,在过去较低的经济发展水平的背景下,我们可能高估了计划生育对人力资本积累的正向影响。

**表 6-11　基于 1979—1981 年地区人均收入水平及金融机构贷款余额的分样本断点回归设计估计结果**

| 估计量 | 高收入地区 | 低收入地区 | 信贷发达地区 | 信贷落后地区 |
|---|---|---|---|---|
| 受教育年限的变化 | 0.191 | 0.346*** | 0.250* | 0.293** |
| | (0.141) | (0.130) | (0.138) | (0.128) |
| 独生子女概率的变化 | 0.045* | 0.051** | 0.047* | 0.047** |
| | (0.027) | (0.020) | (0.025) | (0.020) |
| 加权局部平均处理效应 | 4.220 | 6.735** | 5.317 | 6.225* |
| | (3.329) | (3.136) | (3.454) | (3.218) |
| 样本量 | 15 564 | 15 117 | 15 250 | 15 431 |

注:(1) 临界值为 1980 年 10 月,带宽为根据 Imbens and Kalyanaraman(2012)方法选取的最优带宽;(2) ***、** 和 * 分别代表在 1%、5% 和 10% 的置信水平显著;(3) 括号内的标准误差(standard error)是用 bootstrap 方法计算得到的;(4) 加权 LATE(即局部 Wald 估计)根据非参数方法基于不同内核获得;(5) 最优带宽的选择依据 Imbens and Kalyanaraman(2012)的方法。

然后,我们再将研究样本所覆盖的地区划分为“信贷发达地区”和“信贷落后地区”这两组[①],以便考察人口数量与质量的替代在信贷市场发展水平不同的地域的异质性。表 6-11 的结果表明,信贷发达地区的断点回归设计估计结果不具有统计显著性,受教育年限和独生子女率在断点前后的“跳跃”程度有一定的显著性。另外,其局部平均处理效应估计值的大小也稍低于信贷落后地区。这一结果表明,人口数量与质量的负向关系在信贷发达地区子样本中可能是不成立的。按照经典理论可知,数量—质量替代关系还需要信贷市场失灵的条件才能推导出。对于金融机构人均贷款水平较高的地区,其金融资源相对丰富,正式与非正式的融资渠道较多,信贷市场相对发达,这就使得父母在对子女进行投资时受信贷约束影响较小,从而削弱了这些地区的数量—质量替代关系。这说明,地区金融发展水平和信贷市场的健全程度可能是重要作用渠

① “信贷发达地区”即 1979—1981 年金融机构人均贷款余额较高的地区,分别是北京、天津、上海、黑龙江、吉林、江苏、湖北、山西、山东和陕西;“信贷落后地区”为样本中的其他地区。

道，随着我国今后金融发展水平的不断提高，以及家庭对子女投资能力的改善，这一数量与质量的负向关系将有可能不复存在。换句话说，基于落后的金融制度下的历史数据，我们会高估计划生育对人力资本积累的正向影响。

在以上三个分样本回归中，本研究分别对经典理论的“父母对子女一视同仁”“家庭面临预算约束”和“信贷市场失灵”三条假定进行了检验。结果表明，人口数量和质量的替代在缺少任何一条假定的情况下都将被削弱，数量—质量替代关系在不同维度均存在异质性，这些结论将为我们阐释和推广本研究的主要实证结果提供有益的借鉴。需要注意的是，受限于数据和研究条件，我们没有对这三条假定背后的具体作用机制进行更深入的分析。我们只能说，缺少“预算约束”和“信贷市场欠发达”这两个条件，数量—质量替代将难以显现，但不能说“预算约束”和“信贷市场欠发达”就是引起数量—质量替代的直接原因。这两条假定的作用机制可能还需要更为详细的微观数据进行揭示，这也为后续研究提供了方向。

## 七、结论与政策建议

### 1. 人口数量与人口质量的因果关系

人口数量与质量的替代不仅是重要的经济学理论命题，它对一个国家的人口政策和长期经济发展也具有重要的实践价值和指导作用。自20世纪70年代关于家庭人力资本投资的经典理论建立以来，经济学家们一直试图通过实证研究来检验人口数量与质量的因果关系，然而受到数据可获得性和统计方法的制约，相关实证文献还比较有限。本研究根据我国的历史和制度特点，选用具有全国代表性的人口抽样调查数据，利用人类计划生育史中一次不可多得的自然实验机会，结合新的计量经济学方法——断点回归设计，证实了人口数量对人口质量（教育水平）的单向因果影响。这是断点回归设计方法在相关研究中的新尝试，对该领域的研究在方法论上有所补充。同时，我们的估计结果还在一定程度上揭示了我国家庭人力资本的投资与决定机制，这有助于为我国未来的人口政策提供微观经济学理论基础。

**2. 对我国人口政策的启示**

随着我国人口老龄化的加剧,人口政策的放松成为社会各界关注的热点话题。党中央在 2013 年提出的“单独二孩”政策、2015 年提出的“全面二孩”政策以及 2021 年提出的“三孩政策”均引发了学界和媒体的热烈讨论。本研究的结果对这一问题的讨论可以提供以下几点启示:第一,基于全样本的多种计量回归结果表明,整体而言,我国过去三十多年的计划生育政策在控制人口数量和提升人口质量方面均有积极意义,对于这一政策的评估趋向正面。第二,分样本结果显示,数量—质量替代关系在不同维度存在异质性,尤其在经济发达、信贷市场较为活跃的省份,这一结论不再稳健。这对我们现阶段的人口政策调整具有现实意义,我们在将本研究的主要结论应用于政策制定时要非常慎重,过去三十多年存在的数量—质量替代并不意味着在现阶段仍然成立,当经济发展到一定阶段时,家庭的收入和信贷约束有所缓解,子女的培养成本对家庭不再构成负担,这时人口数量和质量的替代很可能不再显著。第三,通过加快落后地区的信贷市场发展速度、建立低息助学金贷款机制等方式缓解家庭对子女的投资约束,将可能减少计划生育的全面放宽对人力资本积累的负面影响,这将有利于我国调整当前的人口政策,降低“人口数量提高导致人口质量下降”的风险。第四,分样本回归结果还显示出我国家庭中存在“重男轻女”的性别歧视现象,这同样不利于我国人口素质的全面提升,因此,进一步贯彻男女平等的理念,并推行更加公平的教育政策,将为进一步放松人口管控提供积极有效的支持。

# 第七章　人力资本形成机制研究：家庭教养方式对子代人力资本的影响[①]

上一章我们主要分析了家庭的生育决策对子女人力资本水平的影响。本章我们将基于中国家庭追踪调查(CFPS)2010—2014年的数据，研究父母的教养方式对青少年人力资本形成状况的影响，主要的因变量为孩子的学习成绩和心理健康水平这两个人力资本的重要方面。作为早期人力资本形成中的重要机制，经济学实证研究对教养方式的关注较少，本章试图对此做出填补。

## 一、研究背景

### 1. 教养方式的含义与分类

古语云："至要莫如教子。"父母的家庭教育对青少年

① 本章内容来自张皓辰和秦雪征(2019)。

人力资本的形成发挥着至关重要的作用,而后者也一直是劳动经济学关注的重要话题。不少文献从人力资本跨代传递的角度入手,考虑父母的社会经济条件等因素对子女发展情况(如健康、教育、收入等)的影响(Goode et al. ,2014;Qin et al. ,2016)。而家庭对孩子的教育支出及其对孩子人力资本的塑造,经济学中也有相关研究(Mauldin et al. ,2001;Chi and Qian,2016)。除了考察家庭环境等外部因素的影响,经济学文献对家庭内部人力资本的产生和积累机制也有关注,比如考察父母对孩子教育投入的时间与精力、父母关于养育孩子的价值观等因素对孩子发展的影响(Zick et al. ,2001;Gniewosz and Noack,2011)。然而,在家庭内部的人力资本产生机制中,有一个因素学者们关注得比较少,这就是父母的教养方式。对于父母的教养方式及其对孩子发展的重要作用,心理学、教育学文献都有广泛的提及(Smetana,2017;徐慧等,2008),但国内外在这方面的经济学文献尚少。

教养方式(parenting style)是发展心理学中的重要话题。最初由Baumrind(1971)提出,他将教养方式按照总体特征划分为权威型(authoritative style)、专制型(authoritarian style)和溺爱型(permissive style)三种类型,后来 Maccoby and Martin(1983)在此基础上,从相互正交的两个维度对教养方式的定义进行扩展,即“要求”(demandingness)和“反应性”(responsiveness),进而通过两个维度的交互作用,在原有三种类型上界定了第四种教养方式类型——忽视型(rejecting-neglecting style)。

其中,要求代表父母是否对孩子的行为建立适当的标准,并且坚持要求孩子去达到这些标准,可以体现为设立常规的任务要求,设立优秀的标准,对孩子的日常活动(如睡眠、看电视的时间等)的规定和限制;而反应性则表示父母对孩子接受和爱的程度及对孩子需求的敏感程度,可以体现为鼓励孩子独立地活动,鼓励孩子的语言表达,提出要求的同时解释原因,以及在做家庭决策时不仅仅考虑父母的利益。

根据这两个维度的交互作用,我们可以将教养方式划分成四种类型,即权威型、专制型、溺爱型和忽视型。权威型的教养方式,是高要求与高反应性相结合,父母对孩子的行为有明确的限定,但是在限定范围内又给孩子自主选择的权利,对孩子的接受和鼓励程度较高;专制型的教养方式,是高要求与低反应性的结合,父母希望孩子对自己的要求言听计从,无条件地强制执行，通过严厉管教来保障要求的实施，对孩子缺少鼓励和关爱；溺爱型的教养方式，是低要求与高反应性并存，父母对孩子行为的约束和控制较少，给孩子很大的自主权，同时给予孩子较多的关照和温暖；而忽视型的教养方式，则既缺乏对孩子的严格要求和限制，也很少给予孩子必要的鼓励和支持。教养方式类型的划分方法如图 7-1 所示（Lamborn et al. ,1991；Steinberg et al. ,1994）。

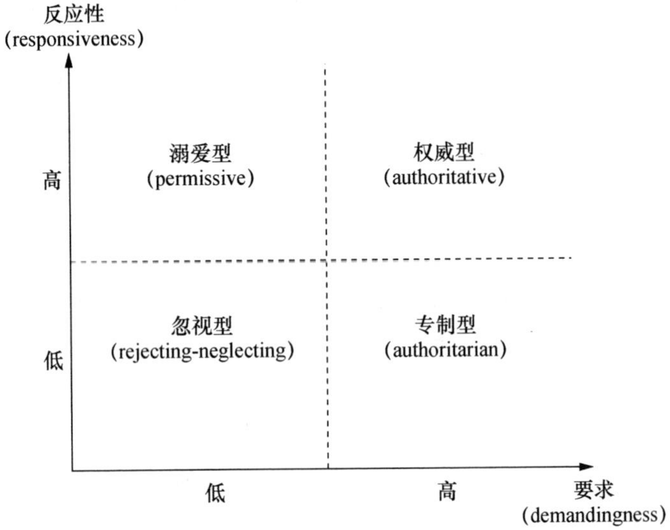


**图 7-1　父母教养方式四种类型划分**

随着心理学学科的发展，教养方式的内涵和外延也在不断发展。如从“心理控制”和“行为控制”两个维度进行研究（Kakihara and Tilton-Weaver,2009），考察父母的社会经济地位、信念、文化背景等因素对教养方式的塑造作用，关注教养方式的地域性和民族性（Chao,1994；Fu and Markus,2014），具体有孩子发展的特定领域的教养方式，比如什么样的教养方式有助于提升孩子的自信，什么样的教养方式有助于提升孩子的人际交往能力等（Grusec and Davidov,2014），这些心理学的前沿文献意味着学界对教养方式的研究不断深入和具体。

### 2. 教养方式对子女发展影响的相关研究

如今,越来越多的实证研究关注教养方式对孩子发展的影响机制。比如在孩子的学业发展方面,Blondal and Adalbjarnardottir(2009)发现,权威型的教养方式下,父母提高参与度有助于降低孩子的辍学率;Feinstein and Symons(1999)也通过实证研究说明,父母教养行为是家庭社会经济条件影响孩子表现的渠道,父母参与程度和孩子的学业成绩正相关;Lizzeri and Siniscalchi(2008)通过建立经济学理论模型,刻画父母监督下的孩子的学习过程,并在父母保护孩子和让孩子试错的权衡中寻找最优的教养方法。在孩子的学习成绩之外,孩子的心理健康也是衡量其人力资本的重要指标。在心理健康发育方面,Dooley and Stewart(2007)基于美国全国青少年追踪调查(NLSCY)的数据,发现当加入了父母教养方式变量之后,家庭收入对孩子的情绪—行为表现并没有显著影响,而教养方式则对孩子的表现有显著作用。

此外,还有一些研究将教养方式与其他影响孩子成长的因素联合起来考察,比如父母的教育水平、家庭的收入水平等。一些研究表明,父母的教养行为是家庭背景影响孩子发展的中介桥梁,不利的经济条件、父母较低的教育水平,可能通过父母的教养方式进而对孩子的心理健康造成负面影响(Mcleod and Shanahan,1993;Gonzales et al.,2011)。

当然,父母的教养方式也受到孩子行为表现的影响,这一点在心理学文献中得到了较多的理论和实证研究的支持(Kerr et al.,2012;Moilanen et al.,2015)。同时,一些经济学研究(如 Burton et al.,2002)用博弈论模型演绎了父母与孩子之间的双向互动关系,并且对这种双向因果关系进行了验证。后面我们也会采用工具变量的方法,尝试解决可能存在的双向因果问题。

本研究试图考察的结果变量是青少年的人力资本。根据现有文献,青少年时期是人力资本形成的最重要的阶段(Heckman and Kautz,2014)。Heckman and Mosso(2014)搭建了一个家庭内人力资本形成的分析框架。其中,人力资本主要可分为认知能力(cognitive skills)和非认知能力(non-cognitive skills)(Xiang and Yeaple,2018)。认知能力主要从受教育(schooling)方面的指标表现出来,对于上学期间的青少年来说,文献中多用孩子的学习成绩作为其认知能力的反映(Cunha and Heckman, 2010;Heckman,1995)。非认知能力涉及多方面的内容,如自我控制、信任、社交、情绪等(Heckman and Rubinstein,2001)。由于抑郁程度反映的心理健康水平会直接影响社会情绪(socio-emotional)的表现,本章使用国际通行的CES-D抑郁量表来度量孩子的心理健康水平,作为非认知能力的一个代理变量,该量表将在后文做具体介绍。当然,受到数据可得性和篇幅的限制,我们难以对非认知能力的各个层面都进行精确的度量,这是本研究的一个局限。

本研究在现有文献的基础上,用计量经济学的实证研究方法,考察父母的教养方式对青少年子女学业成绩和心理健康两方面发展水平的影响。我们用两种方法对教养方式进行衡量:一是父母在要求和反应性这两个维度的得分值,二是在两个维度基础上划分出的四种教养方式类型。我们用样本所在社区内其他家庭的要求和反应性平均分值作为工具变量,解决可能存在的内生性问题,从而更好地识别教养方式对孩子发展的影响。

本章接下来的安排如下:第二部分为数据介绍和描述性统计分析;第三部分介绍我们使用的回归方法;第四部分为估计结果与讨论;第五部分为本研究的结论和政策含义。

## 二、数据介绍和描述性统计分析

### 1. 数据来源与变量构造

我们所用的数据来自中国家庭追踪调查(CFPS)的数据。这项调查由北京大学中国社会科学调查中心实施,截至2015年,在2010年、2012年和2014年依次开展了三轮全国范围的入户调查,覆盖中国25个省份,每次调查的样本大约包括15000个住户,每个样本住户中的各个家庭成员都会成为受访对象进入样本。调查分别在社区层面、家庭层面和个人层面进行,个人层面的问卷又分为成人问卷和少儿问卷,问卷问题涵盖社会经济、人口、健康等多个领域。

关于本研究所关注的教养方式,CFPS 少儿问卷的少儿自答部分(仅由 10—15 岁的少儿作答)中有考察父母参与度的教养方式量表,在父母代答部分中也有关于父母教养方式的问题(Parker et al.,1979;喻文姗等,2017)。我们将这些问题与心理学文献中关于教养方式的界定方法相结合,从要求和反应性两个维度,根据心理学主流文献给出的界定,对教养方式的两个维度进行细分,选取其中的问题,构造能划分教养类型的教养方式量表。

量表中关于"要求"和"反应性"各有 5 个问题,这 10 个问题中 6 个出自父母代答部分,4 个出自少儿自答部分。[①] "要求"的 5 个问题反映父母对孩子的日常行为规范的标准是否够高,要求和控制是否严格,包括父母对孩子下学期考试平均成绩的期望,以及父母要求孩子完成作业、检查作业、阻止或终止孩子看电视和限制孩子所看电视节目的类型的频率。我们将这 5 个问题进行计分处理,以便后续量化。关于下学期平均成绩(满分 100 分)这个问题,我们根据样本分布特征,将低于 70 分记为 0,往后每 10 分为一档,100 分单独为一档,其值记为 1 到 4。[②] 涉及频率的 4 个问题,由低到高共有 5 个选项,我们将其赋值为 0 到 4,其中 0 = 从不,1 = 很少(每月 1 次),2 = 有时(每周 1 次),3 = 经常(每周 2 次到 4 次),4 = 很经常(每周 5 次到 7 次)。将 5 个问题所得答案的分值加总,得到反映父母对孩子要求程度的连续变量,取值范围为 0 到 20。关于"反应性"的问题也有 5 个,反映父母对孩子的关爱和接受程度,对孩子需求的关注和反应程度,具体包括家长做以下几件事的频率:为了不影响孩子学习放弃自己喜欢看的电视节目、孩子犯错时问清楚原因并讨论怎样做、鼓励孩子独立思考问题、要求孩子做事时说明原因、喜欢和孩子交谈。同样,频率答案设置均为 5 个选项,从低到高赋值为 0 到 4,其中 0 = 从不,1 = 很

---

① 关于问卷问题的具体形式,家长代答部分有"您经常要求孩子完成家庭作业吗""当看电视与孩子学习冲突时,您会经常放弃看您自己喜欢的电视节目以免影响孩子学习吗"等,孩子自答的部分有"请根据过去 12 个月的情况,选择你家长对待你的方式:……当你做得不对时,家长会问清楚原因,并与你讨论该怎样做"等。

② 在 3 209 个观测值中,期望为 100 分的有 848 个,占总体的 26.4%,因此将此单独作为一档;期望在 70 分以下的有 73 个,因此不再细分。

少,2 = 有时,3 = 经常,4 = 频繁。将 5 个问题所得答案的分值加总,得到反应性维度的连续变量,取值范围同样为 0 到 20。

我们参考 Blondal and Adalbjarnardottir(2009)给出的划分方法,根据要求和反应性这两个分值,得到反映样本父母所属的教养方式的类型(虚拟变量)。具体来说,我们首先依据 2010 年、2012 年和 2014 年的 CFPS 数据计算出样本父母在要求和反应性这两个变量上的中位数,然后将得分值小于或等于该中位数的样本划分为低类型,将得分值高于该中位数的样本划分为高类型,最后结合要求和反应性两个维度的类型给出该父母的教养方式类型(虚拟变量)。由此,高要求和高反应性的父母被划分为权威型,高要求和低反应性的父母被划分为专制型,低要求和高反应性的父母被划分为溺爱型(permissive),低要求和低反应性的父母被划分为忽视型。在以教养方式类型为自变量的回归中,我们将专制型教养方式作为基准组,在回归中加入表示另外三种类型的虚拟变量。

我们关注的两个主要因变量,即孩子的学习成绩和心理健康状况,CFPS 问卷中也有相关的问题予以衡量。对于孩子的学习成绩,我们根据三年问卷中共有的原则,使用父母对孩子的数学成绩和语文成绩的评价这 2 个问题进行衡量。其中,评价的等级有 4 个,我们由低到高将其赋值为 0 到 3,其中 0 = 差,1 = 中,2 = 良,3 = 优,再将数学成绩和语文成绩的等级对应的数值相加,得到一个从 0 到 6 的离散变量(academic),数值越高表示孩子的学习成绩越好。对子女的心理健康状况我们使用 CFPS 少儿自答问卷中的 CES-D 量表来衡量。CES-D 是心理学中广泛使用的抑郁量表,其问题设计贴近日常生活,形象具体,容易得到高质量的回答,能较好地反映受访者的心理健康状况。具体地,2010 年和 2014 年的少儿问卷各有 6 个问题考察孩子的心理健康状况,它们都是关于孩子在过去一个月内感到某种负面情绪的频率[①],每题设置 5 个选项,我们将频率由高到低赋值为 0 到 4,其中 0 = 几乎每天,1 = 每周两三次,2 = 每月两三次,3 = 每月一次,4 = 从不。将 6 道题的得分加总,得到反映孩子心理健

① 例如“最近 1 个月,你感到情绪沮丧、郁闷,做什么事情都不能振奋的频率”“最近 1 个月,你感到坐卧不安、难以保持平静的频率”等。

康的指标 cesd,这是一个从 0 到 24 的虚拟变量,取值越高表示心理健康状况越好。在 2012 年的少儿问卷中,CES-D 问卷的呈现形式有所不同,共有 20 个问题,问孩子在过去一周内某种感受或行为出现的频率,其中 4 个问题针对积极情绪,16 个问题针对消极情绪。每题设置 4 个选项,我们赋值为 0 到 4,对于消极情绪的部分,赋值为:0 = 大多数时候有(5—7 天),1 = 经常有(3—4 天),2 = 有些时候(1—2 天),3 = 几乎没有(不到 1 天);对于积极情绪的部分,赋值方式相反,为:0 = 几乎没有(不到一天),1 = 有些时候有(1—2 天),2 = 经常有(3—4 天),3 = 大多数时候有(5—7 天)。将 20 道题的得分加总,得到一个从 0 到 60 的连续变量 cesd_2012,数值越高代表孩子的心理健康程度越好。为了便于对三年数据中的 CES-D 指标进行统一,我们在每年的截面数据中取 CES-D 的百分位数值 cesd_pctile。一个样本对应的 CES-D 百分位数值,就是小于或等于这一数值的样本数量占当年截面数据中总样本数量[①]的百分比,这一百分比数值越高表明个体的心理健康状况与同年样本中的其他个体相比越好。

我们将样本限制在 10—15 岁的青少年,因为只有这个年龄段的孩子适合做少儿自答问卷,而我们的教养方式和心理健康情况的度量都离不开少儿自答问卷中的信息。另外,由于所用数据横跨 2010 年、2012 年和 2014 年三年,10—15 岁的样本流失情况比较严重,为了保证样本量尽量大,我们将这三年的数据合并使用,形成混合截面数据。同时,我们去掉关键变量(如教养方式指标、学习成绩指标、CES-D 指标等)信息缺失的样本,最终得到 3 209 个观测值作为研究样本,该样本覆盖全国 26 个省份。

### 2. 描述性统计分析

第一,按照上文所述的划分方法,我们得到四种教养方式类型在各年截面数据中的分布情况,如表 7-1 所示:

---

① 当年截面数据内总样本数量指的是经过样本选取之后的样本数量,而非整个调查数据库中的样本总数,后面将详细介绍样本选取的过程。

表 7-1 四种教养方式类型在各年横截面数据中的分布情况

| | 权威型 | 专制型 | 溺爱型 | 忽视型 | 合计 |
|---|---|---|---|---|---|
| 2010 年 | 173<br>(31.7%) | 102<br>(18.7%) | 103<br>(18.9%) | 168<br>(30.7%) | 546 |
| 2012 年 | 346<br>(28.5%) | 253<br>(20.8%) | 253<br>(20.8%) | 362<br>(29.9%) | 1 214 |
| 2014 年 | 410<br>(28.3%) | 314<br>(21.7%) | 313<br>(21.6%) | 412<br>(28.4%) | 1 449 |
| 合计 | 929<br>(28.9%) | 669<br>(20.8%) | 669<br>(20.8%) | 942<br>(29.5%) | 3 209 |

可以看出,四种教养方式在各年数据中的分布结构大致均衡,权威型和忽视型占比各在 30% 左右,专制型和溺爱型的占比各在 20% 上下。

在表 7-2 中,我们根据不同的教养方式进行分类,对相关变量进行描述性统计分析。除了上文提到的核心变量(教养方式、学习成绩和心理健康),我们还控制了反映家庭社会经济条件的变量,以及性别、年龄、城乡、区域等基本的控制变量。其中,我们用家庭年收入考察家庭的经济条件,这个家庭年收入的计算经过 CFPS 项目组调整之后,在三年的截面数据之间具有可比性[具体的调整办法见许琪和张春泥(2016)],将此收入取对数,作为反映家庭经济条件的指标。关于父母的受教育程度,我们采用父母的受教育年限这一变量。[①] 这样,我们就有了 ln_income, fatheredu, motheredu 这三个反映家庭社会经济条件的变量。此外,我们在后面的回归中还用到了如下控制变量:孩子的性别 male(男性为 1,女性为 0),孩子的年龄 child_age,父母双方的年龄 father_age、mother_age,家里的孩子个数 n_child,以及表示城乡的虚拟变量 urban(在城市为 1,在乡村为 0),表示区域的虚拟变量 east(中国东部地区为 1,其他地区为 0)和 west(中国西部地区为 1,其他地区为 0)。

如表 7-2 所示,考察四种教养方式下因变量的特征,我们发现权威型教养方式下孩子的平均学习成绩评价值为 3.88,心理健康指标的平均百分位数值为 42.29,都高于另外三种教养方式。而溺爱型的教养方式下

① 关于受教育程度,CFPS 问卷中有如下选项:文盲半文盲、小学、初中、高中/中专/技校/职高、大专、大学本科、硕士、博士。我们把这些选项转化为父母的受教育年限。文盲半文盲为 0,小学为 6,初中为 9,高中/中专/技校/职高为 12,大专为 14,大学本科为 16,硕士为 18,博士为 22。

孩子两方面表现的均值分别为3.64和41.12,这又高于专制型和忽视型。此外,就学习成绩而言,忽视型教养方式下平均学习成绩最差,值为3.01;而就心理健康而言,也是忽视型教养方式产生的结果最差,平均的CES-D百分位数值只有37.48。

**表7-2 样本变量的描述性统计**

| 变量名称 | 变量定义 | 全样本<br>(1) | 权威型<br>(2) | 专制型<br>(3) | 溺爱型<br>(4) | 忽视型<br>(5) |
|---|---|---|---|---|---|---|
| 被解释变量 | | | | | | |
| academic | 学习成绩得分 | 3.47<br>(1.75) | 3.88<br>(1.68) | 3.39<br>(1.70) | 3.64<br>(1.73) | 3.01<br>(1.77) |
| cesd_pctile | CES-D的百分位数值 | 39.82<br>(38.35) | 42.29<br>(39.84) | 38.36<br>(37.13) | 41.12<br>(39.64) | 37.48<br>(36.60) |
| 核心解释变量 | | | | | | |
| demandingness | 要求程度得分 | 11.88<br>(3.43) | 14.75<br>(1.78) | 14.40<br>(1.59) | 9.64<br>(2.21) | 8.91<br>(2.58) |
| responsiveness | 反应性程度得分 | 12.70<br>(3.32) | 15.41<br>(1.76) | 10.54<br>(2.14) | 15.24<br>(1.66) | 9.87<br>(2.45) |
| 家庭社会经济条件变量 | | | | | | |
| fatheredu | 父亲受教育年限 | 10.36<br>(5.08) | 10.81<br>(4.60) | 10.33<br>(5.21) | 10.40<br>(4.80) | 9.92<br>(5.57) |
| motheredu | 母亲受教育年限 | 9.11<br>(6.20) | 10.01<br>(5.56) | 9.03<br>(6.33) | 9.31<br>(5.93) | 8.17<br>(6.73) |
| ln_income | 调整后的家庭年收入的对数 | 10.02<br>(1.27) | 10.04<br>(1.28) | 10.04<br>(1.29) | 10.04<br>(1.30) | 9.99<br>(1.23) |
| 其他控制变量 | | | | | | |
| child_age | 孩子年龄 | 12.00<br>(1.59) | 11.93<br>(1.50) | 11.76<br>(1.52) | 12.21<br>(1.67) | 12.10<br>(1.65) |
| father_age | 父亲年龄 | 40.26<br>(5.17) | 39.86<br>(4.96) | 39.87<br>(5.15) | 40.68<br>(5.54) | 40.63<br>(5.09) |
| mother_age | 母亲年龄 | 38.50<br>(4.97) | 38.27<br>(4.91) | 38.21<br>(5.03) | 38.76<br>(5.14) | 38.73<br>(4.88) |
| male | 性别(1=男性) | 0.53<br>(0.50) | 0.49<br>(0.50) | 0.55<br>(0.50) | 0.53<br>(0.50) | 0.58<br>(0.49) |
| n_child | 家中孩子个数 | 2.01<br>(0.93) | 1.87<br>(0.86) | 2.04<br>(0.88) | 1.92<br>(0.89) | 2.19<br>(1.01) |
| urban | 城镇和农村(1=城镇) | 0.36<br>(0.77) | 0.41<br>(0.95) | 0.36<br>(0.70) | 0.42<br>(0.80) | 0.27<br>(0.54) |

(续表)

| 变量名称 | 变量定义 | 全样本 (1) | 权威型 (2) | 专制型 (3) | 溺爱型 (4) | 忽视型 (5) |
|---|---|---|---|---|---|---|
| east | 地区虚拟变量(1 = 东部) | 0.37 | 0.43 | 0.36 | 0.39 | 0.32 |
| | | (0.48) | (0.49) | (0.48) | (0.49) | (0.47) |
| west | 地区虚拟变量(1 = 西部) | 0.32 | 0.30 | 0.34 | 0.28 | 0.34 |
| | | (0.46) | (0.46) | (0.47) | (0.45) | (0.48) |
| 观测值 | | 3 209 | 929 | 669 | 669 | 942 |

资料来源:中国家庭追踪调查(2010,2012,2014)。

注:(1) 表中汇报的统计量是样本均值,括号里面是标准差;(2) 第(2)列到第(5)列分别对应权威型、专制型、溺爱型和忽视型的四组样本。

第二,我们考察家庭社会经济条件变量与教养方式之间可能存在的相关性。就收入而言,除了忽视型样本组的平均收入水平稍低,收入的对数值为9.99,另外三组基本没有差别;而考察父母的受教育程度,则发现权威型教养方式的父母的受教育程度(分别为平均10.81年和10.01年)略高于另外三种,而忽视型教养方式的父母的受教育程度则在四种类型中最低,平均为9.92年和8.17年。

## 三、回归方法

### 1. 基准回归模型

(1) 以学习成绩作为因变量:

在学习成绩作为因变量时,我们使用如下的OLS模型作为基准回归的模型:

$$\text{academic} = \alpha + \beta \times \text{PS} + \gamma \times \text{SES} + \delta \times X + \varepsilon \tag{7-1}$$

其中,academic表示孩子的真实学习成绩。PS表示父母的教养方式,分别用“要求—反应性”两个维度的连续变量以及“权威型—专制型—溺爱型—忽视型”四种类型的虚拟变量表示。SES代表家庭的社会经济条件,包括家庭年收入的对数和父母的受教育年限等变量。$X$为其他控制变量,包括性别、年龄、城乡、区域信息以及年份虚拟变量。

同时,考虑到学习成绩变量 academic 是一个从 0 到 6 的离散排序变量,而 OLS 将排序视作基数来处理,可能导致估计的偏差,因此,我们还使用了排序相应回归(Ordered Probit)这一非线性模型,进行最大似然估计(MLE),作为对 OLS 结果的稳健性检验。[①]

(2) 以心理健康状况作为因变量:

对于心理健康指标,我们使用的是 CES-D 数值在当年截面数据中的百分位数,这是一个连续变量,其取值在 0 到 100。我们在基准回归中也使用 OLS 模型进行估计,模型设定如下:

$$\text{cesd\_pctile} = \alpha + \beta \times \text{PS} + \gamma \times \text{SES} + \delta \times X + \varepsilon \qquad (7\text{-}2)$$

其中,PS 为教养方式变量,SES 为家庭社会经济条件变量,$X$ 为其他控制变量,这些变量的定义方式与上述相应回归模型相同,此处从略。

此外,考虑到会有一部分样本个体的取值为 100,对应的是在问卷回答中心理健康状况最好的样本,也就是说,数据的分布会在区间的上限 100 处有一个集聚。对于这样的数据特征,我们也依据文献惯例,使用 Tobit 模型进行估计,用这一非线性模型的结果作为对 OLS 结果的稳健性检验。[②]

**2. 工具变量回归**

以上模型均假定父母的教养方式是外生的,但实际上相应的回归可能会受到内生性问题的影响。这种影响来自两个方面:第一,一些不可观测的变量(家风、基因遗传、能力等)可能同时影响父母的教养方式与孩子的表现;第二,孩子的发展水平和行为表现也会促使父母对教养方式进行调整,从而导致反向因果问题,而这一点已经在心理学界和经济学界得到广泛认同(Burton et al. ,2002;Kerr et al. ,2012;Moilanen et al. ,2015)。

为了解决上述可能存在的内生性问题,我们使用受访者所在社区(或

---

① 具体地,在 Ordered Probit 模型中,我们构造一个连续的潜变量 academic*,令其为各个自变量的线性函数,并根据其取值在不同区间的概率得出实际因变量 academic 取不同数值的概率,从而进行极大似然估计(MLE)。

② 具体地,在 Tobit 模型中,我们分别针对 cesd_pctile = 100 和 cesd_pctile < 100 两种情形写出样本观测点的概率密度函数(为各个自变量的函数),从而构造样本似然函数并进行极大似然估计。

村落,以下统称“社区”)的教养方式特征作为工具变量(IV)。具体来说,一方面,考虑到教养方式是一种文化现象,具有地域性的特征,即同一地区的教育文化很可能表现出一定的共同性,同一社区或村落里不同家庭的教养方式也有其相似之处,因此个体父母的教养方式往往受到社区共同教养方式的直接影响;另一方面,其他家庭父母的教养方式一般不会直接影响本家庭子女的人力资本发展水平。这种教养方式在地域上的集聚性被心理学界的大量研究证实,例如 Fukushima et al. (2006)就用在阿拉伯的青少年调查数据说明教养方式特征在各个地域之间具有明显的差异性,Valentino et al. (2012)也从虐待儿童的视角研究了社区层面的特征与教养方式的关联。由此,我们在社区层面取要求和反应性两个维度的平均值,得到反映社区教养方式特征的两个变量 $c\_demandingness$ 和 $c\_responsiveness$。其公式为:

$$c\_demandingness_{ict} = \frac{1}{n_{ct} - 1}\sum_{j \neq 1} demandingness_{jct} \tag{7-3}$$

$$c\_reponsiveness_{ict} = \frac{1}{n_{ct} - 1}\sum_{j \neq 1} responsiveness_{jct} \tag{7-4}$$

其中,$i$ 和 $j$ 表示个体,$c$ 表示社区,$t$ 表示年份,$n_{ct}$ 代表 $t$ 年份的截面数据中 $c$ 社区内的个体数量。一个个体所居住的外在的社区教养方式的要求程度,就是在当年截面数据中,个体所在社区内排除该个体之外的所有样本的要求程度的算术平均,反应性平均值的计算方法类似。为了保证工具变量的外生性,计算社区层面的平均值时,我们将该个体本身的情况排除在外。

由于前面的基准回归我们使用的都是普通线性模型,在使用工具变量时,为了便于与基准回归结果进行比较,我们使用最小二乘法模型进行估计。在第一阶段的回归结果中①,我们发现对工具变量联合显著性检验的 $F$ 值都大于 10,表明此处不存在弱工具变量的问题,满足工具变量使用的相关性假定(Stock and Yogo,2002)。

① 由于篇幅所限,我们不在正文中用表格汇报一阶段回归结果。

# 四、回归结果与讨论

## 1. 基准回归结果

(1) 家庭教养方式对青少年学习成绩的影响。

将学习成绩作为因变量的基准回归的结果呈现在表 7-3 中。在表 7-3 的前三列回归中,我们将 demandingness 和 responsiveness 两个连续变量作为核心自变量,表示父母教养方式要求和反应性的程度大小。在第(1)列中,我们只加入 demandingness 和 responsiveness 两个变量,发现要求程度和反应性程度对于孩子的学习成绩都有显著的正向影响,在第(2)列,我们加入反映家庭社会经济条件的三个变量;在第(3)列,又加入了其他的控制变量。随着控制因素的增多,demandingness 和 responsiveness 的系数绝对值有所减小,但依然保持高度的统计显著性,体现了结果的稳健性。在控制父母社会经济条件及其他控制变量后,demandingness 每提高 1 分,孩子的学习成绩 academic 的数值平均会上升 0.039,用描述性统计中所示的标准差进行核算,即父母的要求程度每提高 1 个标准差,孩子的学习成绩将提高约 0.08 个标准差;类似地,responsiveness 每提高 1 分,academic 的数值会上升 0.074,亦即反应性程度每提高 1 个标准差,孩子的学习成绩提高约 0.13 个标准差。这说明,父母对孩子设置更高的要求,给予孩子更多的关怀,都对孩子学习成绩的提高具有明显的促进作用。

表 7-3　学习成绩作为因变量的基准回归(普通线性回归)

| 变量 | (1) | (2) | (3) | (4) | (5) | (6) |
|---|---|---|---|---|---|---|
| demandingness | 0.053*** | 0.048*** | 0.039*** | | | |
| | (0.0094) | (0.0101) | (0.0111) | | | |
| responsiveness | 0.091*** | 0.080*** | 0.074*** | | | |
| | (0.0094) | (0.0100) | (0.0110) | | | |
| authoritative | | | | 0.490*** | 0.456*** | 0.403*** |
| | | | | (0.0855) | (0.0893) | (0.0972) |

（续表）

| 变量 | (1) | (2) | (3) | (4) | (5) | (6) |
|---|---|---|---|---|---|---|
| permissive | | | | 0.247*** | 0.186* | 0.210** |
| | | | | (0.0933) | (0.0978) | (0.1061) |
| neglecting | | | | -0.384*** | -0.333*** | -0.254** |
| | | | | (0.0872) | (0.0923) | (0.1006) |
| fatheredu | | 0.005 | -0.005 | | 0.007 | -0.003 |
| | | (0.0067) | (0.0072) | | (0.0067) | (0.0072) |
| motheredu | | 0.020*** | 0.014** | | 0.023*** | 0.016** |
| | | (0.0057) | (0.0063) | | (0.0057) | (0.0063) |
| ln_income | | 0.119*** | 0.130*** | | 0.119*** | 0.128*** |
| | | (0.0249) | (0.0267) | | (0.0251) | (0.0269) |
| child_age | | | -0.090*** | | | -0.089*** |
| | | | (0.0270) | | | (0.0272) |
| father_age | | | -0.002 | | | -0.005 |
| | | | (0.0114) | | | (0.0115) |
| mother_age | | | 0.010 | | | 0.011 |
| | | | (0.0118) | | | (0.0119) |
| male | | | -0.355*** | | | -0.362*** |
| | | | (0.0694) | | | (0.0697) |
| n_child | | | -0.156*** | | | -0.171*** |
| | | | (0.0430) | | | (0.0430) |
| urban | | | 0.071 | | | 0.075 |
| | | | (0.0493) | | | (0.0506) |
| Observations | 3 209 | 2 856 | 2 403 | 3 209 | 2 856 | 2 403 |
| $R$-squared | 0.056 | 0.069 | 0.094 | 0.046 | 0.062 | 0.088 |

资料来源：中国家庭追踪调查（2010，2012，2014）。

注：(1) 表中汇报的统计量是回归系数，括号里面是异方差稳健标准误；(2) *、** 和 *** 分别代表在 10%、5% 和 1% 的置信水平上显著；(3) 各列的因变量为孩子学习成绩的指标 academic，是一个从 0 到 6 的数值型变量，所用的回归模型为普通线性回归模型。

再考察其他变量。第(3)列的结果显示母亲的受教育程度、家庭的收入水平都对孩子的学习成绩有重要的正向影响，而家里的孩子个数则对孩子的学习成绩有显著的负向影响。特别地，我们在这里得出的实证结论，与文献中子女数量和质量权衡取舍的观点相印证，即在有限的资源条件下,生育的孩子数量增多,可能导致家庭对每个孩子的人力资本投资下降(Becker and Lewis,1973)。

在表7-3的后三列中,我们将表示四种教养方式类型的三个虚拟变量authoritative, permissive和neglecting作为核心自变量加入回归,将专制型的教养方式作为基准组。这时,观察这三列的结果,我们发现在第(4)列中,权威型和溺爱型教养方式对学习成绩的影响都显著优于专制型,而忽视型教养方式则比专制型的影响更加负面。经计算,与专制型教养方式相比,权威型教养方式下学习成绩平均提高0.49,约合0.3个标准差,而忽视型对应的平均学习成绩值则比专制型低0.38。加入社会经济条件变量及其他控制变量[第(5)列和第(6)列]后,权威型教养方式的系数依然显著为正,忽视型教养方式的系数仍然显著为负,溺爱型教养方式与专制型教养方式的差别则在显著性上有所降低。由此,我们可以得出结论,对于孩子的学习成绩而言,权威型教养方式最优,溺爱型和专制型次之,而忽视型教养方式对孩子的学习成绩影响最为不利。

与此同时,我们注意到一个可能存在的问题:由于教养方式量表中有父母回答的部分,而学习成绩的指标也是父母评价的"优、良、中、差"等级,这可能导致学习成绩变量academic难以客观反映孩子的学习成绩好坏,因为高要求家长认为的"差",可能是低要求家长认为的"优",这会对我们的估计造成干扰。为此,我们做一个稳健性检验。之前取上述的这个学习成绩指标,是因为这个问题在三年问卷中都有,可以保证我们的样本量尽量大。现在我们取另一个更为客观的指标——孩子的总成绩在班里的排名。我们构造一个新的因变量academic_rank,这是一个取值为0,1,2,3,4的变量,数值越大表示成绩越好,其中,0 = 后24%,1 = 51%—75%,2 = 26%—50%,3 = 11%—25%,4 = 前10%。用它作为因变量,其他的解释变量不变,模型也与基准回归第1部分给出的普通线性回归模型相同,所得的结果汇报在表7-4中。

表 7-4　学习成绩作为因变量的基准回归(普通线性回归):稳健性检验

| | (1) | (2) | (3) | (4) | (5) | (6) |
|---|---|---|---|---|---|---|
| demandingness | 0.039*** | 0.032*** | 0.020** | | | |
| | (0.0080) | (0.0086) | (0.0093) | | | |
| responsiveness | 0.058*** | 0.056*** | 0.055*** | | | |
| | (0.0082) | (0.0088) | (0.0095) | | | |
| authoritative | | | | 0.299*** | 0.310*** | 0.247*** |
| | | | | (0.0732) | (0.0773) | (0.0844) |
| permissive | | | | 0.058 | 0.062 | 0.053 |
| | | | | (0.0781) | (0.0837) | (0.0896) |
| neglecting | | | | -0.243*** | -0.189** | -0.235*** |
| | | | | (0.0781) | (0.0845) | (0.0907) |
| fatheredu | | 0.006 | 0.003 | | 0.006 | 0.003 |
| | | (0.0061) | (0.0065) | | (0.0062) | (0.0065) |
| motheredu | | 0.000 | 0.002 | | 0.002 | 0.004 |
| | | (0.0048) | (0.0054) | | (0.0048) | (0.0054) |
| ln_income | | -0.001 | 0.009 | | -0.003 | 0.005 |
| | | (0.0202) | (0.0220) | | (0.0203) | (0.0220) |
| child_age | | | -0.073*** | | | -0.068*** |
| | | | (0.0210) | | | (0.0210) |
| father_age | | | -0.014 | | | -0.016 |
| | | | (0.0103) | | | (0.0103) |
| mother_age | | | 0.018* | | | 0.019* |
| | | | (0.0102) | | | (0.0102) |
| male | | | -0.271*** | | | -0.289*** |
| | | | (0.0594) | | | (0.0597) |
| n_child | | | 0.006 | | | -0.004 |
| | | | (0.0393) | | | (0.0388) |
| urban | | | 0.046 | | | 0.050 |
| | | | (0.0471) | | | (0.0459) |
| Observations | 2 024 | 1 778 | 1 545 | 2 024 | 1 778 | 1 545 |
| $R$-squared | 0.029 | 0.028 | 0.053 | 0.019 | 0.020 | 0.045 |

资料来源:中国家庭追踪调查(2012,2014)。

注:(1) 表中汇报的统计量是回归系数,括号里面是异方差稳健标准误;(2) *、** 和 *** 分别代表在 10%、5% 和 1% 的置信水平上显著;(3) 各列的因变量为孩子学习成绩的指标 academic_rank,即使用学生在班里的排名范围得出的学习成绩情况,是一个从 0 到 4 的数值型变量,所用的回归模型为普通线性模型。

在表 7-4 中我们发现,所得到的回归结果与基准回归的结果在系数符号和显著性上基本一致,我们前面得到的结论也都能够得到印证。这证明了我们基准回归结果的稳健性。同时,我们发现这组回归中的样本量比起表 7-3 少很多,这是因为:① 只能获得 2012 年和 2014 年的学习成绩排名的数据。② 很多受访者表示学校不公布排名,我们关注的是 10—15 岁的群体,这也是比较符合事实的。为保证基准回归结果的稳健性,并兼顾样本量的问题,在接下来的回归分析中,研究教养方式对学习成绩的影响时,我们依然使用前面定义的 academic 作为因变量,以保证样本量尽量大,为我们的异质性分析提供便利。

(2) 家庭教养方式对青少年心理健康的影响。

本部分我们考察将孩子的心理健康指标(即孩子的 CES-D 数值在当年截面数据中的百分位)作为因变量时的基准回归结果。这部分回归结果呈现在表 7-5 中。

在表 7-5 的前三列中我们加入 demandingness 和 responsiveness 两个变量来表示父母的教养方式,其他变量添加和模型设定方法与表 7-3 的前三列相同。我们发现,对于孩子的心理健康而言,要求程度 demandingness 的作用不再显著,即设置更高的要求可能并不会对孩子的心理健康产生重要影响,而此时,反应性 responsiveness 的系数则显著为正。其他条件不变时,反应性程度 responsiveness 的值每提高 1 分,其对应的 CES-D 百分位数值上升大约 0.37 个百分点。随着控制变量的加入,responsiveness 的系数有所减小,但依然保持统计显著性。这表示,父母对孩子给予更多的关爱和反应有助于孩子的心理健康发展,而孩子的心理健康水平可能与父母要求的严格程度无关。

表 7-5 心理健康情况作为因变量的基准回归(普通线性回归)

| | (1) | (2) | (3) | (4) | (5) | (6) |
|---|---|---|---|---|---|---|
| demandingness | 0.052 | 0.107 | 0.128 | | | |
| | (0.1562) | (0.1642) | (0.1818) | | | |
| responsiveness | 0.619*** | 0.488*** | 0.366* | | | |
| | (0.1635) | (0.1714) | (0.1908) | | | |
| authoritative | | | | 3.427** | 3.195** | 1.476 |
| | | | | (1.4843) | (1.5310) | (1.6616) |

（续表）

| | (1) | (2) | (3) | (4) | (5) | (6) |
|---|---|---|---|---|---|---|
| permissive | | | | 2.754* | 1.925 | 0.280 |
| | | | | (1.5875) | (1.6500) | (1.7903) |
| neglecting | | | | -0.749 | -0.486 | -0.954 |
| | | | | (1.5049) | (1.5718) | (1.7201) |
| fatheredu | | 0.107 | 0.089 | | 0.115 | 0.093 |
| | | (0.1162) | (0.1263) | | (0.1162) | (0.1263) |
| motheredu | | 0.137 | -0.010 | | 0.152* | -0.002 |
| | | (0.0924) | (0.1029) | | (0.0920) | (0.1026) |
| ln_income | | 0.506 | 0.019 | | 0.503 | 0.013 |
| | | (0.4214) | (0.4613) | | (0.4220) | (0.4619) |
| child_age | | | -0.181 | | | -0.162 |
| | | | (0.3958) | | | (0.3939) |
| father_age | | | -0.078 | | | -0.085 |
| | | | (0.1958) | | | (0.1954) |
| mother_age | | | 0.111 | | | 0.115 |
| | | | (0.1998) | | | (0.1994) |
| male | | | -2.076* | | | -2.092* |
| | | | (1.1565) | | | (1.1520) |
| n_child | | | -1.809*** | | | -1.860*** |
| | | | (0.6900) | | | (0.6826) |
| urban | | | -0.091 | | | -0.072 |
| | | | (0.7658) | | | (0.7695) |
| Observations | 3 209 | 2 868 | 2 414 | 3 209 | 2 868 | 2 414 |
| $R$-squared | 0.439 | 0.462 | 0.469 | 0.438 | 0.462 | 0.469 |

资料来源：中国家庭追踪调查（2010，2012，2014）。

注：(1) 表中汇报的统计量是回归系数，括号里面是异方差稳健标准误；(2) *、** 和 *** 分别代表在 10%、5% 和 1% 的置信水平上显著；(4) 各列的因变量为孩子的心理健康指标 CES-D 的百分位数值，是一个从 0 到 100 的连续变量，使用普通线性回归模型进行估计。

与表 7-3 类似，在表 7-5 的后三列中，我们将表示教养方式类型的虚拟变量 authoritative、permissive 和 neglecting 作为核心自变量加入回归，将专制型教养方式作为基准组。这时我们发现，就孩子的心理健康而言，权威型和溺爱型的教养方式都显著优于专制型的教养方式,而忽视型的教养方式与专制型的教养方式无显著差异。从边际效应看,与专制型的父母相比,在权威型和溺爱型的教养方式下成长的孩子,其心理健康 CES-D 的百分位数值平均要高出 3 个百分点左右。对 authoritative 的系数与 permissive 的系数相等这一假设检验结果显示,两者没有显著差异,说明权威型和溺爱型两种教养方式对于孩子的心理健康的影响没有显著差异($t$ 检验,$p$ 值为 0.687,不能拒绝原假设)。这也进一步印证了我们在表 7-5 前三列的结果分析中得到的结论,即反应性这个维度是影响孩子心理健康的关键因素。也就是说,父母给予孩子更多关照,对孩子的表现做出更积极的反应,能够有效促进孩子的心理健康发展。[①]

## 2. 工具变量回归结果

本部分我们考察用工具变量回归尝试解决内生性问题的回归分析结果,并将相应的回归结果(第二阶段结果)呈现在表 7-6 中。

**表 7-6　工具变量回归结果(最小二乘法回归)**

| | (1)<br>academic | (2)<br>academic | (3)<br>academic | (4)<br>cesd_pctile | (5)<br>cesd_pctile | (6)<br>cesd_pctile |
|---|---|---|---|---|---|---|
| demandingness | 0.203** | 0.267** | 0.336** | -5.019** | -4.553** | -4.831** |
| | (0.0962) | (0.1165) | (0.1409) | (1.9689) | (2.1415) | (2.3742) |
| responsiveness | -0.027 | -0.143 | -0.313 | 6.338*** | 5.431** | 5.916* |
| | (0.1091) | (0.1416) | (0.2051) | (2.2670) | (2.6331) | (3.5210) |
| fatheredu | | 0.001 | -0.007 | | 0.109 | 0.070 |
| | | (0.0083) | (0.0096) | | (0.1650) | (0.1818) |
| motheredu | | 0.026*** | 0.024** | | -0.110 | -0.187 |
| | | (0.0093) | (0.0111) | | (0.1797) | (0.2095) |
| ln_income | | 0.115*** | 0.113** | | 0.453 | 0.482 |
| | | (0.0342) | (0.0448) | | (0.6203) | (0.7273) |

① 此外,需要说明的是,我们也在基准回归中对前面模型设定部分提到的非线性模型(Ordered Probit 模型和 Tobit 模型)进行了尝试,所得的结果与我们用普通线性回归得到的结果在系数符号和显著性水平上基本一致。这证明了结果的稳健性。由于篇幅所限,这部分结果不在正文中汇报,有兴趣的读者可联系作者索取。

（续表）

| | (1) academic | (2) academic | (3) academic | (4) cesd_pctile | (5) cesd_pctile | (6) cesd_pctile |
|---|---|---|---|---|---|---|
| Other controls | No | No | Yes | No | No | Yes |
| Observations | 2 586 | 2 299 | 1 965 | 2 603 | 2 311 | 1 976 |

资料来源：中国家庭追踪调查（2010，2012，2014）。

注：(1) 表中汇报的统计量是回归系数，括号里面是异方差稳健标准误；(2) *、** 和 *** 分别代表在 10%、5% 和 1% 的置信水平上显著；(3) 前三列的因变量为孩子学习成绩的指标 academic，是一个从 0 到 6 的数值型变量，后三列为孩子的心理健康指标 CES-D 的百分位数值，是一个从 0 到 100 的连续变量；(4) 内生自变量是 demandingness 和 responsiveness，工具变量是个体所在社区内其他人的要求和反应性的算术平均；(5) 所用模型是最小二乘法估计方法，表中是第二阶段结果。

在表 7-6 的前三列中，孩子的学习成绩是因变量。我们发现，在控制了内生性之后，反应性程度这一指标不再显著，而要求程度这一变量仍然显著为正。这与我们在基准回归中得到的两个系数都显著为正的结果有所不同，即考虑教养方式对孩子学习成绩的单方面影响时，父母对孩子的要求严格程度而非关怀和反应程度，是影响孩子学习成绩的主要因素。

在表 7-6 的后三列中，将孩子的心理健康作为因变量时，得到的结果也与前面基准回归结果有所不同。一方面，responsiveness 的系数依然显著为正；另一方面，在第（4）—（6）列的回归中，demandingness 的系数为负，也就是说，家长对孩子要求越严格，可能越不利于孩子的心理健康发展。在基准回归中，我们发现在专制型（高要求、低反应性）教养方式下成长的孩子，其心理健康表现显著差于高反应性的权威型和溺爱型教养方式，也就是说，孩子的心理健康与父母对孩子的要求程度呈负相关关系，这一结果在控制了内生性的回归之后得到了进一步的验证。

### 3. 分样本回归结果分析

考虑到男孩和女孩在面临的教养方式以及行为表现上有较为明显的差异，我们以性别为依据进行分样本回归，考察教养方式的作用机制在男孩和女孩之间的差异性。我们使用的模型与基准回归中的设定相同，以便于比较。回归结果呈现在表 7-7 和表 7-8 中。

在表 7-7 中,我们考察以学习成绩为因变量的分样本回归结果。其中,前两列是以 demandingness 和 responsiveness 作为核心解释变量,后两列以教养方式类型的虚拟变量 authoritative、permissive 和 neglecting 作为核心解释变量,所有的回归中都加入了反映家庭社会经济条件的变量以及其他控制变量。第(1)列和第(3)列是男孩的样本,第(2)列和第(4)列是女孩的样本。第(1)列的结果显示,对于男孩来说,要求程度和反应性都与学习成绩有显著的正相关关系,要使男孩学习成绩好,既需要较强的控制,也需要较多的关怀。第(3)列的回归结果显示,权威型、专制型和溺爱型三种教养方式没有显著差别,只有要求和反应性都低的忽视型教养方式会导致学习成绩显著低于另外三种。这也证实了要求和反应性都发挥重要作用这一结论。

**表 7-7　以性别为依据的分样本回归结果:学习成绩作为因变量**

| | (1)<br>男孩 | (2)<br>女孩 | (3)<br>男孩 | (4)<br>女孩 |
|---|---|---|---|---|
| demandingness | 0.049**<br>(0.0179) | 0.016<br>(0.0161) | | |
| responsiveness | 0.079***<br>(0.0176) | 0.086***<br>(0.0165) | | |
| authoritative | | | 0.195<br>(0.1368) | 0.587***<br>(0.1408) |
| permissive | | | -0.020<br>(0.1491) | 0.411***<br>(0.1555) |
| neglecting | | | -0.468***<br>(0.1316) | 0.092<br>(0.1588) |
| fatheredu | -0.003<br>(0.0141) | -0.002<br>(0.0108) | -0.006<br>(0.0099) | 0.001<br>(0.0107) |
| motheredu | 0.022*<br>(0.0120) | 0.018*<br>(0.0098) | 0.014<br>(0.0083) | 0.021**<br>(0.0098) |
| ln_income | 0.134***<br>(0.0350) | 0.153***<br>(0.0393) | 0.118***<br>(0.0364) | 0.150***<br>(0.0403) |
| Year Dummies | Yes | Yes | Yes | Yes |
| Other controls | Yes | Yes | Yes | Yes |

（续表）

| | (1)<br>男孩 | (2)<br>女孩 | (3)<br>男孩 | (4)<br>女孩 |
|---|---|---|---|---|
| Adjusted $R^2$ | 0. 134 | 0. 093 | 0. 081 | 0. 085 |
| Observations | 1 330 | 1 089 | 1 330 | 1 089 |

资料来源：中国家庭追踪调查（2010，2012，2014）。

注：(1) 表中汇报的统计量是回归系数，括号里面是异方差稳健标准误；(2) *、** 和 *** 分别代表在 10%、5% 和 1% 的置信水平上显著；(3) 各列的因变量是孩子学习成绩的指标 academic，是一个从 0 到 6 的数值型变量，估计模型为普通线性回归模型。

而对于女孩的样本，结论则不尽相同。要求和反应性两个维度之中，只有表示反应性的 responsiveness 这个变量显著为正，也就是对于女孩来说，学习成绩的好坏和家长对孩子要求的严格程度关系不大，而主要与父母对孩子的关心和反应程度相关。在表 7-7 第（4）列的结果中，我们发现专制型和忽视型对于女孩的学习成绩的影响无显著差别，而权威型和溺爱型这两种高反应性的教养方式类型所对应学习成绩显著高于低反应性的两种类型。这也与第（2）列的结果一致。

以心理健康作为因变量的回归结果呈现在表 7-8 中，回归模型与表 7-7 相同。从表 7-8 的结果中可以发现，对于男孩来说，其心理健康与教养方式的要求程度没有显著关系，但与反应性有显著的正相关关系；而对于女孩，其心理健康则与教养方式的两个维度都无显著相关性。从第（3）—（4）列的结果来看，对女孩来说，不同教养方式下的女孩在心理健康表现上不存在统计意义的显著差别；男孩则遵循了基准回归结果中的模式，即权威型和溺爱型教养方式显著优于另外两种低反应性的类型，即更多的关心和反应有利于促进男孩的心理健康发展。

**表 7-8 以性别为依据的分样本回归结果：心理健康作为因变量**

| | (1)<br>男孩 | (2)<br>女孩 | (3)<br>男孩 | (4)<br>女孩 |
|---|---|---|---|---|
| demandingness | -0. 133<br>(0. 2490) | 0. 421<br>(0. 2656) | | |
| responsiveness | 0. 756***<br>(0. 2495) | -0. 337<br>(0. 2730) | | |

（续表）

| | (1)<br>男孩 | (2)<br>女孩 | (3)<br>男孩 | (4)<br>女孩 |
|---|---|---|---|---|
| authoritative | | | 5.529**<br>(2.2967) | 0.061<br>(2.3657) |
| permissive | | | 5.660**<br>(2.4694) | -2.190<br>(2.6260) |
| neglecting | | | 1.321<br>(2.2129) | 0.191<br>(2.5065) |
| fatheredu | -0.116<br>(0.1633) | 0.348**<br>(0.1700) | -0.119<br>(0.1633) | 0.350**<br>(0.1704) |
| motheredu | -0.176<br>(0.1377) | 0.243<br>(0.1504) | -0.162<br>(0.1375) | 0.242<br>(0.1501) |
| ln_income | 0.139<br>(0.6207) | -0.227<br>(0.7102) | 0.096<br>(0.6213) | -0.217<br>(0.7113) |
| Year Dummies | Yes | Yes | Yes | Yes |
| Other controls | Yes | Yes | Yes | Yes |
| Adjusted $R^2$ | 0.450 | 0.505 | 0.450 | 0.504 |
| Observations | 1 336 | 1 094 | 1 336 | 1 094 |

资料来源：中国家庭追踪调查（2010，2012，2014）。

注：(1) 表中汇报的统计量是回归系数，括号里面是异方差稳健标准误；(2) *、** 和 *** 分别代表在 10%、5% 和 1% 的置信水平上显著；(3) 各列的因变量为孩子的心理健康指标 CES-D 的百分位数值，是一个从 0 到 100 的连续变量，估计模型为普通线性回归。

同时，考虑到我国城镇和农村家庭在社会经济条件与文化特征方面有着显著的差异，其教养方式及其影响也可能有所不同，我们根据中国家庭追踪调查划分的城镇与农村虚拟变量 urban（1 = 城市，0 = 乡村）进行分样本回归。这部分回归结果呈现在表 7-9 和表 7-10 中，因变量分别是孩子的学习成绩和心理健康指标。

**表 7-9　以城镇与农村为依据的分样本回归结果：学习成绩作为因变量**

| | (1)<br>城镇 | (2)<br>农村 | (3)<br>城镇 | (4)<br>农村 |
|---|---|---|---|---|
| demandingness | 0.019<br>(0.0178) | 0.049***<br>(0.0140) | | |

（续表）

| | (1)<br>城镇 | (2)<br>农村 | (3)<br>城镇 | (4)<br>农村 |
|---|---|---|---|---|
| responsiveness | 0.079***<br>(0.0170) | 0.058***<br>(0.0148) | | |
| authoritative | | | 0.298**<br>(0.1493) | 0.366***<br>(0.1327) |
| permissive | | | 0.323**<br>(0.1627) | 0.031<br>(0.1459) |
| neglecting | | | -0.126<br>(0.1655) | -0.296**<br>(0.1256) |
| fatheredu | -0.002<br>(0.0089) | -0.005<br>(0.0052) | -0.001<br>(0.0090) | -0.005<br>(0.0051) |
| motheredu | 0.013*<br>(0.0076) | 0.006<br>(0.0046) | 0.014*<br>(0.0077) | 0.008*<br>(0.0046) |
| ln_income | 0.088***<br>(0.0217) | 0.064***<br>(0.0246) | 0.087***<br>(0.0220) | 0.062**<br>(0.0246) |
| Year Dummies | Yes | Yes | Yes | Yes |
| Other controls | Yes | Yes | Yes | Yes |
| Adjusted $R^2$ | 0.134 | 0.063 | 0.121 | 0.060 |
| Observations | 973 | 1 419 | 973 | 1 419 |

资料来源：中国家庭追踪调查（2010，2012，2014）。

注：(1) 表中汇报的统计量是回归系数，括号里面是异方差稳健标准误；(2) *、** 和 *** 分别代表在 10%、5% 和 1% 的置信水平上显著；(3) 各列的因变量是孩子学习成绩的指标 academic，是一个从 0 到 6 的排序变量，估计模型为普通线性回归模型。

在表 7-9 的结果中，我们发现对于城镇家庭而言，学习成绩与要求程度没有显著的相关关系，而与反应性程度有显著的正相关关系。在第(3)列中，权威型和溺爱型的教养方式下的孩子，学习成绩显著优于专制型和忽视型教养方式下的孩子。在农村家庭，要求和反应性两个维度均对孩子的学习成绩有显著的正向影响；具体比较四种教养方式的影响，权威型最优，忽视型最差，专制型和溺爱型居中。这样的结果一定程度上反映了城镇和农村在教育质量上的差异：城镇中小学的教学质量较高，学校对孩子的学习习惯和内容已经提出了较高的要求，因此父母对孩子的要求程度不再发挥显著作用，而父母对孩子的关照和反应则发挥着更强的作用;农村情况则有所不同,孩子的学习成绩提高需要父母的关照和反应的同时,也需要父母提出较为严格的要求,以弥补学校教育的不足。

从表 7-10 可知,城镇与农村在心理健康方面也存在显著差异。城镇样本的回归结果与基准回归相似,即孩子的心理健康状况与反应性程度呈现显著的正相关关系;对于孩子的心理健康而言,权威型和溺爱型教养方式优于另外两种教养方式。农村不存在类似的影响机制,并且教养方式对孩子的心理健康没有显著的影响。这可能是由于农村地区家长对孩子的心理健康重视普遍不够,父母陪伴孩子的时间较少,对孩子的关照和反应性相比城市较少,故而没有通过教养方式的改进来促进孩子心理健康的发展。

**表 7-10 以城镇与农村为依据的分样本回归结果:心理健康作为因变量**

| | (1)<br>城镇 | (2)<br>农村 | (3)<br>城镇 | (4)<br>农村 |
|---|---|---|---|---|
| demandingness | 0. 054<br>(0. 2926) | 0. 190<br>(0. 2359) | | |
| responsiveness | 0. 634***<br>(0. 2791) | 0. 106<br>(0. 2492) | | |
| authoritative | | | 4. 100*<br>(2. 4344) | 2. 204<br>(2. 2409) |
| permissive | | | 5. 173*<br>(2. 6532) | -1. 125<br>(2. 4685) |
| neglecting | | | 0. 997<br>(2. 6990) | -0. 081<br>(2. 1191) |
| fatheredu | 0. 033<br>(0. 2259) | 0. 096<br>(0. 1407) | 0. 048<br>(0. 2256) | 0. 098<br>(0. 1405) |
| motheredu | -0. 198<br>(0. 1905) | 0. 072<br>(0. 1223) | -0. 198<br>(0. 1904) | 0. 072<br>(0. 1218) |
| ln_income | 0. 460<br>(0. 6795) | -0. 312<br>(0. 6517) | 0. 442<br>(0. 6795) | -0. 316<br>(0. 6509) |
| Year Dummies | Yes | Yes | Yes | Yes |
| Other controls | Yes | Yes | Yes | Yes |

（续表）

| | (1)<br>城镇 | (2)<br>农村 | (3)<br>城镇 | (4)<br>农村 |
|---|---|---|---|---|
| Adjusted $R^2$ | 0.544 | 0.421 | 0.544 | 0.422 |
| Observations | 973 | 1 430 | 973 | 1 430 |

资料来源：中国家庭追踪调查（2010，2012，2014）。

注：(1) 表中汇报的统计量是回归系数，括号里面是异方差稳健标准误；(2) *、** 和 *** 分别代表在 10%、5% 和 1% 的置信水平上显著；(3) 各列的因变量为孩子的心理健康指标 CES-D 的百分位数值，是一个从 0 到 100 的连续变量。

从整个分样本回归的结果来看，教养方式对男孩的效果要强于女孩，在城镇的作用效果要强于农村，这反映出女孩群体、农村家庭等弱势群体在家庭教育方面需要得到更多的社会关注，相关政策需要加强对这些群体父母教育方式和观念的培养和重视，以缩小青少年的人力资本发展在性别和城镇农村方面的不平等。①

## 五、结论与政策含义

### 1. 主要结论

我们将心理学和教育学中研究较为广泛的教养方式这一因素纳入青少年人力资本形成的研究框架中，探索教养方式在要求和反应性这两个维度上的差异，据此区分出的不同教养方式类型，并将学习成绩和心理健康这两个人力资本的重要方面作为因变量来考察教养方式的影响。基于中国家庭追踪调查三年的混合截面数据，研究结果为这一假设提供了可靠的实证支持，相关结论总结如下：

第一，回归结果显示，父母对孩子的要求程度和反应性程度都对孩子

① 在整个分样本回归结果分析部分，我们就每张表的前两列（即 demandingness 和 responsiveness 作为主要解释变量）的模型，也都使用了表 6-6 中设定的最小二乘法模型进行估计，以控制可能存在的内生性。得到的估计结果和表 6-6 的结果保持一致，同时也能够反映出普通线性回归模型结果所显示的城镇与农村差异，这进一步验证了我们结果的稳健性。这里为了便于和基准回归结果相对照，以及为了和每张表后两列（用教养方式四种类型的虚拟变量作为主要解释变量）相对照，我们选择在分样本结果中汇报依据基准回归普通线性回归模型得到的结果。

的学习成绩有显著的正向影响。权威型的教养方式能带来最好的学习成绩,溺爱型和专制型次之,忽视型的教养方式对孩子的学习成绩最为不利。同时,教养方式对孩子的心理健康也有显著影响,要求的严格程度不再显著,而反应性程度与孩子的心理健康呈现显著的正相关关系;权威型和溺爱型下孩子的心理健康状况要好于专制型和忽视型。这说明,父母一方面要提高对孩子的要求和期望,另一方面还要加强对孩子的关爱、关注和反应。在中国崇尚从严治家的文化背景下,我国父母往往更加重视前者而忽略后者,所选择的教养方式往往对子女的发展带来不利影响。

第二,工具变量模型的回归结果显示,上述影响不只代表简单的相关性,而且可以被解释为经济学意义上的因果关系。我们发现,父母对孩子的要求程度对子女的学习成绩有正向影响,但对孩子的心理健康有负向影响。这提醒我们,对孩子的家庭教育要严慈相济,设置高要求的同时,要给予孩子更多的关爱和反应,促进孩子身心健康的全面发展。与现有的国际文献相比,我们首次通过工具变量来控制教养方式的内生性,从而得到能反映因果关系的结论。

第三,分性别和城乡的分样本回归结果展示出一系列具有中国国情、特殊意义的结论。我们发现,教养方式对子女人力资本的影响,在不同性别群体和城镇农村之间存在显著差异。从男女差异来看,该影响在男孩的身上表现得更为明显,要求和反应性这两个维度的指标都对男孩群体有显著作用;但对于女孩而言,只有反应性对其学习和心理健康发挥显著作用。从城镇和农村差异来看,农村家庭子女的学业成绩受到父母要求和反应性的共同影响,与它们呈现正相关关系,而城镇子女的学业成绩只受到父母反应性的影响;从心理健康方面来看,只有城镇家庭的子女受到父母教养方式的影响较为显著。经过前文的分析,这些差别可能与城镇与农村的社会经济情况以及教育发达程度的差异有关,是我国教育发展不均衡的表现。

### 2. 政策启示

研究结论表明,在学校教育之外,社会要更加重视家庭教育在青少年成长中的作用,对父母加强教养方式的宣传和培养,在整个社会传播先进的家庭教育理念,建设积极和睦的家风,通过家庭教育的改善,提高青少年人力资本的积累和质量;要加强家校共建,促进家庭和学校之间的信息沟通,使父母了解孩子的情况,从而科学地设置要求,适度地给予反应;要从家庭教育层面努力改善我国教育的城镇与农村不平等现象,加强对留守儿童以及落后农村地区青少年的关注和培育,提高农村地区教育教学质量,同时增加对农村青少年心理健康的关注,提高农村地区对家庭教育重要性的关注,使得父母的教养质量随经济发展和文化普及而提高,从而缩小城镇和农村教育不公平的鸿沟。

# 第八章　政府部门的养老与教育支出对人力资本及经济增长的影响[①]

在人口老龄化和经济增速放缓的背景下，加快经济转型升级、提高社会养老保障水平成为当前我国政府的两项紧迫任务。这要求政府在有限的公共财政预算内对养老和教育支出进行合理配置。为此，本章使用世代交叠（OLG）模型，在一般均衡分析框架下，研究了政府在养老和教育领域的相对支出变化对人力资本积累以及经济增长的影响机制。在数理建模的基础上，本章使用我国1997—2015年的省际面板数据对理论研究模型的结果进行了实证检验。

---

① 本章写作的基本时间立足点为2018年。本章的主要内容来自秦雪征、耿峰的论文《公共部门的养老与教育支出对人力资本及经济增长的影响机制研究——基于OLG模型的一般均衡分析及经验证据》。该论文获得了2018年第十五届北大赛瑟（CCISSR）论坛的优秀论文奖。

# 一、研究背景

**1. 政府在公共养老与教育支出之间的合理配置对于经济增长的重要性**

“老有所养、老有所依”是和谐社会的应有之义，也是建成社会主义现代化强国的重要目标之一。在现代化的社会养老保障体系中，除了个人与单位共同缴费的企业年金制度，由政府通过财政支付直接进行的公共养老支出也将继续发挥重要作用。首先，公共养老支出对养老金的财政“兜底”（即养老金收不抵支时，政府通过财政补缺）是一国社会养老保险制度健康运行的重要保障；其次，一定的公共养老支出可以促进居民参保并且保证养老金的平均支付水平，满足老年人的基本生活保障和其他养老福利。通过不断改革与创新，我国已建立起一个覆盖城乡各类群体、多层次的社会养老保险体系，但该体系仍存在参保率不足、个人账户“空账”运行以及保障水平较低等诸多问题。随着经济进入“新常态”，人口老龄化趋势的不断加剧，我国社会的养老危机愈加严重，这在客观上要求政府继续加大财政养老支出，同时加快社会养老保险的普及、提高社会养老保障的水平。

我国经济的转型升级、人力资本红利的释放以及“保量增质”的阶段性发展目标的实现也对政府的公共教育支出提出了更高的要求。百年大计，教育为本。教育的公共品属性及教育投资的外部效应决定了公共教育支出是一个国家教育事业健康、稳定发展的基础。同时，公共教育支出能有效促进人力资本的积累和科学技术的进步，加快经济的转型升级，为经济的可持续发展奠定坚实的基础。然而，由于教育投资收益的滞后性以及分税制财政体制下教育财政分权的不合理（余靖雯和龚六堂，2015），我国公共教育支出的总量依然处在一个较低的水平。从图 8-1 可以看出，2000 年以来我国公共教育支出在 GDP 中的比重逐年上升，但截至 2015 年，与其他国家相比仍然处于较低水平，不仅与发达国家之间存在较大差距，甚至还落后于世界的平均水平。人口老龄化态势的加剧和劳动力成本的上升正在使我国经济的人口红利逐步消失,加快人口红利向人力资本红利的过渡,实现经济增长更多依靠创新和技术进步,需要政府进一步加大对公共教育的投资。

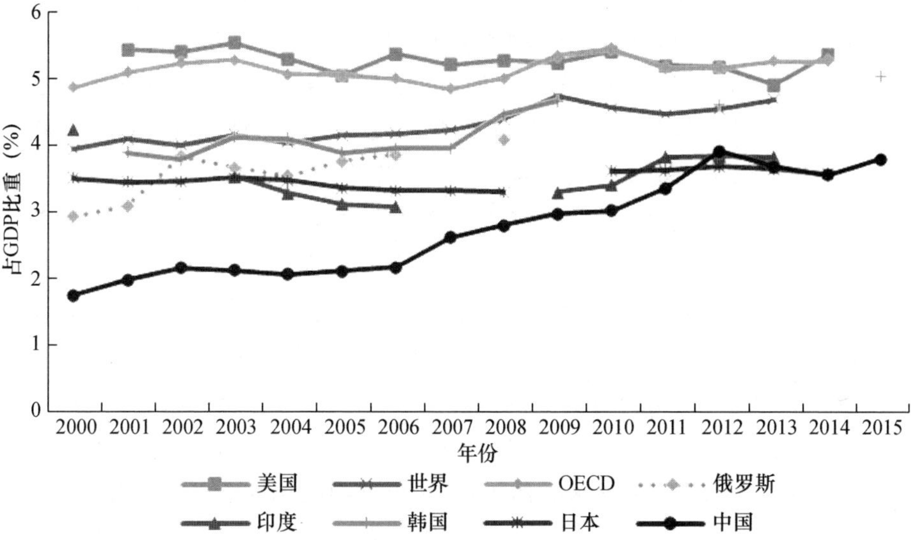


**图 8-1　世界各国公共教育支出占 GDP 的比重(%)**

资料来源:世界银行 WDI 数据库与《中国统计年鉴》。

然而,受到公共财政预算[①]的制约,政府不可能无限制地增加公共养老和公共教育的支出,因此这两类重要的社会支出呈现出互为消长的矛盾关系,而如何在上述两类支出之间进行合理配置以实现人力资本的可持续积累和经济的高质量增长成为我国政府急需破解的难题。要解决这一问题,首先必须弄清公共养老和教育支出对人力资本积累和经济增长的影响机制:如果从公共教育向公共养老的支出转移能够在提高社会养老保障水平的同时促进人力资本的积累与经济增长,那么政府在进行公共支出时,可以优先考虑养老支出,而让公共教育支出起引导私人教育投资的作用;反之,如果削减公共教育支出而增加公共养老支出,从长期来

① 目前我国的政府预算包括公共财政预算、政府性基金预算、国有资本经营预算以及社会保障预算,公共养老支出(政府对养老金的财政转移)与公共教育支出同属于公共财政预算支出。

看不利于人力资本的积累和经济增长，那么政府就应该优先进行公共教育支出，并通过其他非公共财政措施来提高社会养老保障水平。

此外，一些研究虽然认识到养老金与公共教育支出对人力资本积累以及经济增长的作用（Glomm and Ravikumar，1992；Kaganovich and Zilcha，1999；Blankenau and Simpson，2004；Rojas，2004；Shakuno，2014），但大多忽视了家庭养老支出扮演的中间角色。受儒家文化的影响，我国民间普遍存在“养儿防老”与“孝顺父母”等观念（郭庆旺等，2007），相比社会养老保障，家庭内部子女赡养式的养老依然是当下主流的养老模式。此外，以往的文献在分析公共教育支出与社会养老金之间的再分配所引发的经济效应时，或假定养老金与公共教育支出是此消彼长的关系（Kaganovich and Zilcha，1999；Shakuno，2014），或假定二者之间是相互独立的（Pecchenino and Pollard，2002）。但在现实中，社会养老金包含两个部分——公共养老支出（政府对养老金的财政转移）与成年人缴纳的社会养老保险费。前者与公共教育支出同属于公共财政预算支出，在预算平衡的制约下，二者之间存在此消彼长的关系；后者被纳入单独的社会保障预算，与公共教育支出相互独立。这种差异使得公共养老支出与社会养老保险费对人力资本积累以及经济增长的影响机制存在差别，而以往的文献并未考虑到这一点。因此，在考察政府在公共养老与教育支出之间的统筹决策对经济增长的影响时，引入内生性的家庭养老决策，并将公共养老支出与社会养老保险费分开进行分析，可以完善已有的理论框架，使得分析结论更具说服力。

### 2. 公共养老与教育支出对经济增长的影响有待进一步研究

尽管养老金与经济增长之间的关系已被广泛研究，但研究结果并不统一。一些文献发现养老金促进了经济增长，而另外一些文献则认为养老金水平的上升不利于经济增长。早期的相关文献主要关注养老金对物质资本积累的作用，以及对经济增长的影响。Barro（1974）认为养老金对经济增长的影响是中性的；而 Feldstein（1974）使用生命周期模型发现，养老金会通过替代资产效应和引致退休效应来影响人们的储蓄行为，前者抑制储蓄，后者促进储蓄。进一步的实证分析发现，替代资产效应的影响大于引致退休效应，最终降低了人们的储蓄率，阻碍了物质资本积累与经济增长。近年来，随着内生增长理论（Lucas，1988）的出现与完善，大量文献开始从人力资本的角度研究这一问题。Zhang（1995）和 Zhang and Zhang（2004）分别用理论与实证的方法证明养老金能降低生育率并促进人力资本投资和经济增长，但是对储蓄率并无显著影响。Groezens et al.（2012）、Zhang and Zhang（2007）以及 Yew and Zhang（2009）发现当人力资本投资具有正外部性时，养老金能够提高个体对每个子女的人力资本投资，从而促进经济增长。但是，这些研究忽略了父母未来需要子女养老这一利己主义的动机。Ehrlich and Lui（1998）、Ehrlich and Zhong（1998）以及 Ehrlich and Kim（2005）认为，在父母对子女的人力资本投资带有利己和利他双重动机的情况下，养老金扭曲了家庭内部的生育和人力资本投资决策，并对经济增长产生了负面作用。Kemnitz and Wigger（2000）在同样考虑父母的利己主义动机后，却得出相反的结论：社会保障机制将老年人的养老金收入与子女的收入水平联系在一起，因而会促进父母对子女的教育投资，有利于经济的长期增长。

关于公共教育支出对经济增长的影响，多数文献均通过探讨公共教育支出对人力资本积累的作用来展开。Glomm and Ravikumar（1992）通过一个包含内生增长的 OLG 模型，比较了公共教育投资与私人教育投资对经济增长和收入分配的影响，发现公共教育投资对于缓解收入不平等的作用更加明显，并且当收入差距较大时，该投资能更快推动经济增长。Blankenau and Simpson（2004）在一个同样包含公共教育与私人教育投入的内生增长模型中探讨了公共教育投入与经济增长的关系，发现公共教育支出会挤出其他促进经济增长的因素从而削弱其本身对经济增长的正向影响，因而公共教育支出与经济增长之间的关系是非单调的。Blankenau（2005）发现当公共教育支出在基础教育和高等教育之间进行分配时，如果两类教育在人力资本积累中的互补程度较强，并且总的公共教育支出较大，那么提高高等教育经费的份额能够促进经济增长。除了上述文献，还有一些文献认为公共教育支出可以通过影响私人投资从而对经济产生间接的增长效应（Hendricks，1999；Bräuninger and Vidal，2000）。在经验研究方面，对微观数据的实证分析大多支持公共教育支出对经济增长有正向影响这一观点（Bratsberg and Terrell，2002），但是宏观层面的实证研究结果则不尽相同：一些研究认为公共教育支出对经济增长具有显著的促进作用（Barro and Sala Martin，1995；Blankenau et al.，2005；Dastidar and Chatterji，2015）；另一些则认为公共教育支出对经济增长的促进作用并不显著（Easterly and Rebelo，1993），甚至具有抑制作用（Devarajan et al.，1996；Nurudeen and Usman，2010）。

考虑到公共教育和养老金支出在一国政府预算中占有重要地位，一些文献考虑了政府在两者之间的统筹决策对经济增长和收入分配的影响。Kaganovich and Zilcha（1999）发现当政府只存在公共教育支出和养老金支出时，养老金支出占比的上升不利于经济增长，除非父母非常关心自己退休后的福利并且对孩子有着强烈的利他主义动机；Glomm and Kaganovich（2010）认为如果公共教育投资与私人教育投资在人力资本积累中存在互补关系，那么从公共教育向养老领域的财政转移会促进私人教育投资，缓解收入的不平等；Glomm and Kaganovich（2008）证明了公共养老支出或养老金的增加——无论由政府总支出上升导致还是由两类支出的比例调整引起——与经济增长之间的关系都是非单调的。以上文献都存在一点不足，就是没有考虑家庭内部的生育决策，而该决策往往是私人教育与养老支出的关键性决定因素。Becker et al.（1990）认为，家庭的生育率与父母对单个子女的教育投入之间存在明显的替代关系，因而生育率的变化会直接影响经济的长期增长。Omori（2009）发现在税率不变的条件下，养老金向公共教育支出的转移会使家庭倾向于减少子女的数量。基于上述文献，Shakuno（2014）在引入家庭的生育决策之后，发现在只有养老金与公共教育支出的情形下，公共教育支出的占比与生育率之间存在倒 U 形关系，过低的公共教育支出会提高生育率并且不利于经济的长期增长。除了上述文献，还有一些文献在公共教育和养老金相互独立（不存在此消彼长的关系）的假定下，分析了两类支出对经济增长的影响。Pecchenino and Pollard（2002）认为当公共教育支出的收益率较高时，降低养老金缴费率、提高教育税率有利于改进人们的福利和经济增长的状况；Rojas（2004）则认为公共教育支出的增加会提高人口的平均受教育水平和预期寿命、降低平均生育率，导致人口的老龄化以及养老金缴费率的上升，最终削弱公共教育支出对经济增长的正面影响。

在国内，近年来学界也越来越多地关注养老和公共教育支出对经济增长的影响。首先,关于公共教育与我国经济增长之间的关系,以往的文献未能达成一致结论。郭凤英(2013)利用我国1980—2011年的时间序列数据,发现无论从长期还是短期来看,政府教育支出都对经济增长具有显著的正向作用。郭庆旺和贾俊雪(2009)通过一个包含基础教育和高等教育的两阶段人力资本积累模型,探讨了公共教育支出规模、结构对家庭的教育投资和经济增长的影响,其实证分析结果表明我国的地方教育投入并未有效促进地区经济增长;余靖雯(2012)同样发现政府教育投入和非政府教育投入对我国经济增长的影响都不显著,但政府教育支出对非政府教育投入具有显著的拉动效应。其次,还有一些文献单独分析了养老金支出对我国经济增长的影响。例如,郭庆旺等(2007)以及贾俊雪等(2011)指出养老金支出对长期经济增长具有显著的抑制作用,而儒家传统文化有助于缓解养老金支出对短期物质资本积累与长期人力资本积累的不利影响。郭凯明和龚六堂(2012)从家庭养老角度入手,对个体的生育决策进行理论分析,数值模拟结果表明现收现付的社会养老机制能够显著替代家庭养老,有助于减缓人口增长和促进经济增长。汪伟(2012)分析了养老制度变革对中国经济增长的影响,发现养老制度从现收现付制向个人与统筹账户相结合的转变促进了物质资本与人力资本的积累,推动了经济增长。最后,与本章相似,一些文献探讨了政府在公共教育和养老支出之间的统筹决策对经济增长和收入分配的影响。郭凯明等(2011)认为政府在提供公共服务时面临效率与公平的权衡(增加养老金支出可以促进社会公平但不利于经济增长,提高公共教育支出则具有相反的作用)问题,因此经济发展初期应侧重于社会保障投入,而后期应更多地投资公共教育以维持经济的高速增长;但是,文章并未考虑家庭内子女对父母的利他主义动机,并把社会养老保障与家庭养老之间的替代关系视为外生给定的。何亚丽等(2006)在公共教育框架下研究了养老金对公共教育的相对支出对家庭生育率、公共教育投资和经济增长的影响,发现养老金相对支出的增加会从收入效应与替代效应两个渠道降低生育率,而对人均公共教育投资水平与经济增长的影响具有不确定性。然而,该文献忽视了家庭内部的教育投入决策,并且没有考虑父母与子女之间的双向利他动机。

通过文献梳理不难发现,现有的关于养老金和公共教育支出对经济增长贡献的研究具有以下几方面的不足:第一,正如黄少安和孙涛(2005)指出,在儒家文化盛行的国家或地区,家庭内部成员的行为动机具有三个鲜明的特点——“望子成龙”“养儿防老”以及“百善孝为先”。但是,已有的相关研究大多遵循西方传统而忽视了子女对父母的利他主义动机在家庭养老机制中所扮演的角色(即第三个特点所发挥的作用)。第二,以往的文献在分析公共教育支出与养老金之间的再分配所带来的经济效应时,没有考虑到养老金的两个部分——公共养老支出与社会养老保险费——对人力资本的积累以及经济增长的影响机制是不同的。第三,以往的国内文献大多偏向于单独理论或者实证分析,而理论和实证相结合的研究较少。

基于以上考虑,本研究引入家庭成员对父母的利他主义动机,同时考虑了公共养老支出与社会养老保险对经济增长的贡献,更全面地探讨了政府在公共养老与教育支出之间的再分配对经济增长的贡献机制,并对相关理论结论进行了实证检验。本研究的创新之处主要有以下几点:第一,理论模型引入子女对父母的利他主义动机,从内生的家庭养老决策入手,在一般均衡分析框架下阐释了公共部门与私人部门的养老和教育支出对人力资本积累和经济增长的贡献机制;第二,戴蒙德(OLG)模型同时考虑了人力资本的直接传递与间接传递在人力资本积累中发挥的作用,从而为人力资本对经济增长的贡献机制提供了更全面的解释;第三,本章首次考虑了财政养老支出与社会养老保险在筹资渠道及对人力资本积累的影响机制方面的差异,从而有助于得出更加准确的政策建议;第四,实证研究部分利用最新全国性的省际面板数据对理论分析的结论进行了检验,使相关结论更具说服力。

## 二、理论模型

### 1. 模型框架

(1) 家庭部门。

假定家庭中的每个代表性个体一生经历三个时期:幼年期、成年期和老年期。在幼年期,个体接受家庭内部父辈的教育投入以及政府的公共教育投入而积累人力资本。在成年期,个体通过劳动获得收入,在缴纳收入税和社会养老保险费之后,将可支配收入用于当期消费、储蓄、家庭养老支出、生育支出和子女的教育支出。在老年期,个体退休不再工作,而依赖成年期的储蓄带来的回报、子女的家庭养老支出以及政府发放的养老金维持生活。

对人力资本积累过程的刻画是本模型的一个关键环节。除了家庭和政府的教育投入,我们认为人力资本还具有代际传递的特性。[①] 人力资本的代际传递是指它可以在父代与子代之间传递,这种代际传递包括直接传递和间接传递两种路径。前者指父母的健康、教育等人力资本通过基因遗传或言传身教等途径直接传递给子女;而后者则是指父母的人力资本通过影响自身的收入进而影响其对子女的教育投资能力,从而间接影响子女的人力资本水平。借鉴 Kaganovich and Zilcha(1999)的假设,我们将人力资本的积累方程设定如下:

$$H_{t+1} = AH_t^{\beta} h_t^{\delta} g_t^{1-\beta-\delta} \tag{8-1}$$

其中,$A>0$ 为常数,为人力资本积累的技术参数;$\beta$ 代表了人力资本的直接代际传递的程度,$0<\beta<1$;$\delta$ 则代表了人力资本间接代际传递的程度,反映了父母对子女人力资本(教育)投入的回报率;$h_t$ 是父母对每个子女的教育投入;$g_t$ 表示每一个孩子所获得的公共教育投入,$0<\beta+\delta<1$。

在同一时期,成年个体的人力资本水平为 $H_t$,并生育 $n_t$ 个子女。假定每个成年个体具有 1 单位的时间禀赋,生育每个子女需要花费 $v$ 单位的时间照顾($0<v<1$),因此在单位人力资本的有效工资率为 $w_t$ 时,获得的劳动收入为 $w_tH_t(1-vn_t)$。在缴纳了收入税(税率为 $\tau$)以及社会养老保险费(费率为 $\theta$)后,成年个体将可支配收入的 $m_t$ 及 $s_t$ 部分分别用于家庭养老支出和储蓄,剩余的用于消费 $C_{1,t}$ 以及子女的教育支出。借鉴郭凯明和龚六堂(2012),假定家庭教育投入的价格是社会平均有效工资率,那么家庭的总教育支出为 $n_tw_th_t$。于是,个体在成年期的预算约束为:

① 具体可参考 Currie and Moretti(2007)、Royear(2009)以及 Björklund et al.(2010)等文献。

$$C_{1,t}=w_tH_t(1-vn_t)(1-\tau-\theta)(1-m_t-s_t)-n_tw_th_t \tag{8-2}$$

到 $t+1$ 期,上一期的成年个体步入老年,退休不再工作。此时,除了上一期储蓄带来的回报 $w_tH_t(1-vn_t)(1-\tau-\theta)s_tr_{t+1}$,老年人还能获得政府发放的养老金 $f_{t+1}$ 以及全部子女的家庭养老支出 $w_{t+1}H_{t+1}(1-vn_{t+1})(1-\tau-\theta)m_{t+1}n_t$,其中 $r_{t+1}$ 为储蓄的回报率。每个老年人将全部收入都拿来消费,因此,个体在老年期的预算约束为:

$$\begin{aligned}C_{2,t+1}&=w_tH_t(1-vn_t)(1-\tau-\theta)s_tr_{t+1}\\&\quad+m_{t+1}w_{t+1}H_{t+1}(1-vn_{t+1})(1-\tau-\theta)n_t+f_{t+1}\end{aligned} \tag{8-3}$$

每一个成年个体从自己的两期(成年期和老年期)消费、父母老年期的消费和子女的成功中获得效用。借鉴 Ehrlich and Lui(1991),我们假设父母对子女具有利他动机,子女的数目与人力资本水平直接进入父母的效用函数。此外,由于子女对父母的利他动机,父母老年期的消费水平会直接影响成年个体的效用(郭凯明和颜色,2016),这一点在长期受儒家文化影响的我国显得尤为明显:一方面,长期"孝"文化的熏陶会使个体自发具有一种对父母的无私关爱;另一方面,"百善孝为先"的传统使得孝顺父母能够让个体获得更多的社会认同。于是,参考 Glomm and Kaganovich(2008)的设定,$t$ 期成年个体的效用函数为:

$$U_t=\ln C_{1,t}+\lambda\ln C_{2,t}+\rho\ln C_{2,t+1}+\varphi\ln(n_t^{\eta}H_{t+1}) \tag{8-4}$$

其中,$\lambda$、$\rho$ 和 $\varphi$ 均为常数,分别表示父母 $t$ 期的消费、自己 $t+1$ 期的消费以及子女 $t+1$ 期的成功(体现为人力资本积累水平)对 $t$ 期成年个体效用的贡献率;$\eta$ 则表示相较于子女质量(人力资本水平)、成年个体对子女数量的相对重视程度(以下简称"对子女数量的相对重视程度"),并进一步假设 $\eta>\delta$ 以保证生育率在任意 $m$ 值下始终大于零。

$t$ 期的成年个体在预算约束式(8-2)与(8-3)下,通过选择自己成年期的消费 $C_{1,t}$ 和自己老年期的消费 $C_{2,t+1}$、储蓄率 $s_t$、家庭的养老支出占家庭可支配收入的比重(以下简称"家庭养老支出的比重")$m_t$、生育率 $n_t$ 以及对每个子女的教育投入 $h_t$ 使函数(8-4)效用最大化。

(2) 企业。

代表性企业在完全竞争市场中使用物质资本和人力资本来生产单一的最终产品。假定企业的生产函数满足柯布–道格拉斯函数的形式,则经济的总产出为:

$$Y_t = DK_t^{\alpha}(H_tL_t)^{1-\alpha} \tag{8-5}$$

其中,$\alpha$ 为物质资本的产出弹性且 $0<\alpha<1$,$D$ 为生产的技术参数,$L_t$ 表示雇用的劳动力的数量。

企业在每一期通过最大化其利润 $Y_t - w_tH_tL_t - r_tK_t$ 来选择物质资本和劳动的投入量。根据一阶条件可知要素的价格分别为:

$$w_t = (1-\alpha)De_t^{\alpha} \tag{8-6}$$

$$r_t = \alpha De_t^{\alpha-1} \tag{8-7}$$

其中,$w_t$ 和 $r_t$ 分别为 $t$ 期的有效工资率与利率,$e_t = K_t/H_tL_t$ 为每单位人力资本所拥有的物质资本。

(3) 政府。

政府预算包括公共财政预算和社会保障预算,两种预算在每期都要实现收支平衡。公共财政预算的收入来自 $t$ 期向成年人征收的收入税(税率为 $\tau$)。借鉴 Kaganovich and Zilcha(1999)与 Glomm and Kaganovich(2008)的做法,我们假定公共财政预算支出只包括公共养老支出(政府对养老金的财政转移)和公共教育支出,以集中考察政府在两类支出之间的统筹决策对人力资本积累和经济增长的影响。假定公共教育投入的价格同样为社会平均有效工资率,则公共财政预算的平衡为:

$$\tau w_tH_t(1-vn_t)N_t = N_{t+1}w_tg_t + \gamma_t\tau w_tH_t(1-vn_t)N_t \tag{8-8}$$

其中,$\gamma_t$ 为 $t$ 期政府的公共养老支出占公共财政收入的比率(以下简称“公共养老支出占比”),$w_tg_t$ 为 $t$ 期政府对每个孩子的平均公共教育支出。

社会保障预算的收入来自公共财政预算里的公共养老支出以及成年人缴纳的社会养老保险费。假定社保制度为现收现付型(pay-as-you-go)的,即政府将 $t$ 期的社会保障预算收入全部用来给同期的老年人支付养老金。因此,社会保障预算的平衡为:

$$(\gamma_t\tau + \theta)w_tH_t(1-vn_t)N_t = N_{t-1}f_t \tag{8-9}$$

其中,$\theta$ 为个人缴纳的社会养老保险费率,$f_t$ 为 $t$ 期的每个老年人“领到的养老金”。

(4) 市场出清。

假设物质资本在每一期完全折旧,物质资本市场和劳动力市场的均衡条件为:

$$K_{t+1}=s_t w_t H_t(1-vn_t)(1-\tau)N_t \tag{8-10}$$

$$L_t=N_t(1-vn_t) \tag{8-11}$$

综合上述分析,下面我们定义模型的一般均衡如下:

给定初始的物质资本 $K_0$、初始的人力资本 $H_0$ 和初始的人口数 $N_0$,经济的一般均衡包含个体的决策序列 $\{C_{1,t},C_{2,t+1},s_t,n_t,h_t,m_t\}$,价格序列 $\{r_t,w_t\}$,政府的公共支出序列 $\{g_t,\gamma_t\}$ 以及要素投入序列 $\{K_{t+1},L_t\}$,它们满足:

① 厂商按照(8-6)式和(8-7)式决定要素的投入 $\{K_{t+1},L_t\}$,以使得利润最大化;

② 给定要素价格 $\{r_t,w_t\}$、人力资本 $H_t$ 以及政府公共支出,在预算约束式(8-2)、(8-3)与人力资本积累方程(8-1)下,个体的决策序列 $\{C_{1,t},C_{2,t+1},s_t,n_t,h_t,m_t\}$ 使得效用函数(8-4)最大化;

③ 要素价格 $\{r_t,w_t\}$ 使得物质资本市场和劳动力市场出清,即(8-10)式和(8-11)式成立;

④ 政府的公共支出 $\{g_t,\gamma_t\}$ 使得(8-8)式和(8-9)式成立。

**2. 模型求解**

(1) 一般均衡解。

求解成年个体的效用最大化问题,可以得到关于储蓄率 $s_t$、生育率 $n_t$、对每个子女的教育投入 $h_t$ 和家庭养老支出的比重 $m_t$ 的一阶条件分别为:

$$\frac{1}{C_{1,t}}=\frac{\rho\, r_{r+1}}{C_{2,t+1}} \tag{8-12}$$

$$\frac{w_t h_t+w_t H_t v(1-\tau-\theta)}{C_{1,t}}=\frac{\rho}{C_{2,t+1}}[m_{t+1}w_{t+1}H_{t+1}(1-vn_{t+1})(1-\tau-\theta)]+\frac{\varphi\eta}{n_t} \tag{8-13}$$

$$\frac{n_t w_t}{C_{1,t}}=\frac{p\delta}{C_{2,t+1}h_t}[m_{t+1}w_{t+1}H_{t+1}(1-vn_{t+1})(1-\tau-\theta)n_t]+\frac{\delta\varphi}{h_t} \tag{8-14}$$

$$\frac{1}{C_{1,t}}=\frac{\lambda n_{t-1}}{C_{2,t}} \tag{8-15}$$

(8-13)式和(8-14)式的左边和右边分别表示生育、对每个子女的教育投入的边际成本和边际收益。可以看到,提高生育率和对每个子女的教育投入将分别增加教育投入和生育的边际成本。而生育和对每个子女教育投入的回报来自子女的家庭养老支出以及子女成功所带来的直接效用。

在一般均衡中,给定对数形式的效用函数和柯布–道格拉斯形式的生产函数,平衡增长路径上的时间和收入分配比是稳定的(Zhang and Zhang,2004)。为了便于求解,我们作如下代换:

$$\phi_c = \frac{C_{1,t}}{w_t H_t(1 - vn_t)(1 - \tau - \theta)}, \phi_h = \frac{n_t w_t h_t}{w_t H_t(1 - vn_t)(1 - \tau - \theta)}, \phi_n = \frac{vn_t}{1 - vn_t}$$

其中,$\phi_c$ 表示年轻时期的消费占可支配收入的比例(以下简称“年轻时期消费的比重”),$\phi_h$ 表示家庭的教育支出占可支配收入的比例(以下简称“家庭教育支出的比重”),$\phi_n$ 表示生育的机会成本占劳动收入的比例。

在经济的平衡增长路径上,除了 $\phi_c$、$\phi_h$ 和 $\phi_n$ 保持不变,储蓄率 $s_t$、有效工资率 $w_t$、物质资本回报率 $r_t$、生育率 $n_t$ 以及家庭养老支出的比重 $m_t$ 均为常数。因此,在平衡增长路径上,人均产出 $Y_t/N_t$、人均物质资本存量 $K_t/N_t$、人力资本水平 $H_t$、父母对每个子女的教育投入 $h_t$、政府对每个子女的公共教育投入 $g_t$、成年人的消费 $C_{1,t}$ 和老年人的消费 $C_{2,t}$ 均以增长率 $g_r$ 稳定增长。求解平衡增长路径,可以得到如下结果:

$$s = \frac{\alpha}{1 - \alpha}\frac{\rho}{\lambda(1 - \tau - \theta)} \tag{8-16}$$

$$m = \Gamma\left[\lambda - \frac{\alpha}{1 - \alpha}\frac{1 + \rho + \delta\varphi}{1 - \tau - \theta} - \frac{(1 + \delta\varphi)(\gamma\tau + \theta)}{1 - \tau - \theta}\right] \tag{8-17}$$

$$\phi_c = \frac{1}{\lambda}\left(\frac{\alpha}{1 - \alpha}\frac{1}{1 - \tau - \theta} + m + \frac{\gamma\tau + \theta}{1 - \tau - \theta}\right) \tag{8-18}$$

$$\phi_h = \frac{1}{\lambda}\left[\frac{\alpha}{1 - \alpha}\frac{\varphi\delta}{1 - \tau - \theta} + \delta(\rho + \varphi)m + \frac{\varphi\delta(\gamma\tau + \theta)}{1 - \tau - \theta}\right] \tag{8-19}$$

$$\phi_n = \frac{1}{\lambda}\left\{\frac{\alpha}{1 - \alpha}\frac{\varphi(\eta - \delta)}{1 - \tau - \theta} + [\rho(1 - \delta) + \varphi(\eta - \delta)]m + \frac{\varphi(\eta - \delta)(\gamma\tau - \theta)}{1 - \tau - \theta}\right\} \tag{8-20}$$

$$n = \frac{\phi_n}{v(1 + \phi_n)} \tag{8-21}$$

$$h_t = \frac{v(1-\tau-\theta)\phi_h}{\phi_n} \times H_t \tag{8-22}$$

其中，$\Gamma = (1+\lambda+\delta\rho+\delta\varphi)^{-1}$。(8-16)式至(8-22)式反映出平衡增长路径上的储蓄率、家庭养老支出的比重、家庭教育支出的比重、生育率以及父母对每个子女的教育投入。

从(8-19)式和(8-20)式可以看到，政府在公共养老与教育支出间的统筹决策(公共养老支出占比 $\gamma$ 的变动)主要从两个方面——子女的家庭养老支出以及后代成功所带来的直接效用——影响成年个体的生育和教育投入决策，亦即主要通过影响私人部门决策的边际收益来最终影响生育与教育投入决策。

(2) 比较静态分析。

为了分析政府在公共养老与教育支出间的统筹决策对家庭养老支出的影响①，将(8-17)式至(8-20)式对公共养老支出的占比 $\gamma$ 求偏导，可得：

第一，$\partial m/\partial\gamma<0$，在收入税率与社会养老保险缴费率不变的情形下，公共养老支出的相对占比增加(表现为从公共教育向公共养老的财政支出转移或在财政预算上升时两种公共支出的相对比例变化)将降低家庭养老支出的比重。也就是说，社会养老与家庭养老之间存在相互替代的关系，这一发现与程令国等(2013)以及张川川和陈斌开(2014)的实证分析结果一致。从(8-15)式可以发现，当公共养老支出占比 $\gamma$ 增加以后，赡养父母的边际收益下降，从而降低了家庭中子女的养老支出。

第二，$\partial m/\partial\gamma=0$，在收入税率与社会养老保险缴费率不变的情形下，公共教育支出与公共养老支出之间的再分配不会影响均衡增长路径上成年人的储蓄率。这一结论与 Zhang and Zhang(2004)以及 Yew and Zhang(2009)的发现基本吻合。公共养老支出在公共财政收入中占比的增加，一方面，直接提高了成年个体在老年时期的预期消费水平②，进而会使成年人减少储蓄；另一方面，其通过降低成年人给予父母的赡养费，间接提高了成年人用于储蓄的资源，使其倾向于增加储蓄。从(8-12)式可知，这

① 在下面的分析中，本章假定公共支出的总水平保持不变，即 $\tau$ 固定不变。

② 虽然公共养老支出增加引起的家庭养老支出减少也会降低老年时期的消费水平，但这种间接的负效应不能抵消直接的正向作用，因此最终导致老年人的消费水平上升。

两种影响同时降低了储蓄的边际成本和边际收益，最终使得储蓄率保持不变。

第三，$\partial\phi_h/\partial\gamma>0$，当且仅当 $\varphi=\rho/\lambda$，当收入税率与社会养老保险缴费率保持不变时，政府在公共养老与教育支出间的统筹决策对家庭教育支出的比重的影响取决于子女未来成功对成年人效用的贡献率 $\varphi$（即父母对子女的利他程度）。如前所述，从公共教育向公共养老的支出转移会降低家庭养老支出的比重且不影响成年人的储蓄率，因而提高了成年人用于当期消费以及生育、投资子女的资源。将（8-12）式和（8-15）式代入（8-14）式可得：

$$\phi_h=\delta(1-\tau-\theta)m\times\frac{1-\alpha}{\alpha}\times s+\delta\varphi\times\phi_c \tag{8-23}$$

从（8-23）式可以看出，一方面，由于家庭养老支出的比重 $m$ 下降，成年人倾向于减少在子女教育上的花费；另一方面，家庭养老支出比重 $m$ 的下降会使得成年人增加年轻时期的消费比重 $\phi_c$，进而提高了子女未来成功所带来的相对效用（$\delta\varphi\times\phi_c$），使得成年人愿意增加家庭教育支出的比重。因此，当父母对子女的利他动机较高时，从公共教育向公共养老的支出转移最终将会提高家庭教育支出的比重。

第四，$\partial\phi_h/\partial\gamma>0$，当且仅当 $\eta>1+[(1-\delta)(\rho-\lambda\varphi)]/[\varphi(\lambda+\rho\delta)]$，当收入税率与社会养老保险缴费率保持不变时，政府在公共养老与教育支出间的统筹决策对家庭生育决策的影响取决于成年人对子女数量的相对重视程度 $\eta$。将（8-12）式、（8-15）式和（8-23）式代入（8-13）式可得：

$$\phi_n=(1-\delta)(1-\tau-\theta)m\times\frac{1-\alpha}{\alpha}\times s+\varphi(\eta-\delta)\times\phi_c \tag{8-24}$$

从（8-24）式可以看到，从公共教育向公共养老的相对支出转移一方面通过替代家庭养老减少了 $m$，进而降低了成年人的生育意愿；另一方面，$m$ 的减少引起年轻时期消费比重 $\phi_c$ 的上升，进而提高了生育子女所带来的相对效用（$\varphi\eta\times\phi_c$）。因此，给定家庭教育支出的比重 $\varphi$，只要 $\eta$ 足够大，公共养老支出的相对占比增加就将激励成年人生育更多的子女。

第五，当收入税率与社会养老保险缴费率保持不变时，只有父母对子女的利他程度 $\varphi$ 足够大或者对子女数量的相对重视程度 $\eta$ 足够小，公共养老支出的相对占比增加才能使得父母提高对每个子女的教育投入 $h$。联立(8-12)式至(8-15)式可知,在一般均衡时满足:

$$\frac{w_t H_t v n_t(1-\tau-\theta)+n_t w_t h_t}{n_t w_t h_t}=\frac{1}{\delta}\times\frac{m_t(\rho/\lambda)+\varphi\eta\times\phi_c}{m_t(\rho/\lambda)+\varphi\times\phi_c} \tag{8-25}$$

(8-25)式的左边是家庭分别对子女数量与质量投入的边际成本之比,右边则为子女数量与质量投入的边际收益之比。(8-25)式表明从公共教育向公共养老的支出转移(公共养老支出占比 $\gamma$ 上升),使得等式左边保持不变;但是 $\gamma$ 的上升会降低家庭养老支出的比重 $m$,进而提高年轻时期消费的比重 $\phi_c$,前者使等式右边的分子与分母下降,后者使等式右边的分子与分母上升。若 $\varphi$ 较大,即父母从子女质量中获得的直接效用较大时,父母从子女给予的赡养费中获得的直接效用相对较低,此时等式右边的分母的上升幅度会更大,导致对每个子女进行教育投入的回报(相对于生育)上升,进而使家庭用质量投入替代数量投入。这在一定程度上证明了家庭经济学中著名的质量—数量替代定律。

第六,当收入税率与社会养老保险缴费率保持不变时,政府在公共养老与教育支出间的统筹决策对人力资本积累与经济增长的影响方向取决于其对家庭教育支出与公共教育支出影响的相对大小。从平衡增长路径角度来说,经济的长期增长来自个体人力资本水平的持续提高,经济增长率等于人力资本水平的增长率。由(8-1)式可知,人力资本水平的提升既源于父母对每个子女的教育投入 $h$,也依赖于政府对未成年人的公共教育支出 $g$,具体由(8-1)式与(8-8)式可得平衡增长路径上的经济增长率 $g_r$ 满足:

$$1+g_r=A\left[\frac{v(1-\tau-\theta)\phi_h}{\phi_n}\right]^{\delta}\left[\frac{v(1-\gamma)\tau}{\phi_n}\right]^{1-\beta-\delta} \tag{8-26}$$

(8-26)式表明:一方面,当收入税率与社会养老保险缴费率保持不变时,公共养老支出的相对占比增加会直接减少每个未成年人获得的公共教育投入,抑制人力资本的积累,此可称为公共教育挤出效应;另一方面,从上文的分析可知当父母对子女的利他动机 $\varphi$ 足够大或者对子女数量的相对重视程度 $\eta$ 足够小时,从公共教育向公共养老的相对支出转移会通过替代家庭养老支出使得父母增加对每个子女的教育投入,此可称为养老替代效应。人力资本积累与经济增长率的最终变动方向及大小取决于上述两种效应的相对大小。为了检测在我国目前的经济环境下，政府在公共养老与教育支出间的统筹决策对人力资本积累与经济增长的具体影响，下文将利用数值模拟的方法作进一步分析。

## 三、数值模拟

### 1. 参数选取

在数值模拟中，为了分析政府在公共养老与公共教育支出间的统筹决策对家庭教育支出比重、家庭养老支出比重、生育率以及经济增长率的影响，我们需要对以下模型参数进行校准：$\{\alpha,\beta,\delta,\varphi,\rho,\lambda,\eta,\tau,v,A\}$。

首先，关于人力资本的产出弹性$\alpha$、人力资本的直接代际传递系数$\beta$、人力资本的间接代际传递系数$\delta$以及时间偏好因子$\rho$，我们参考相关文献进行确定。杨建芳等(2006)对中国人力资本产出弹性的估计值为0.57，白勇和马跃如(2013)通过对我国各省市2004—2009年的数据进行估计发现人力资本的平均产出弹性为0.59，因此取$\alpha$为0.4($=1-0.6$)。人力资本的直接代际传递系数决定了代际收入弹性，以往的研究表明我国的代际收入弹性在0.35—0.66(何石军和黄桂田，2013；Qin et al.，2016)，因此取$\beta=0.4$。将个体生命周期的每一阶段设为30年，每年的时间偏好因子为0.98，高奥和龚六堂(2015)得到老年期的时间偏好为0.55(0.98的30次方)，刘永平和陆铭(2008)以及汪伟(2012)则将成年人的老年期消费的时间偏好设为0.78，因此我们将$\rho$设为0.7。最后，根据钱雪亚等(2014)的研究结论，我们将$\delta$设为0.33。

其次，参数$\varphi$、$\lambda$、$\eta$、$v$是决定家庭最终决策的关键参数，为了确定其数值，我们利用现实数据进行校准：第一步，根据国家统计局的数据，1999—2015年我国财政收入占GDP比重的平均值为0.18，由于本研究中的收入税只针对劳动收入所得，而劳动收入占总产出的比值为$1-\alpha=0.6$，于是我们设定收入税率$\tau=0.18/0.6=0.3$。同时，根据《中国财政统计年鉴》的数据,2001—2015 年全国基本养老保险费征缴收入①占 GDP 比重的平均值为 0.024,所以设定社会养老保险的缴费率② $\theta=0.024/0.6=0.04$。第二步,根据国家统计局的数据,1999—2015 年家庭储蓄占可支配收入比重的平均值为 26.1%,于是根据(8-16)式取 $\lambda$ 等于 2.7。第三步,根据 Banerjee et al.(2014),我国家庭的平均养老支出约占家庭收入的 8%,同时,1999—2015 年我国公共养老支出占财政支出比重的平均值为 0.096,基于(8-17)式选取 $\varphi$ 为 1.4。第四步,考虑到生育一个子女并在婴幼儿时期对其进行哺育大概需要 3 年时间,假设个体生命周期的每一阶段为 30 年,因此取 $v=3/30=0.1$。第五步,2010 年第六次全国人口普查数据显示,我国的总和生育率已降至 1.18,由(8-20)式至(8-21)式取 $\eta$ 为 0.52。

最后,参数 $A$ 决定了均衡增长路径上的经济增长率,由于近年来我国的 GDP 增速在 7% 左右,由(8-26)式我们选取 $A$ 为 30。

**2. 数值模拟的结果**

(1) 公共养老支出相对占比的增加会抑制人力资本的积累与经济增长。

图 8-2 描述了收入税率与社会养老保险缴费率保持不变时,公共养老支出的相对占比增加(体现为从公共教育向公共养老的支出转移或在财政预算总体增加的前提下两种公共支出的相对比例变化)对人力资本的积累与经济增长的影响。从图 8-2(a)可以发现相对于公共教育,公共养老的相对占比增加(参数 $\gamma$ 上升)之后,家庭教育支出的比重将上升,公共养老支出在公共支出中的占比提高 10 个百分点,家庭教育支出的比重将提高 0.4 个百分点。图 8-2(b)、图 8-2(c)表明,收入税率与社会养老保险缴费率保持不变时,公共养老支出的相对提高将增加成年人的生育率以及对每个子女的教育投入占家庭可支配收入的比重(以下简称

① 由《中国财政统计年鉴》中历年基本养老保险费收入减去财政补贴收入估算得到。

② 此处的社会养老保险缴费率并非官方规定的 28%(企业 20% + 个人 8%),原因在于本章假定经济中所有人是同质的并且全部缴纳了社会养老保险费。因此,文中的社会养老保险缴费率可以用来衡量我国社会养老保险的参保率,缴费率越高意味着社会养老保险的参保率越高、覆盖面越广。

“单个子女获得的教育投入比”)，公共养老支出占比提高 10 个百分点，总和生育率提高 0. 3 个百分点，而单个子女获得的教育投入比则提高 0. 3 个百分点。但是，总体而言，收入税率与社会养老保险缴费率保持不变时，公共养老支出的相对占比增加并没有对家庭的教育支出产生较强的促进作用，然而在公共财政预算平衡的压力下［如(8-9)式所示］，从公共教育向公共养老的相对支出转移将导致每个子女获得的公共教育投入有较大幅的下降。由于人力资本的积累由公共和家庭的教育支出共同决定，因此当收入税率与社会养老保险缴费率保持不变时，从公共教育向公共养老的相对支出转移导致的养老金增加最终抑制了人力资本的积累，降低了经济的增长速度。图 8-2(d)数值模拟的结果表明，公共养老支出占比提高 10 个百分点之后，将使经济增长率降低 0. 12 个百分点。

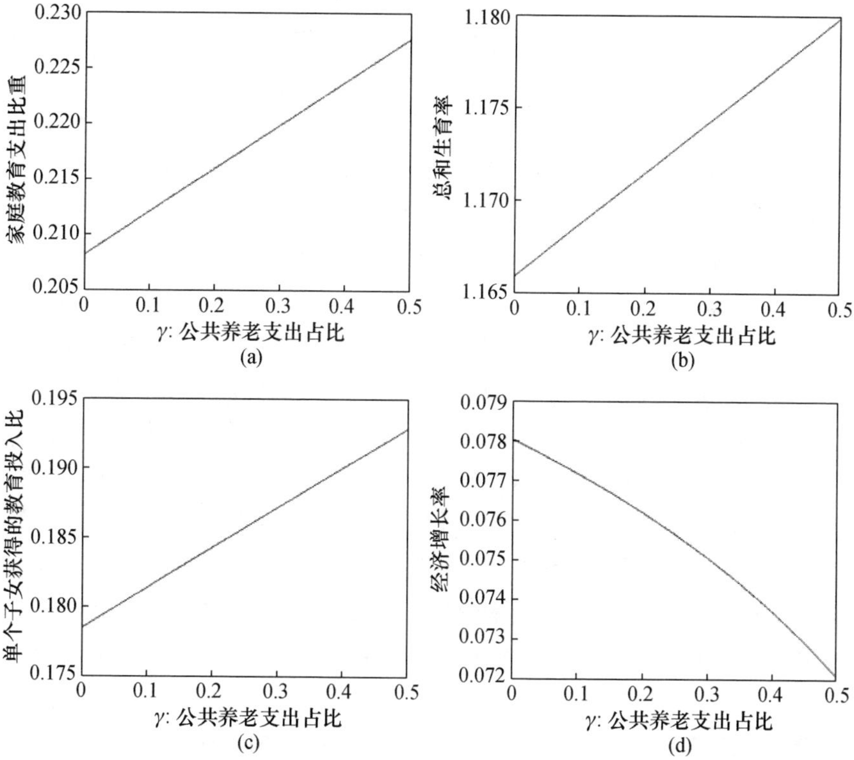


**图 8-2　公共养老支出的相对占比增加对人力资本积累与经济增长的影响**

(2) 扩大社会养老保险的覆盖面更加有利于经济增长。

为应对日益增大的养老金支出压力,除了在公共财政预算里进行由公共教育向公共养老的相对支出转移,另一个可行的政策选择是加大社会养老保险扩面征缴的力度以提高社会养老保险的缴费总额。党的十八届五中全会公报和十九大报告中均提出要实施“全民参保计划”,并将这一计划纳入国民经济和社会发展“十三五”规划纲要。正像党中央报告中所指出的,实施“全民参保计划”的任务之一就是扩大社会养老保险的覆盖面,提高全体职工和适龄城乡居民的参保率。

相较于从公共教育向公共养老的相对支出转移,扩大社会养老保险的覆盖面给人力资本积累以及经济增长带来了不同的影响。首先,当其他政策参数保持不变时,扩大社会养老保险的覆盖面相当于提升了社会养老保险的缴费率,因而降低了成年个体的可支配收入。其次,从(8-17)式可以发现,社会养老保险缴费率 $\theta$ 的上升同样降低了家庭养老支出的比重;同时,(8-19)式和(8-20)式表明社会养老保险缴费率 $\theta$ 的上升会影响家庭教育支出的比重以及生育率,影响的方向同样取决于父母对子女的利他程度以及对子女数量的相对重视程度。最后,由于社会养老保险缴费被纳入独立的社会保障预算进行管理,$\theta$ 的上升不会挤出政府的公共教育支出,因此扩大社会养老保险覆盖面对人力资本积累与经济增长的影响仅仅源于其给家庭教育支出以及生育决策带来的影响。

为了分析扩大社会养老保险覆盖面与增加公共养老支出的相对占比对经济增长影响之间的差异,我们将公共养老支出占比 $\gamma$ 维持在平均值 0.1 处,同时改变社会养老保险缴费率 $\theta$ 的数值以进行政策模拟。图 8-3 表明,当公共财政预算内养老与教育支出的占比保持不变时,扩大社会养老保险覆盖面的政策对经济的长期增长更加有利,该政策提高了家庭教育支出的比重,降低了生育率,从而显著提升了单个子女获得的教育投入比。但是,社会养老保险缴费率的提高直接减少了家庭的可支配收入,导致父母对每个子女的教育投入水平没有明显增加,对人力资本积累和经济增长的促进作用并不明显。图 8-3(d)的模拟结果表明,社会养老保险缴费率每提高 10 个百分点,经济增长率仅提高 0.01 个百分点。

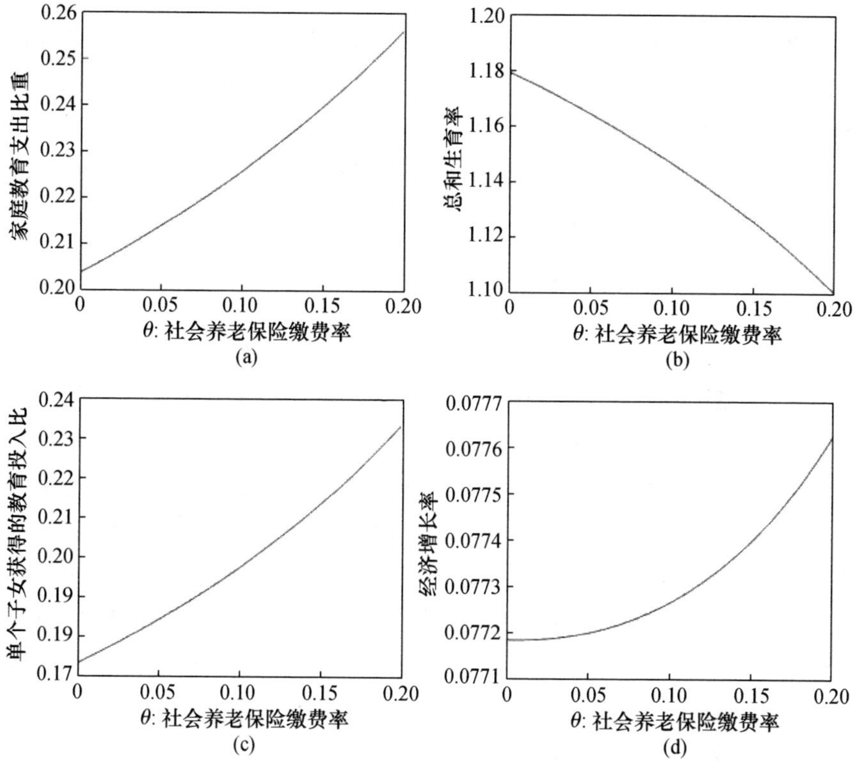


**图 8-3　扩大社会养老保险覆盖面对人力资本积累与经济增长的影响**

## 四、实证分析

### 1. 数据和实证模型

从前面的理论分析来看，在收入税率与社会养老保险缴费率不变的情形下，公共养老支出对公共教育支出的相对占比增加会对人力资本积累与经济增长产生两方面的作用：第一，相对于公共教育，公共养老支出的上升会降低家庭养老支出的比重，父母对子女的利他程度足够大或者对子女数量的相对重视程度足够小会激励父母增加对单个子女的教育投入水平。第二,由于收入税率保持不变,从公共教育向公共养老的相对支出转移降低了公共教育支出的水平。数值模拟的结果表明,在中国的经济环境下,公共养老支出的相对占比增加虽然能够提高家庭教育支出的比重,但是这种正向的影响并不能抵消其对公共教育支出的负面作用,最终将抑制人力资本的积累,降低我国的经济增长速度。

为了对前面的分析结果进行检验,我们利用 1997—2015 年我国省际面板数据作进一步的实证分析。依据理论分析中的(8-26)式,引入公共养老支出占比作为关键自变量,构建如下解释经济增长的计量模型:

$$g_{it} = \alpha + \beta \text{sesu}_{it} + \varphi \text{tax}_{it} + \chi \text{pens}_{it} + \phi X_{it} + f_i + \mu_t + \varepsilon_{it} \qquad (8\text{-}27)$$

其中,下标 $i$ 代表省份,下标 $t$ 代表年份,$g$ 代表人均实际 GDP 的年均增长率。sesu、tax 与 pens 为模型的核心解释变量,分别代表公共养老支出占比、收入税率以及社会养老保险缴费率。为了分析它们对人力资本积累和经济增长的长期影响,我们对这些核心解释变量均采用滞后 3 年的数值。$X$ 包括一系列影响经济增长的其他控制变量,包括物质资本($k$)、外商直接投资(fdi)、政府支出(gov)、产业结构(tert)和人口密度(popd)。$f_i$ 和 $\mu_t$ 分别用来控制省份和年份的固定效应对经济增长的影响。依照文献惯例,除了人均实际 GDP 增速(存在负值),我们在回归中对其余指标均作了对数化处理。

在这里,公共养老支出占比 sesu 用各地区政府社保补助支出[①]占一般预算支出的比重来表示,收入税率 tax 用各地区的一般预算收入占 GDP 的比重衡量,用社会养老金的支出与 GDP 的比值作为社会养老保险缴费率 pens 的近似度量(Ehrlich and Kim,2005)。物质资本 $k$ 用人均实际资本存量来表示[②],外商直接投资 fdi 用各地区实际利用外商投资占 GDP 的比重来表示,由于外商投资的数据是用美元衡量的,所以先用年

---

① 2007 年以前社保补助支出数据由统计年鉴中的社会保障补助支出、行政事业单位离退休经费和社会福利救济费加总得到,2007 年收支科目改革之后,社保补助支出 = 2007 年之后社会保障和就业支出 ×(1 − 2006 年的行政管理费在地方一般支出中的占比)。

② 本章采用了"永续盘存法"来测算物质资本存量,具体计算公式为 $k_t = i_t / p_t + (1-\delta) k_{t-1}$,$k_t$ 与 $k_{t-1}$ 分别为 $t$ 期与 $t-1$ 期的实际资本存量,$p_t$ 为固定资产投资价格指数,$i_t$ 为名义固定资产投资水平,$\delta$ 为年折旧率。期初(1997 年)的资本存量采用张军等(2004)的数据,折旧率取 9.6%,固定资产投资价格指数根据张军和章元(2003)测算的数据与国家统计局公布的数据相结合得到。

平均汇率换算成人民币指标。政府支出 gov 以当年政府的一般预算支出占 GDP 的比重来表示，产业结构 tert 以当地第三产业就业人口占总就业人口的比重来表示，人口密度 popd 以每平方公里的人口数来表示。为了保持数据指标的一致性，除物质资本存量 $k$ 之外，其余所有指标的数据都来自《中国统计年鉴》和各省统计年鉴，由于数据可得性的限制，删去了西藏地区的样本。所有变量的描述统计如表 8-1 所示。

**表 8-1　主要变量的统计描述**

| 变量 | 定义 | 样本数 | 均值 | 标准差 | 最小值 | 最大值 |
| --- | --- | --- | --- | --- | --- | --- |
| $g$ | 人均实际 GDP 增速 | 540 | 0.105 | 0.051 | -0.038 | 0.262 |
| medu | 平均受教育年限(年) | 420 | 8.446 | 0.964 | 6.040 | 12.028 |
| sesu | 社保补助支出占一般预算支出之比 | 533 | 0.123 | 0.042 | 0.030 | 0.260 |
| tax | 一般预算收入占 GDP 比率 | 570 | 0.085 | 0.030 | 0.034 | 0.220 |
| pens | 基本养老保险支出占 GDP 比率 | 450 | 0.028 | 0.011 | 0.011 | 0.083 |
| $k$ | 人均实际资本存量(万元) | 570 | 4.800 | 4.230 | 0.493 | 28.360 |
| tert | 第三产业就业人口比重 | 537 | 0.326 | 0.097 | 0.117 | 0.773 |
| fdi | 实际利用外商投资占 GDP 比率 | 563 | 0.029 | 0.027 | 0.001 | 0.164 |
| gov | 一般预算支出占 GDP 比率 | 570 | 0.178 | 0.087 | 0.053 | 0.627 |
| popd | 每平方公里人口数(人) | 570 | 411.976 | 571.593 | 6.861 | 3825.390 |

具体估算时，我们首先利用基准回归模型分析公共养老支出占比、收入税率以及社会养老保险缴费率对经济增长的影响，然后在此基础上将其他控制变量加入回归方程。同时，在均衡增长路径上，人均 GDP 的增速就等于人力资本的增速，然而现实中大多数经济体（尤其是像中国这样正在急速转型的国家）并非处在均衡增长路径上，因此我们选取了地区平均受教育年限①作为被解释变量，以考察政府在公共支出间的统筹决策对人力资本积累的影响，作为稳健性检验。

考虑到解释变量可能存在的内生性问题，普通的最小二乘回归（OLS）可能无法给出准确的估计结果。为此，我们引入因变量的滞后项，并采用系统广义矩估计（SGMM）方法对回归方程式进行估计。系统广义矩估计方法是将差分方程与水平方程作为一个系统共同进行广义矩估计

① 各地区平均受教育年限由《中国统计年鉴》中历年人口抽样调查和人口普查中不同受教育程度人口数估算得到。

的方法(Blundell and Bond,1998)。其中,差分 GMM 是指在对原有的动态面板回归方程进行差分之后,利用原解释变量的高阶滞后项作为差分变量的工具变量进行 GMM 估计;水平 GMM 是指回到差分之前的原回归方程(水平方程),直接利用解释变量的差分项作为工具变量进行 GMM 估计。系统广义矩估计方法由于将两种 GMM 结合在一起,因此比单独的差分 GMM 方法更有效,在经验分析中得到了广泛应用。系统广义矩估计的回归方程如下:

$$g_{it} = \alpha + \rho_1 g_{i,t-1} + \rho_2 g_{i,t-2} + \cdots + \rho_p g_{i,t-p} + \beta \text{sesu}_{it} + \varphi \text{tax}_{it} + \chi \text{pens}_{it} + \phi X_{it} + f_i + \mu_1 + \varepsilon_{it} \tag{8-28}$$

系统广义矩估计通常需要进行两个检验:第一,Arellano-Bond 自相关检验(以下简称“AB 检验”),该检验用来检验差分方程的误差项的二阶序列相关性,其原假设是差分方程的误差项之间不存在二阶相关。第二,Sargan 过度识别检验,该检验用来验证所使用工具变量的有效性,其原假设是回归中所使用的工具变量集与扰动项不相关。

### 2. 估计结果及分析

表 8-2 汇报了详细的回归结果。其中,第(1)、(2)列是因变量为人均 GDP 增速的最小二乘回归估计结果,第(3)列是因变量为人均 GDP 增速的系统广义矩估计结果,第(4)、(5)列是因变量为平均受教育年限的最小二乘回归估计结果,第(6)列是因变量为平均受教育年限的系统广义矩估计结果。

**表 8-2 政府在公共支出间的统筹决策对经济增长与人力资本积累影响的估计结果**

| | (1)<br>OLS | (2)<br>OLS | (3)<br>SGMM | (4)<br>OLS | (5)<br>OLS | (6)<br>SGMM |
|---|---|---|---|---|---|---|
| 变量 | $g$ | $g$ | $g$ | medu | medu | medu |
| sesu | 0.00332 | -0.00840 | -0.0243** | -0.0298*** | -0.0219** | -0.0201** |
| | (0.0113) | (0.0137) | (0.00945) | (0.00818) | (0.00920) | (0.00914) |
| tax | -0.0118 | -0.00766 | -0.00392 | 0.0557*** | 0.0595*** | -0.00297 |
| | (0.0232) | (0.0246) | (0.0209) | (0.0168) | (0.0165) | (0.0158) |
| pens | 0.0681*** | 0.0553*** | 0.0143 | 0.00712 | -0.00326 | 0.0120 |
| | (0.0180) | (0.0213) | (0.0216) | (0.0130) | (0.0143) | (0.0126) |

（续表）

| | (1) OLS | (2) OLS | (3) SGMM | (4) OLS | (5) OLS | (6) SGMM |
|---|---|---|---|---|---|---|
| 变量 | $g$ | $g$ | $g$ | medu | medu | medu |
| $k$ | | -0.0539*** | -0.0419*** | | -0.0389*** | 0.00496 |
| | | (0.0204) | (0.0158) | | (0.0136) | (0.00990) |
| popd | | -0.168*** | -0.00675 | | -0.194*** | -0.00130 |
| | | (0.0587) | (0.00573) | | (0.0393) | (0.00422) |
| tert | | 0.0226 | 0.0138 | | 0.0890*** | 0.0683*** |
| | | (0.0382) | (0.0284) | | (0.0256) | (0.0236) |
| gov | | 0.0305 | 0.00118 | | -0.0135 | 0.00198 |
| | | (0.0272) | (0.0220) | | (0.0182) | (0.0111) |
| fdi | | 0.000175 | 0.00747* | | -0.00450 | 0.00243 |
| | | (0.00444) | (0.00442) | | (0.00297) | (0.00412) |
| 样本数 | 360 | 331 | 331 | 360 | 331 | 301 |
| 省份效应 | 控制 | 控制 | 控制 | 控制 | 控制 | 控制 |
| 年份效应 | 控制 | 控制 | 控制 | 控制 | 控制 | 控制 |
| AB-$P$ | | | 0.1720 | | | 0.1467 |
| Sargan-$P$ | | | 0.8612 | | | 0.1098 |

注：(1) ***、** 和 * 分别表示在 1%、5% 和 10% 的置信水平上显著；(2) AB-$P$ 与 Sargan-$P$ 分布表示 AB 检验和 Sargan 过度识别检验中的 $p$ 值。

从表 8-2 可以看出，模型(1)与模型(2)的结果并不符合我们的理论预期：模型(1)中公共养老支出占比的估计系数为正且不显著；模型(2)中的公共养老支出占比估计系数虽然为负，却并不显著。但是，使用平均受教育年限作为被解释变量之后，公共养老支出占比在模型(4)与模型(5)中的系数均为负且比较显著。从模型(3)与模型(6)的估计结果可以看出，在使用系统广义矩估计方法控制了因变量的自相关性及解释变量的内生性之后，回归结果与我们理论分析及数值模拟的结果保持一致：公共养老支出占比的估计系数均为负值且较为显著，养老保险缴费率的系数为正但不显著，并且都通过了 AB 检验和 Sargan 检验。这意味着我国政府公共养老支出的相对占比增加给各地区的人力资本积累以及经济增长带来了显著的抑制作用；相反，扩大社会养老保险覆盖面的政策则能够维持经济的持续平稳发展。

为保证回归结果的稳健性，我们将核心解释变量的取值分别改为两年滞后值和滞后三年的移动平均值，并重新进行系统广义矩估计。表 8-3 汇报了稳健性检验的回归结果。

**表 8-3　调整解释变量取值之后的系统广义矩估计结果**

| | (1)<br>滞后 3 年平均 | (2)<br>滞后 3 年平均 | (3)<br>滞后 2 年 | (4)<br>滞后 2 年 |
|---|---|---|---|---|
| 变量 | *g* | medu | *g* | medu |
| sesu | −0.0272** | −0.0268*** | −0.0377*** | −0.0267* |
| | (0.0113) | (0.0104) | (0.00709) | (0.0150) |
| pens | 0.0364* | 0.0228 | 0.0288 | 0.00692 |
| | (0.0205) | (0.0174) | (0.0200) | (0.0176) |
| tax | −0.0130 | −0.00645 | −0.00712 | −0.00415 |
| | (0.0283) | (0.0286) | (0.0206) | (0.0180) |
| *k* | −0.0434*** | −0.0116 | −0.0486*** | 0.00737 |
| | (0.0136) | (0.00735) | (0.0147) | (0.0150) |
| popd | −0.00918 | −0.00329 | −0.00905 | −0.00420 |
| | (0.00725) | (0.00549) | (0.00754) | (0.00458) |
| tert | 0.0448* | 0.0494 | 0.0350 | 0.0263 |
| | (0.0250) | (0.0348) | (0.0280) | (0.0256) |
| fdi | 0.00436 | 0.00453 | 0.00323 | 0.00420 |
| | (0.00436) | (0.00478) | (0.00359) | (0.00355) |
| gov | −0.00983 | 0.00198 | −0.0125 | −0.0339** |
| | (0.0251) | (0.0157) | (0.0257) | (0.0167) |
| 样本数 | 331 | 271 | 361 | 331 |
| 省份效应 | 控制 | 控制 | 控制 | 控制 |
| 年份效应 | 控制 | 控制 | 控制 | 控制 |
| AB-*P* | 0.8090 | 0.4309 | 0.8284 | 0.5074 |
| Sargan-*P* | 0.4886 | 0.6560 | 0.1735 | 0.4046 |

注：(1) ***、** 和 * 分别表示在 1%、5% 和 10% 的置信水平上显著；(2) AB-*P* 与 Sargan-*P* 分布表示 AB 检验和 Sargan 过度识别检验中的 *p* 值。

表 8-3 的回归结果依然支持我们的理论分析与数值模拟结果，即调整了核心解释变量的取值滞后期后，政府在公共财政内从公共教育向公共养老的相对支出转移对地区人力资本的积累以及经济增长依然具有明显的抑制作用，而扩大社会养老保险覆盖面的政策对经济的长期增长则

具有一定的促进作用。

## 五、结论与政策启示

### 1. 公共养老与教育支出之间的统筹决策影响人力资本积累与经济增长

完善覆盖全体居民的社会养老保障体系、实现全体人民“老有所养”是政府的一个重要使命。当前中国社会正面临着严峻的人口老龄化问题,巨大的社会养老压力要求政府继续加大财政养老支出的规模,进一步提升社会养老保障的水平。同时,人口老龄化和劳动力成本的提高还使我国人口红利迅速削减,从而在客观上要求政府增加对公共教育的支出水平,加快人口红利向人力资本红利的过渡,推动经济的转型升级。考虑到在有限的公共财政预算内,政府不能无限制地扩大这两类支出的规模,因此如何对公共养老与教育支出进行合理配置以更有效地实现经济转型升级和社会保障水平的提升就成为我国政府急需破解的难题。解决这一问题的关键在于弄清两种公共支出对宏观人力资本和经济增长的贡献机制。

基于此背景,本研究综合分析了公共部门在养老和教育支出之间的统筹决策对人力资本积累以及经济长期增长的影响。在理论分析部分,我们构建了包含子女—父母双向利他动机以及人力资本直接与间接代际传递的一般均衡模型,并在此基础上引入公共养老支出与社会养老保险两种政策方案。比较静态分析的结果表明,当收入税率与社会养老保险缴费率保持不变时,从公共教育向公共养老的相对支出转移会降低家庭养老支出的比重,对家庭教育支出和生育决策的影响方向则取决于父母对子女的利他程度以及父母对子女数量和质量的相对重视程度。在以我国宏观经济为背景的参数校准基础上,模型的数值模拟结果表明,增加目前我国公共养老支出在财政预算中的占比无法有效增加家庭内部的教育支出,也无法抵消公共教育支出的减少给人力资本积累带来的负面影响,最终将不利于经济的长期增长。我们基于1997—2015年全国省级面板数据的实证分析进一步证实了上述结论的可靠性。

**2. 社会养老保障体系有待进一步改革与完善**

本研究为我国社会养老保障体系的改革和完善提供了一定的参考。首先,根据上述分析,公共养老支出对家庭养老存在明显的替代作用。考虑到人口老龄化以及平均家庭规模逐渐缩小的趋势,政府有必要进一步推进和完善社会养老保障体系以应对家庭养老保障日益减弱的趋势。需要注意的是,城镇化进程的加快使过去主要依赖家庭养老的农村地区面临着尤为严重的养老危机,因此政府必须加快农村地区的居民养老保障体系建设。其次,相较于在公共财政预算内增加公共养老支出的相对占比,扩大社会养老保险的覆盖面更有利于经济的长期发展。因此,政府在解决养老金支付危机时,应该避免以往直接在公共财政预算里进行转移支付的思路,而应转为采用扩面征缴的方法使社会养老保险覆盖更多的人群。这样一方面能够推进社会保障体系的进一步完善,另一方面又可将更多的公共财政支出用于人力资本投资,为经济的转型升级奠定坚实的基础。我们的理论分析还显示,提高社会养老保险的参保率在提高社会保障水平的同时,也会降低个体的生育意愿,反而可能加剧人口的老龄化趋势。因此,在实施"全民参保计划"的同时,应配合其他生育政策,以减少对劳动力供给的不利影响。最后,由于从公共教育向公共养老的财政支出转移会给我国经济的长期增长带来负面影响,因此政府应进一步严格各地养老财政补助的发放条件,明确社会养老保险管理的责任,避免由于征缴不到位或短期政绩需求所导致的养老补助不合理的增加,从而进一步提高公共养老支出的使用效率。

# 第九章 结论与政策建议

2008年全球金融危机以来，随着国际国内经济环境的巨大变化，我国经济增长速度明显下降，经济增长的传统动力正在减弱或消失，经济发展进入“新常态”。因此，转变经济发展方式，提升人力资本的水平，使经济增长由要素和投资驱动转向人力资本和创新驱动成为维持我国经济持续较快增长的关键所在。而与“人才和创新驱动模式”紧密相关的一个重要理论问题是人力资本的代际传递对经济增长的影响机制。为此，本书分别从理论和实证两个角度研究人力资本的代际传递（包括直接传导和间接传递）对经济增长的影响。其中，理论研究部分将传统的三期世代交叠模型（OLG）和内生经济增长模型相结合，通过引入家庭的养老决策、生育决策和人力资本投资，从理论高度刻画了人力资本的积累和代际传递对长期收入增长的微观作用路径，并通过多种参数条件下的仿真数值模拟为相关政策方案提供参考。实证研究部分使用联立方程（SE）、逻辑（Logit）回归、断点回归设计（RDD）和工具变量（IV）等计量经济学模型，结合我国的省级宏观面板数据及微观入户调查数据(中国健康与营养调查、中部某省2018年高校毕业生就业行政数据、2005年全国1%人口抽样调查数据以及中国家庭追踪调查),分别考察以健康和教育为代表的人力资本在我国的代际传递对社会流动性与经济增长的影响、高校毕业生的职业代际传递以及家庭的生育决策、教养方式对人力资本积累的影响,并探讨可能的政策干预方案。本章将对上述研究的结论进行总结,并给出相应的政策建议。

## 一、研究结论

### 1. 忽视人力资本的代际传递会低估收入的代际传递弹性

人力资本除了可以通过水平的提升来促进经济增长,其代际传递性也直接关系到收入不平等和社会的流动性,进而影响经济的长期增长。伴随着我国改革开放后国民收入的高速增长,社会流动性下降与贫富分化加剧日益成为制约我国未来经济发展的瓶颈。为此,我们从我国社会流动性不足的根源出发,分别从理论和实证角度研究了人力资本的代际传递对收入流动性的影响。我们的理论分析在经典的三期世代交叠(OLG)模型的基础上引入人力资本的直接传导机制,发现其对跨代人力资本投资行为和代际收入弹性的计算公式会产生显著影响。在实证研究中,我们利用联立方程模型及1989—2009年CHNS数据对理论预测进行验证,发现以健康和教育为代表的人力资本变量具有显著的代际传递效应,反映出我国后代人口在发展机会上的不平等程度;同时,在考虑人力资本的直接代际传导后,收入的传递弹性从0.38上升至0.48,符合上述理论预期,说明传统估计方法忽视了该传导机制,从而对我国社会流动性的估计过于乐观。

### 2. 家庭的生育数量以及教养方式会深刻影响子女的人力资本水平

人力资本对经济增长有着显著的促进作用,而家庭的人力资本投资是人力资本积累的基础。为此,我们分别研究了家庭的生育数目以及教养方式对子女人力资本水平的影响。首先,我们基于 2005 年全国 1% 人口抽样调查数据,利用多种计量方法对我国家庭人口数量与质量之间的因果关系进行识别。结果显示,人口数量的减少显著提高了子女的教育水平,但该影响只在收入较低、信贷发展较落后的地区较为显著。这表明,随着中国经济的发展,全面放宽家庭对子女人力资本投资的约束将可能减轻计划生育全面放宽的负面影响,从而有利于经济的可持续发展。其次,我们基于 CFPS 2010—2014 年的数据,研究了父母的教养方式对青少年人力资本形成状况的影响,主要的因变量为孩子的学习成绩和心理健康水平。作为早期人力资本形成中的重要机制,以往的经济学实证研究对教养方式的关注较少,我们的研究试图填补这一文献的空白。我们借鉴心理学主流文献,从要求和反应性两个维度衡量父母的教养方式,并进一步将其划分为权威型、专制型、溺爱型和忽视型四种教养方式类型。我们发现,父母对孩子的要求程度和反应性程度都会对孩子的学习成绩有正向的影响,而心理健康则只与父母的反应程度正相关。对于孩子的学习成绩和心理健康而言,权威型都是最好的教养方式。随后,我们以社区内其他家庭的教养方式在两个维度上的平均值作为工具变量,首次对可能存在的内生性问题进行控制,进一步验证了以上的结论,同时发现高要求可能不利于孩子的心理健康。我们还分别以性别和城镇(农村)为依据进行了分样本回归,发现影响机制在不同的子样本中不尽相同:教养方式对男孩的影响程度总体上比对女孩的强。“要求”只对男孩和农村孩子的学习成绩有重要影响。农村孩子和女孩的心理健康基本不受教养方式的影响。

**3. 公共养老与教育支出的统筹决策对人力资本和经济增长有着重要影响**

在人口老龄化和经济增速放缓的背景下,加快经济转型升级、提高社会养老保障水平成为当前我国政府的两项紧迫任务,这要求政府在有限的公共财政预算内对养老和教育支出进行合理配置。为此,我们使用三期世代交叠(OLG)模型,在一般均衡分析框架下,研究了政府在养老和教育领域的相对支出变化对人力资本积累以及经济增长的影响机制。在引入子女—父母双向利他动机并考虑财政养老支出与社会养老保险的差异的基础上,我们发现,在收入税率和养老保险缴费率不变的情况下,从公共教育向公共养老的支出转移在直接降低公共教育支出水平的同时,对家庭养老支出具有替代作用,并通过这一渠道影响私人的生育意愿和人力资本的投资决策,其影响方向取决于父母对子女的利他程度以及父母对子女数量和质量的相对重视程度。如果父母对子女的利他程度较强,并且相对更重视子女的质量,那么上述公共支出之间的再分配会使每个子女获得更多的家庭教育投入。数值模拟的结果表明,我国公共养老支出的相对占比增加将抑制人力资本的积累和经济增长,而扩大社会养老保险覆盖面的政策则更加有利于经济的长期增长。

## 二、政策建议

基于以上结论,我们认为以下三方面政策的实施能够有效促进我国的人力资本积累和经济增长,同时提升社会养老保障的水平:① 我们的理论研究表明,在公共财政预算内从公共教育支出向公共养老支出的财政转移,虽然可以提高社会养老保障水平并且刺激家庭部门的教育投资,但是其对公共教育支出的挤占最终将抑制社会整体的人力资本积累,不利于经济的长期增长。因此,必须进一步加大公共教育支出的规模、优化公共教育投资的结构、拓宽教育经费的渠道,同时进一步推进我国社会养老保障机制的完善,发掘更多的公共财政转移之外的筹资渠道来保障养老金的发放。② 由于教育、健康等人力资本变量的代际传递性会降低社会的流动性、加剧收入的不平等,进而抑制人力资本的积累和经济的长期增长,因此政府应该重点关注农村地区和人口的人力资本投资,通过教育和卫生体制改革来提高弱势群体的后代在教育、健康及工作机会等方面的可及性。由于人力资本与收入之间的交互传递机制,以上政策将能够有效解决我国社会流动性逐步减小的问题,从而有助于避免我国陷入“中等收入陷阱”的厄运。③ 家庭的人力资本投资是人力资本积累的基础。我们的实证分析显示,预算约束、生育观念以及教养方式是决定家庭对子女的人力资本投资水平的重要因素。因此,进一步完善我国的劳动力市场和信贷市场以及宣传和贯彻科学的生育、教养理念是促进人力资本积累、加快经济转型升级的重要手段。具体可以通过以下政策来实现:加快落后地区的信贷市场发展速度,完善国家助学贷款项目来缓解家庭对子女的预算约束;推进劳动力市场一体化,允许劳动力自由流动,使劳动力能够配置到回报率最高的地区和部门,提高个体的劳动收入,增强其对人力资本进行投资的积极性;进一步贯彻男女平等的生育观念,加强对父母教养方式的宣传和培养,在整个社会传播先进的家庭教育理念,通过家庭生育和教育理念的改善,推动青少年人力资本的积累和其质量的提高。

**1. 改进公共教育投资,完善社会养老保障体制**

(1) 加大公共教育投资的规模。

公共教育投入是支撑国家长远发展的基础性、战略性投资,是发展教育事业的重要物质基础,是公共财政保障的重点。进入21世纪以来,我国财政教育投入持续大幅增长,教育经费已成为公共财政的第一大支出。财政教育投入的大幅增加,为教育改革发展提供了有力支持。当前,我国城乡免费义务教育全面实现,职业教育快速发展,高等教育进入大众化阶段,办学条件显著改善,教育公平迈出重大步伐。但是,公共财政教育投入占GDP的比例仍低于4%的目标。新形势下继续增加财政教育投入,实现公共财政教育投入占GDP比例高于4%的目标,是加快经济转型升级、推动经济增长由资源和要素驱动向创新和人力资本驱动的迫切需要,是全面落实《国家中长期教育改革和发展规划纲要(2010—2020年)》、推动教育优先发展的重要保障,是履行公共财政职能、加快财税体制改革、完善基本公共服务体系的一项紧迫任务。为此,政府应在以下三个方面进一步努力:第一,依法加大财政性的教育投入,切实提高财政教育支出占公共财政支出的比重;第二,完善教育投入的立法工作,加强对政府教育投入的监督;第三,拓宽经费的来源渠道,多方筹集财政性教育经费。

首先,应依法切实加大财政性的教育投资量。教育是公共产品或准公共产品,政府必然是教育投资的主体。我国现行的法律法规也明确规定了"教育经费以国家财政拨款为主"。要切实保障政府教育投入量的稳定增长,落实好有法可依的、稳定的财政教育投入政策是促进教育发展的关键。依法加大政府教育投入,尽快建立规范的公共财政体系,政府从竞争性的、"市场有效"作用的领域中退出,从财政资金上保证教育支出的增加;明确规定中央、省、地方三级政府教育投资中的责任和负担比例,加大中央及省财政支出中的教育支出比例和中央及省财政教育经费占全国教育总支出的比例。

其次,要完善教育投资的立法,加强各级人大、司法机关、学校及居民对政府教育投入的监督。依法实现教育预算的单列,完善教育的部门预算制度,实现教育财权和事权的统一,提高教育资源的配置效率。近些年城镇和农村的学校、教学点布局持续调整,一些偏远农村学校新建或改造的教学楼、师生宿舍等基础设施利用率降低,甚至闲置、荒废,财政资金损失、浪费现象不容忽视。财政、教育等相关部门应进一步强化"花钱问效、无效问责"的意识,把绩效要求贯穿于教育支出预算编制、执行、监督检查各个环节,扩大中央对地方教育专项转移支付的绩效评价范围,重点加强投入较大的基本建设类教育支出的评估评价,进一步盘活教育资产的存量,用好增量。同时,应进一步推进教育支出预算编制和执行情况公开工作,让财政教育经费在阳光下运行,推动提高经费使用效益。此外,近年来随着教育资金投入总量的不断加大,教育领域的腐败现象有抬头之势,应加大监督执纪问责力度,坚决查处和遏制教育领域腐败行为。

最后,要积极鼓励和提倡社会各界投资教育,拓宽教育经费的来源渠道。目前以财政拨款为主渠道,辅之以税费、学杂费、校产收入、社会捐款和教育基金的多渠道筹措经费的格局已经形成,但其中真正属非政府主体的社会民间投资所占比例还非常低。应把调动社会资本投入作为推进教育领域供给侧结构性改革的重要内容,加快建立健全教育成本合理分担机制,促进民办教育发展。社会多元化投资不足的原因是多方面的,但教育体制改革滞后造成微观主体教育投资收益回报难以实现是最关键的原因。由于教育领域的整体配套改革严重滞后,非义务教育产业化、市场化改革思路尚不明晰,政府公共教育和社会民办教育错位的职能分工关系还没有理顺,致使非政府主体教育投资积极性受到极大抑制。因此,加大社会多元化投资办学力度,关键是营造宽松有效的政策制度环境,从而激励微观主体投资教育,特别是非义务教育这一领域。近些年国务院也出台了若干支持民办教育发展的文件,但贯彻实施效果不够理想。应对促进民办教育发展的法律、政策进行认真调研评估,进一步完善各项制度规定，真正调动社会、市场资源投向教育领域。例如，高等教育可以实行多种办学投资形式，通过“转制”等多种途径加大社会民办比例，形成“大学收费、银行贷款、学生负债、企业还钱”的产业化投资机制。同时，现行有关教育捐赠的办理程序复杂，相关税收减免落实不到位，限制了富裕群体捐赠支教的积极性。应大力营造全社会捐赠办学氛围，加快完善教育捐赠制度机制。

(2) 优化公共教育支出结构，提高教育经费使用效益。

在公共财政教育支出总量持续增长的背景下，优化支出结构更为重要、更加紧迫。教育、财政等部门应根据我国教育格局发展变化实际，有针对性地调整完善教育资金投入使用方向，科学规划教育经费支出，以进一步推进教育现代化，办好人民满意的教育。

首先，公共教育支出的重点在于保障义务教育的均衡发展。应当始终坚持把义务教育作为教育投入的重中之重，切实落实政府责任。进一步提高全国特别是西部地区义务教育巩固率，加大教育扶贫力度，为彻底摆脱贫困奠定基础。巩固完善城乡统一、重在农村的义务教育经费保障机制，逐步实行全国统一的义务教育公用经费基准定额。例如，落实对农村不足 100 人的小规模学校按 100 人拨付公用经费和对寄宿制学校按寄宿生年生均 200 元标准增加公用经费补助政策，单独核定并落实义务教育阶段特殊教育学校和随班就读残障学生公用经费，确保经费落实到学校(教学点)，确保学校正常运转。全面加强乡村小规模学校和乡镇寄宿制学校建设，提升乡村学校办学水平，振兴乡村教育。推动建立以城带乡、整体推进、城乡一体、均衡发展的义务教育发展机制，着力解决人民群众关心的控辍保学、“大班额”、随迁子女就学、家庭无法正常履行教育和监护责任的农村留守儿童入校寄宿等突出问题。

其次，坚持通过公共教育投入来不断提高教师队伍建设的保障水平。要将教师队伍建设作为教育投入重点予以优先保障，鼓励吸引优秀人才从事教育事业，努力让教师成为全社会尊重的职业。公共财政教育经费要优先保障中小学教职工工资发放，推动落实城乡统一的中小学教职工编制标准。严格规范教师编制管理，对符合条件的非在编教师要加快入编，并实行同工同酬。同时，要完善中小学教师培训经费保障机制，不断提升教师专业素质能力。健全中小学教师工资长效联动机制，核定绩效工资总量时统筹考虑当地公务员工资收入水平,实现与当地公务员工资收入同步调整,确保中小学教师平均工资收入水平不低于或高于当地公务员平均工资收入水平,使教师能够安心在岗从教。要加强省级统筹,强化政府责任,调整优化支出结构,优先落实义务教育阶段教师工资收入政策,尽快解决义务教育阶段教师工资待遇问题,对未达到要求的地区可以限期整改达标,财力较强的省份要加快进度。进一步贯彻落实乡村教师生活补助政策,及时足额发放艰苦边远地区津贴,加强教师周转房建设,提高乡村教师工作生活保障水平,引导优秀教师到农村任教。"全面二孩""三孩政策"实施后,新生人口数量增加,幼儿"入园难""入园贵"问题和幼教师资数量、质量短板更加凸显。应大力支持学前教育发展,创新和完善学前教育财政投入机制,研究建立学前教育生均财政拨款制度。

最后,着力补齐教育短板,加快发展现代职业教育。全面建设社会主义现代化国家需要亿万高素质劳动者,当前我国经济发展进入新常态,发展方式转变和产业转型升级将带来产业结构、就业岗位的深刻调整。这就迫切需要我们加快发展现代职业教育,全面提升人力资源的整体素质,把"人口红利"变为"人力资本红利",为可持续发展提供坚实的人才和智力支撑。为此,应该增加公共教育经费对职业教育的支持力度,完善条件保障。要落实好中等和高等职业学校生均拨款制度,确保中等职业学校生均拨款水平不断提高,力争消除低于国家设置标准办学的现象。在经费的使用上,要加强省级统筹,预先编制建设规划、建立项目库,注重发挥中央资金补短板、促改革的导向作用,避免资金分配"碎片化""撒胡椒面"等现象,同时要提高资金管理使用水平,确保规范管理、阳光公开,每一分钱都花在刀刃上。

(3) 完善社会养老保障体制,拓宽养老金的筹资渠道。

"老有所养、老有所依"是和谐社会的应有之义,养老问题是影响我国经济健康发展、社会和谐的关键问题。近年来,随着人口老龄化的不断加剧,加上我国经济发展程度较为落后,养老保险制度建立时间较晚、发展不成熟、历史欠账问题较多,养老金支付负担持续加大。然而,"新常态"下经济转型升级压力的加大,又迫切要求政府不断加大公共教育支出的规模,进而限制了公共财政对养老支出的支持力度。为此,政府需要进一步拓宽公共财政以外的养老金筹资渠道,同时实现经济转型升级和社会保障水平的提升。

目前,受到多方面因素的共同影响,我国养老保险基金的核心来源仍然局限在以下几个方面:个人缴纳的养老保险资金,公共财政对养老金的转移支付,养老保险基金的投资收益以及企业根据相关规定按照比例缴纳的资金。在不增加现有公共财政对养老金支出的基础上,政府可以从以下几个方面拓宽养老金的筹资渠道:

第一,增加国有资本划拨转入养老保险基金的比例。长期以来,我国实行的是国有经济为主体、多种所有制经济共同发展的基本经济制度,这种经济制度为我国积累了大量的国有资本。并且,国有资本的收入和支出接受国有资本经营预算的管理,独立于公共财政预算之外。2017 年,国务院正式印发《划转部分国有资本充实社保基金实施方案》,规定国有资本划拨转入养老保障基金的比例统一为 10%。划转的中央企业国有股权,由国务院委托全国社会保障基金理事会负责集中持有,单独核算,接受考核和监督;划转的地方企业国有股权,则由各省级人民政府设立国有独资公司集中持有、管理和运营。从目前来看,10% 的划拨比例相对保守,比如较早尝试国有资本划拨养老基金的山东省就将比例定在了 30%。因此,这一划拨比例还有不小的提升空间。

第二,使用更加积极稳妥的市场化模式来投资经营养老保障基金,不断提高养老保障基金的投资回报率。同时,应加强养老保险基金运行管理的综合水平,在风险可控的基础上,最大限度地推动养老保险基金的增值。目前,统筹基金和个人账户共同构成了我国养老保险基金的主要内容,而两者在性质上的巨大差异,导致了投资运营过程中的具体目标也有所不同。一般来说,统筹基金作为基础资金来源,承担了基础的支付功能,因此对于投资运营过程中的收益水平要求较低,保值是其主要运营目标。而个人账户则采用完全累积模式,因此其收益率水平的提升显然具有重要的积极意义,也是我国养老保险基金应对通货膨胀的必然选择和有效手段。因此,个人账户在投资运营过程中应适当地选择风险稍高、投资回报率更大的投资项目。同时,积极推进养老金进入资本市场,拓展养老保险基金的投资渠道。当然,在投资的具体过程中,要注意通过风险控制手段不断地提高风险防控能力。在投资工具选择上,可以重点关注债券和股票。目前,我国债券市场的可选择品种不多,但债券投资相对于股票控制,风险可控性更高,而且其收益远远高于银行存款和国债。股票虽然风险高,但收益也高,为了在风险和收益之间达到更好的平衡,可以重点关注沪深 300 指数的股票以及具有较高投资价值的优质股票,特别是重点考虑一些成长性较好的上市公司来进行养老保险投资。另外,积极地参与国际化投资策略。经济一体化条件下,国际投资渠道越来越宽,这也使得我国养老保险基金具有更为广阔的选择空间,从而可以有效地分散风险、保障各项监管政策的有效实施。

第三,扩大社会养老保险的覆盖面,加快"全民参保计划"的推进。逐步将社会养老保险的范围从局限于特定社会人群转向全体社会成员,这既是社会养老保险制度公平性的重要体现,也是完善我国养老保险制度的必经之路。在城镇地区,扩大社会养老保险覆盖面必须适应所有制结构调整和就业形势变化的格局,以混合所有制、非公有制经济组织从业人员和灵活就业人员为重点,力争将城镇各种性质企业的劳动者全部纳入社会养老保险的范围。在农村地区,政府可以从以下几方面扩大社会养老保险的覆盖面:首先,要明确政府责任,加大公共财政的补贴力度,提高政策的吸引力;其次,加强法律制度的建设,解决农村地区社会养老保险法律法规缺失的问题;最后,进一步完善制度设计,建立多层次的保障体系,逐步实现城乡社会保险制度的一体化。

### 2. 进一步深化教育和卫生体制改革

(1) 建立新型医疗保障体制。

我们的研究表明,健康的代际传递过强会阻碍我国社会流动性的提高,加剧收入的不平等,进而抑制人力资本的积累和经济的长期增长。因此,建立和完善新型医疗保障制度,实现生存和就医的平等权利,可以从制度上改善国民卫生条件,提高卫生服务效率,提高人民的生活质量,增强社会的流动性,由此促进我国的人力资本积累,推动经济和人力资源的持续发展。我们认为要注意以下三方面政策的实施:

首先,要防止合作医疗基金流失。新型合作医疗制度是人民健康的保护网,因此,在新型合作医疗制度实施过程中要明确政府的角色和定位,加强资金的管理,建立基金的监督机制,逐步降低管理成本和运作风险。在资金支出方面使资金有效使用,达到效用最大化,逐步提高补偿率,避免道德风险的出现。

其次,要加强医疗机构监管。新型合作医疗是一种低水平、广覆盖、支付风险大的社会保障制度。切实降低医疗费用、维持收支平衡、达到略有节余,是新型合作医疗可持续运作的一个关键。要防止过度医疗服务,让广大医务工作者清楚地认识到,合作医疗基金是解决弱势群体因病致贫、因病返贫的"保命钱",只有在医疗机构提供优质低价服务的前提下才能实现这一目标。因此,要突出抓好县级以上医院对合作医疗基金的合理使用,坚持基本医疗原则和基本药物目录等制度,真正把人民的保命钱用好。服务机构要突出服务不以局部利益为重,首要的是解决医疗、防疫和保健问题。要坚持合理用药、合理检查、合理入出院等制度,严禁乱收费、搭车药、搭车检查等错误行为,严禁增加医药费负担。要深入宣传与定点服务机构有关的合作医疗规章制度,确保药物和治疗目录、转诊等制度规范执行,收费凭据、费用清单等材料规范提供,促进服务机构和合管机构的配合与协调。要加强内部管理,不断提高服务水平和能力。要提高认识树立病人至上的观念,为他们提供各种可能的便利条件。

最后,要控制医药费用不合理增长。医疗机构是合作医疗费用的第一"守门人"。合作医疗费用增长过快,对合作医疗持续发展影响甚大。因此,对医药费用不合理增长进行有效的控制至关重要。卫生部门和合作医疗经办机构应加强医疗机构的透明度管理和对医生职业道德的强制性约束,不仅要扩大目录内用药范围,还应防止医疗机构以盈利为目的过多使用目录外用药。同时,医疗机构应进一步规范收费行为,加强医务公开,公示药品、治疗、手术等医疗服务价格,落实医疗服务费用标准公示制、住院费清单制、费用查询制,增加收费透明度,对参加农村合作医疗保险的患者的住院天数、住院总费用、医疗效果等给农民一个公开承诺,让患者有选择权和知情权。

(2) 增强农村地区教育基础设施建设。

发展农村地区教育,办好农村地区学校,是提高劳动者素质,促进传统农业向现代农业转变,从根本上解决农业、农村和农民问题的关键所在,是转移农村富余劳动力,推进工业化和城镇化,将人口压力转化为人力资源优势的重要途径,是加强精神文明建设、提高思想道德水平、促进经济社会协调发展的重大举措。优先发展农村地区基础教育,增强农村地区教育基础设施建设,完善农村地区奖助学金制度,对提高社会流动性、促进人力资本积累和经济增长具有重大意义。

第一,要明确各级政府保障农村地区义务教育投入的责任。农村税费改革以后,中央加大转移支付力度,有力保障了农村义务教育管理体制的调整。当前,各级政府要进一步加大投入,共同保障农村义务教育的基本需求。落实"在国务院领导下,由地方政府负责、分级管理、以县为主"的农村义务教育管理体制,县级政府要切实担负起对本地教育发展规划、经费安排使用、校长和教师人事等方面进行统筹管理的责任。中央、省和地(市)级政府要通过增加转移支付,增强财政困难县义务教育经费的保障能力。特别是省级政府要切实均衡本行政区域内各县财力,逐县核定并加大对财政困难县的转移支付力度;县级政府要增加对义务教育的投入,将农村义务教育经费全额纳入预算,依法向同级人民代表大会或其常委会作专题报告,并接受其监督和检查。乡镇政府要积极筹措资金,改善农村中小学办学条件。各级政府应认真落实中央关于新增教育经费主要用于农村的要求。在税费改革中,确保改革后农村义务教育的投入不低于改革前的水平并力争有所提高。在确保农村义务教育投入的同时,也要增加对职业教育、农民培训和扫盲教育的经费投入。

第二,要建立和完善农村地区中小学教职工工资保障机制。根据中小学教职工编制和国家有关工资标准的规定,省级人民政府要统筹安排,确保农村地区中小学教职工工资按时足额发放,进一步落实省长(主席、市长)负责制。安排使用中央下达的工资性转移支付资金,省、地(市)不得留用,全部补助到县,主要补助经过努力仍有困难的县用于工资发放,在年初将资金指标下达到县。各地要抓紧清理补发历年拖欠的中小学教职工工资。

第三,要建立健全农村地区中小学校舍维护、改造和建设保障机制。要认真组织实施农村地区中小学危房改造工程,消除现存危房。建立完善校舍定期勘察、鉴定工作制度。地方政府要将维护、改造和建设农村地区中小学校舍纳入社会事业发展和基础设施建设规划,把所需经费纳入政府预算。要继续对中西部困难地区中小学校舍改造给予支持。农村"普九"欠债问题,要在化解乡村债务时,通盘考虑解决。债权单位和个人不得因追索债务影响学校正常教学秩序。

第四,要确保农村地区中小学校公用经费充足。省级政府要本着实事求是的原则,根据本地区经济社会发展水平和维持学校正常运转的基本支出需要,年内完成农村中小学生均公用经费基本标准、杂费标准以及预算内生均公用经费拨款标准的制定和修订工作,并报财政部和教育部备案。杂费收入要全部用于学校公用经费开支。县级政府要按照省级政府制定的标准拨付公用经费,对实行"一费制"的国家扶贫开发工作重点县和财力确有困难的县,省、市政府对其公用经费缺口要予以补足。公用经费基本标准要根据农村义务教育发展的需要和财政能力逐步提高。同时,要加大治理教育乱收费力度,对违反规定乱收费和挪用挤占中小学经费的行为要严肃查处。

第五,要建立健全资助家庭经济困难学生就学制度,保障农村地区适龄少年儿童接受义务教育的权利。目前,我国农村家庭经济困难的适龄少年儿童接受义务教育迫切需要得到关心和资助。要在已有助学办法的基础上,建立和健全扶持农村家庭经济困难学生接受义务教育的助学制度。要广泛动员和鼓励机关、团体、企事业单位和公民捐资助学。要进一步落实对捐资助学单位和个人的税收优惠政策,对纳税人通过非营利的社会团体和国家机关向农村义务教育的捐赠,在应纳税所得额中全额扣除。充分发挥社会团体在捐资助学中的作用。鼓励"希望工程""春蕾计划"等继续做好资助家庭经济困难学生就学工作。中央和地方各级人民政府对捐资助学贡献突出的单位和个人,给予表彰和奖励。

### 3. 完善劳动力和信贷市场机制

(1) 推进劳动力市场一体化。

长期以来,由于户籍制度的存在,我国存在城乡分割以及区域分割的二元劳动市场。城乡、不同地区的居民在就业机会、工资待遇、公共服务的可及性以及社会保障福利方面存在事实上的不平等,进而严重阻碍了劳动力的自由流动和优化配置,也抑制了农村以及落后地区居民对于人力资本投资的积极性。因此,只有逐步取消现行的户籍制度以及"五险一金"和其他社会福利与户籍的绑定,才能有效地加快劳动力在城乡以及区域之间的自由流动，促进人力资本的投资与积累，进而推动经济的长久平稳增长。

推进劳动力市场的一体化，真正实现劳动力的自由流动和优化配置，第一步是要保障“同工”，即不同的劳动者能够自由地进入同一个劳动力市场，并且获得平等的就业机会；第二步是要保障“同酬”，即劳动者的劳动收入只由其劳动生产率决定，而不受制度性因素左右；第三步是要保障就业的稳定性，即劳动者能够参与和就业相关的各种社会保险；第四步是要保障劳动者获得公共服务的支持，包括居住条件、子女教育、最低家庭收入水平等各个方面，它们是影响劳动者就业的重要因素。从这些指标来看，我国仍然存在显著的劳动力市场分割现象。经过经济的不断发展、市场的不断融合，名义上的“同工”障碍虽然已经取消，但实际上外来人口在就业机会上仍然受到隐性制度约束的影响；“同酬”在市场力量的作用下已经基本做到；就业稳定性上，外来劳动力远不能与本地劳动力相比，其主要原因是没有激励企业为员工参保的制度，对劳动者参保权益的宣传也不充分；公共服务的提供方面，由于高考指标、财政资源等缺乏根据人口流动进行重新配置的措施，地方政府将外来劳动力及其家庭排斥在公共服务之外。总体而言，从同工同酬到就业安全再到公共服务，劳动力市场分割的现象仍然较为严重。为此，需要政府在户籍以及社会保障制度的设计上做出如下改进：

第一，深化户籍制度改革。户籍制度是目前制约劳动力市场一体化的根本性障碍，阻碍了劳动力的自由流动。因此，应当进一步深化户籍管理制度的改革，破除长期以来阻碍居民自由转移的制度障碍，让户籍制度成为仅仅表明劳动力出生地的标志，逐步形成户籍和居住的一元管理体制；逐步消除隐藏在户籍背后的各项公共福利和社会保障，实现身份平等和基本权利的平等。通过一系列户籍制度的改革和相关配套制度的完善，使依附在户籍制度上的社会保障和公共服务覆盖到城市中的外来常住人口，不仅有助于吸引更多的农村劳动力、优质劳动力的转移，有效控制劳动力成本的高速增长，而且有利于使流动人口形成良性的预期，鼓励其通过培训、教育等方式对自身以及子女的人力资本进行投资。同时，进一步完善居住证制度。居住证制度是户籍改革过程中的过渡性政策，将管理与服务有效结合，可以在推进的过程中逐步降低申请的条件，遵循

“低门槛、阶梯式”的原则,与社会保障缴纳的年限、纳税情况、持证时间以及计划生育等相联系,与落户衔接,以促进劳动力市场一体化的发展。

第二,完善社会保障体系。健全的社会保障体系对于劳动力的流动至关重要,也是劳动力市场一体化建设中不可或缺的部分。具体地可以按以下两步逐渐推进:第一步,解决好不同城市之间、城乡之间社会保险的转移接续。针对不同城市之间保障水平、保障标准、补贴水平之间的差异,积极培育区域性的社会保险市场,逐步做实个人账户,提高社会保险的统筹层次,打破社会保险异地转移的壁垒。第二步,进一步规范失业、医疗、工伤保险制度,将所有的劳动者纳入保障范围。

(2) 加快教育信贷市场的培育和完善。

预算约束是决定家庭对子女的人力资本投资水平的重要因素。根据经典理论以及我们的研究,缓解家庭对子女投资的预算约束,不仅可以直接促进人力资本的投资,而且有助于在当前我国人口政策放松的背景下,减少家庭生育数量增加给人力资本积累所带来的负面影响。因此,加快教育信贷市场的培育和完善对我国的经济转型升级、人口政策的进一步调整和经济长期增长都具有重大的价值。

第一,加快落后地区的信贷市场发展速度。要因地制宜扩大教育信贷市场。对于消费信贷已经发展起来的地区,应该制定政策、加大对教育消费的倾斜力度,同时注重对当地居民进行信贷消费意识的培养,引导居民利用贷款为子女的教育投入融资;对于经济发展十分落后、尚不具备消费信贷能力的地区,应着力于加快当地经济发展,拓宽居民增收渠道,增强居民消费支付能力。同时,政府应加大政策导向和利益调节,更好地引导金融机构对落后地区教育信贷的倾斜。例如,可以对教育信贷实行利差补贴,尤其是对低收入家庭采取财政贴息等措施,提高金融机构发放教育贷款的积极性。再者,要加快落后地区的信用体系建设,改善教育信贷的发展环境,例如在落后地区开展个人征信系统的联网覆盖工作,这样一方面能增强金融机构发放贷款的信心,另一方面能提高信贷服务的针对性和可靠性。

第二,进一步完善现有的国家助学贷款项目。自从 1999 年在北京、上海等地试点推广以来,我国的助学贷款项目取得了长足的进步,形成了以政策性金融为主、商业化金融为辅的贷款格局,以及生源地贷款与校园地贷款两种贷款方式。但是,国家助学贷款依然存在一些问题,比如还款违约比率过高、贷款范围过窄、申请程序复杂且贷款金额较小等,造成商业银行办理此项业务的积极性不高、业务发展缓慢。为此,我们建议采取以下措施来进一步完善:① 尽快制定与助学贷款相关的法律法规,通过法律的硬约束,规范助学贷款的权利与义务,强调法定的贷款回收授权,增强贷款履约的法律约束力,化解违约风险。② 加快个人信用体系建设,通过建立覆盖面广、信息量大、管理完善的信用信息征集和监督系统,实现对借款人的全程信用监督,改善商业银行贷后管理的"无能"和"无力"状况。③ 适当延长贷款偿还期限,减少定期的固定还款额,减轻借款人的还款压力,降低违约风险。④ 加大政府的投入与补贴。随着国民经济的发展和国家财力的增长,建议把高中阶段也纳入助学贷款的发放范围。通过延长贷款贴息时间、提高贴息比例、对经济特别困难的学生实行免息等方式,增加中央和地方财政对贫困学生的补贴额度。

#### 4. 宣传科学的生育观和家庭教养方式

(1) 宣传贯彻科学的生育观。

随着我国人口老龄化的加剧,人口政策的放松成为社会各界关注的热点话题。党中央在 2013 年提出的"单独二孩"政策、2015 年提出的"全面二孩"政策以及 2021 年提出的"三孩政策"均引发了学界和媒体的热烈讨论。

我们的研究表明,生育的性别观念对于人口数量和质量的替代关系同样重要,"对子女一视同仁"将有助于缓解人口数量的增加给人力资本积累带来的负面影响。目前,我国农村家庭中还存在"多子多福、重男轻女"的性别歧视现象,这不利于我国人口素质的全面提升。需要注意的是,农村的重男轻女现象源于人们的传宗接代、养儿防老等传统生育观念。因此,要利用经济的快速发展,转变人们的这种陈旧生育观念,彻底形成一种"男女平等""生男生女顺其自然"的新型文明生育观念,这对我国现阶段的人口政策调整具有现实意义。

第一,加强宣传教育工作。习近平总书记在联合国大会纪念北京世界妇女大会 25 周年高级别会议重要讲话中指出,"要充分发挥政府作用,广泛调动社会力量”“让性别平等真正成为全社会共同遵循的行为规范和价值标准”。各级政府应当高度重视科学生育观念的宣传教育工作,由有关部门牵头,为相关宣传活动专门成立活动领导小组,制定可行的活动实施方案,充分调动社会组织参与的积极性,扩大覆盖面,提升影响力,帮助更多群众深入理解性别平等的理念。宣传教育活动可以采用线上宣传和线下宣传相结合,线上宣传包括在线互动直播、宣传教育片和公益广告播放、短信推送等具体形式;线下宣传包括制作宣传牌、悬挂宣传标语、发放宣传资料、召开座谈会、宣传车巡回宣传等具体形式,由专业工作人员向群众宣传国家的政策法规及优生优育、健康教育、妇幼保健等知识,并现场答疑解惑。要充分利用广播、电视、报纸、杂志等传统媒体以及“两微一端”等新媒体做好宣传工作,使得宣传内容家喻户晓,形成良好的社会氛围。在普及健康理念、推广健康生活方式的同时,引导人们自觉树立人口意识和健康意识,大力弘扬新时代下科学、文明、进步的生育观念,加快促进性别平等的实现。

第二,完善综合治理体系。除了通过宣传教育活动引导群众破除不科学的生育思想,树立科学生育、优生优育的观念,地方政府还应坚持完善综合治理机制,进一步加大对出生人口性别比的综合治理力度,规范医疗保健机构对 B 超机的管理和使用,坚决打击非医学需要的胎儿性别鉴定、非医学需要的人工终止妊娠(以下简称“两非”),杜绝人为的性别选择造成出生人口性别比失衡现象。具体措施如下:① 制定和下发专项文件,对基层打击“两非”行动提出具体的工作要求和任务步骤,明确对违法经营使用终止妊娠药品的单位或个人的处罚依据,同时将具体任务分解到对应的部门科室,落实奖惩责任;② 举办培训班,把终止妊娠药品的管理作为普法培训的重要内容,对药品经营、使用单位人员进行有针对性的培训,宣传和讲解有关终止妊娠药品管理的政策法规,增强依法经营、使用、管理终止妊娠药物的意识;③ 加大宣传力度,扩大监督面,采取广泛宣传与重点宣传相结合,通过印制、张贴宣传标语的方式,大力宣传《中华人民共和国执业医师法》《中华人民共和国母婴保健法》《医疗机构管理条例》等治理“两非”的法律法规,在各医疗机构 B 超室、妇产科门口和登记有妇产科诊疗科目的社会办医、个体诊所显眼处张贴警示标语,形成全社会参与整治出生人口性别比的浓厚氛围;④ 进一步加大对各用药单位的监督检查力度，坚决禁止药品零售企业、个体诊所、门诊部、卫生室违法销售使用终止妊娠药品，同时加强多部门联合执法，依法从严查处开展非医学需要的胎儿性别鉴定、随意为孕妇实施非医学需要的终止妊娠手术及其他违法行为，逐步建立健全打击“两非”行为的长效工作机制。

（2）宣传科学的家庭教养方式。

我们的研究显示权威型的教养方式能带来最好的学习成绩，溺爱型和专制型次之，忽视型的教养方式对孩子的学习成绩最为不利；而权威型和溺爱型下孩子的心理健康状况要好于专制型和忽视型。目前，由于计划生育政策的长期实施，我国家庭中绝大多数青少年为独生子女，长期受到父母和其他长辈的溺爱，这将不利于他们的人力资本提升。

因此，应该通过加强对父母教养方式的宣传和培养，在整个社会传播先进的家庭教育理念，建设积极和睦的家风，支持个体青少年期的人力资本水平的积累和其质量的提高。要从家庭教育层面努力改善我国教育的城乡不平等现象，加强对留守儿童以及落后农村地区青少年的关注和培育，提高农村地区教育教学质量，同时更多关注农村青少年的心理健康，提高农村地区对家庭教育重要性的关注并给予适当指导和培训，使得父母的教养方式和质量随经济发展和文化普及而改善，缩小城乡教育不公平。

具体地，有以下几点措施：

第一，政府发挥更为有力的主导作用，努力保障中西部农村地区青少年接受有质量的公共教育和公共服务。强化清单管理制度和购买服务目录，切实明确政府职责，细化部门任务分工，强化政策实施监督检查，提高政策项目执行效率。统筹协调农村地区青少年发展各相关部门的关系，增强项目区域的协同执行力，减少各自为战、分散重叠等现象，确保财政经费有效整合使用，在推进基本公共服务的行动方向和步骤上形成更大合力。在财政支持重大项目工程落实到基层方面，更好地运用数字化和网络管理手段，进一步健全政务公开制度，加强财政经费使用监管，抓紧完善相关统计指标体系。

第二，加大对中西部农村地区青少年发展的公共服务投入力度，一是在乡村基层设立一定数量的青少年发展示范基地，以多学科合作为基础，依托信息化建设平台，开展家庭教养与育儿技巧的咨询、指导与培训活动;二是由教育部门出版发行适合中等以下文化程度父母阅读的科学育儿书籍和报刊,教授科学的家庭教养方式;三是向中西部农村地区广播、电视、网络平台投放青少年教育节目,有利于减少东中西部青少年发展的差距,弥补教育资源不足对该地区青少年发展的阻碍;四是加强家庭与学校之间的联系,采用线上和线下相结合的方式,创新家校共建模式,线上主要依托互联网技术和新型信息平台,通过在线视频、短信推送、数字课程等具体形式,线下主要依托教师实地家访、家校座谈会等具体形式,促进家庭和学校之间的信息沟通,使父母及时了解孩子的学习情况,从而帮助他们合理设置对孩子的要求,适度地给予反应。

第三,大力调动各方积极性,在与青少年发展相关的基本公共服务领域,鼓励引导家庭、社区、学校、企业、各类公益组织和社会团体运用民间资源,特别是吸引社会慈善公益资金积极参与,对政府基本公共服务政策项目进行支持和补充,对政策项目实施效果进行评价,促使财政经费与社会公益资金发挥更好的效益,让更多基本公共服务资源惠及中西部农村地区青少年。此外,探索政府购买服务,将适合市场化方式提供的服务,交由具备条件且信誉良好的群团组织、社会组织和企业等承担,和社会公益项目进行有机结合,使社会福利体系有预设条件地向非基本公共服务领域延伸,从而扩大公共服务总供给水平,同时注意规范政府购买服务程序,严格政府购买服务资金管理。

第四,围绕有关农村地区青少年发展的各项规划、政策、项目的实施进展、质量和成效,各级政府应该建立动态监测评估机制,着重引入信息化数据收集和分析手段,建立大数据平台,力争将其纳入有关部门的基本绩效考核体系中。对于已落地的试点项目则要加强评估,邀请群团组织、社会组织和企业参与对政府公共服务项目的评估工作,通过评估项目的效率,及时获取项目优势与不足的相关信息,为项目之后的调整与推广奠定基础。此外,由有关部门牵头,切实加快家庭教养与青少年发展综合统计制度建设。对于该领域仍存在的诸多理论和实践前沿问题,鼓励更多的专业研究机构和专家学者进行长期跟踪研究。

# 参考文献

[1] 白勇,马跃如. 我国人力资本投资效率及其影响因素的实证分析[J]. 统计与决策, 2013, 14:92—96.

[2] 边燕杰,张文宏. 经济体制、社会网络与职业流动[J]. 中国社会科学, 2001,2:77—89.

[3] 蔡昉. 人口转变, 人口红利与刘易斯转折点[J]. 经济研究, 2010,4:4—13.

[4] 陈琳,袁志刚. 中国代际收入流动性的趋势与内在传递机制[J]. 世界经济, 2012, 6:115—131.

[5] 程令国,张晔,刘志彪. 新农保改变了中国农村居民的养老模式吗[J]. 经济研究, 2013,8:42—54.

[6] 褚翠翠,孙旭. 中国职业代际流动的趋势及子代教育的作用[J]. 劳动经济研究, 2019, 33(2):123—140.

[7] 邓峰, 丁小浩. 中国教育收益率的长期变动趋势分析[J]. 统计研究, 2013, 30(7):39—47.

[8] 丁颖, 王存同. 流动与固化:我国代际职业地位传递分析[J]. 当代财经, 2017,2:5—13.

[9] 豆小红, 黄飞飞. "穷二代"大学生职业地位的代际流动与道德风

险——基于湖南省的实证研究[J]. 中国青年研究, 2010, 12: 58—62.

[10] 杜伟, 杨志江, 夏国平. 人力资本推动经济增长的作用机制研究[J]. 中国软科学, 2014,8:173—183.

[11] 方鸣, 应瑞瑶. 中国城乡居民的代际收入流动及分解[J]. 中国人口·资源与环境, 2010, 20(5):123—128.

[12] 封岩, 柴志宏. 健康人力资本对经济增长的影响[J]. 经济与管理研究, 2016, 37(2):21—27.

[13] 高奥, 龚六堂. 国有资本收入划拨养老保险、人力资本积累与经济增长[J]. 金融研究, 2015, 415(1):16—31.

[14] 高远东, 花拥军. 异质型人力资本对经济增长作用的空间计量实证分析[J]. 经济科学, 2012,1:39—50.

[15] 顾昕. 走向有管理的市场化:中国医疗体制改革的战略性选择[J]. 经济社会体制比较, 2005,6:18—29.

[16] 郭丛斌, 丁小浩. 职业代际效应的劳动力市场分割与教育的作用[J]. 经济科学, 2015, 26(3):74—82.

[17] 郭丛斌. 教育与代际流动的关系研究——中国劳动力市场分割的视角[J]. 高等教育研究, 2011, 9:55.

[18] 郭丛斌, 闵维方. 中国城镇居民教育与收入代际流动的关系研究[J]. 中国教育学前沿, 2008,5:3—14.

[19] 郭凤英. 我国的政府教育支出与经济增长——基于1980—2011年的数据分析[J]. 技术经济与管理研究, 2013,12:97—101.

[20] 郭凯明, 龚六堂. 社会保障、家庭养老与经济增长[J]. 金融研究, 2012, 1:78—90.

[21] 郭凯明, 颜色. 延迟退休年龄,代际收入转移与劳动力供给增长[J]. 经济研究, 2016, 51(6):128—142.

[22] 郭凯明, 张全升, 龚六堂. 公共政策,经济增长与不平等演化[J]. 经济研究, 2011, 46(52):5—15.

[23] 郭庆旺, 贾俊雪. 公共教育政策、经济增长与人力资本溢价[J]. 经济研究, 2009,10:22—35.

[24] 郭庆旺, 贾俊雪, 赵志耘. 中国传统文化信念、人力资本积累与家

庭养老保障机制[J]. 经济研究, 2007,8:58—72.
[25] 郭志刚,张二力,顾宝昌,等. 从政策生育率看中国生育政策的多样性[J]. 人口研究, 2003, 27(5):1—10.
[26] 韩雷, 陈华帅, 刘长庚. "铁饭碗"可以代代相传吗?——中国体制内单位就业代际传递的实证研究[J]. 经济学动态, 2016, 8:61—70.
[27] 郝雨霏, 陈皆明, 张顺. 中国高校扩大招生规模对代际社会流动的影响[J]. 西北大学学报(哲学社会科学版), 2014,2:124—131.
[28] 何石军, 黄桂田. 中国社会的代际收入流动性趋势:2000—2009[J]. 金融研究, 2013, 2:19—32.
[29] 何亚丽,林燕,张黎阳. 教育及社保投入对生育率和教育水平的影响[J]. 南开经济研究,2006,3:133—152.
[30] 胡宏兵. 教育人力资本促进经济增长的效应研究——基于抽样面板因果检验方法的实证分析[J]. 教育研究, 2014, 35(10):48—56.
[31] 黄少安, 孙涛. 非正规制度,消费模式和代际交叠模型——东方文化信念中居民消费特征的理论分析[J]. 经济研究, 2005, 4(4):57—65.
[32] 黄少安,孙涛. 人口负担与人口红利的权衡——论中国现阶段不能放松计划生育政策[J]. 学术月刊, 2013,7:66—77.
[33] 黄衍华, 乔晓春. 子女职业地位获得更依赖于父亲还是母亲?——来自1990年人口普查的历史证据[J]. 人口与发展, 2017,2:40—44.
[34] 黄燕萍,刘榆,吴一群,等. 中国地区经济增长差异:基于分级教育的效应[J]. 经济研究,2013,48(4):94—105.
[35] 贾俊雪,郭庆旺,宁静. 传统文化信念、社会保障与经济增长[J]. 世界经济,2011,34(8):3—18.
[36] 赖德胜,吉利. 大学生择业取向的制度分析[J]. 宏观经济研究, 2003,7:34—38.
[37] 赖德胜,孟大虎,苏丽锋. 替代还是互补——大学生就业中的人力资本和社会资本联合作用机制研究[J]. 北京大学教育评论,2012,10

(1):13—31+187—188.
[38] 雷晓燕,谭力,赵耀辉.退休会影响健康吗?[J].经济学(季刊),2010,9(4):1539—1558.
[39] 李春玲.各阶层的社会不公平感比较分析[J].中国党政干部论坛,2005,9:13—15.
[40] 李佳,赵建国.财政社会保障支出经济增长效应区域差异——来自中国省级面板数据的实证[J].社会保障研究,2016,3:61—65.
[41] 李力行,周广肃.代际传递、社会流动性及其变化趋势——来自收入、职业、教育、政治身份的多角度分析[J].浙江社会科学,2014,5:11—22.
[42] 李路路.制度转型与分层结构的变迁——阶层相对关系模式的"双重再生产"[J].中国社会科学,2002,6:105—118.
[43] 李天舒,王广慧,封军丽,等.代际职业流动及代际教育流动——对中国城乡家庭的比较研究[J].统计与管理,2017,5:48—53.
[44] 李晚莲.社会变迁与职业代际流动差异:社会分层的视角[J].求索,2010,6:62—64.
[45] 李煜.制度变迁与教育不平等的产生机制——中国城市子女的教育获得(1966—2003)[J].中国社会科学,2006,4:97—109.
[46] 李中建,袁璐璐.体制内就业的职业代际流动:家庭背景与学历[J].南方经济,2019,9:69—83.
[47] 梁润,余静文,冯时.人力资本对中国经济增长的贡献测算[J].南方经济,2015,7:1—14.
[48] 梁霄羽.社会资本与代际职业流动的实证研究——基于CGSS2015年数据分析[D].南宁:广西大学,2018.
[49] 梁中堂.艰难的历程:从"一胎化"到"女儿户"[J].开放时代,2014,3:11—44.
[50] 刘非菲,梁岩.中国居民职业代际继承效应的实证分析[J].统计与决策,2014,10:102—104.
[51] 刘精明.高等教育扩展与入学机会差异:1978～2003[J].社会,2006,3:158—209.
[52] 刘苓玲,王克.子女数量对其受教育程度的影响研究——基于经验

数据的实证分析[J]. 南京财经大学学报, 2016,4:85—93.

[53] 刘生龙. 人力资本的溢出效应分析[J]. 经济科学,2014,2:79—90.

[54] 刘彦林, 马莉萍. 体制内工作的代际传递及机制研究——基于全国高校毕业生就业调查数据[J]. 教育与经济, 2018, 145(5):40—47.

[55] 刘艳艳, 朱梅红. 中国城乡及年代间职业分布的代际差异与流动性的比较研究——基于CHARLS2013数据[J]. 教育现代化, 2017,5:171—173.

[56] 刘一欧,苏红莉. 外商直接投资与经济增长关系研究[J]. 经济问题, 2012,8:105—108.

[57] 刘一伟. 职业流动、人力资本对流动人口收入影响及其代际差异[J]. 西北人口, 2016,2:29—34.

[58] 刘永平, 陆铭. 放松计划生育政策将如何影响经济增长——基于家庭养老视角的理论分析[J]. 经济学(季刊), 2008,4:171—200.

[59] 刘志国, 范亚静. 教育的代际流动性影响因素分析[J]. 教育科学, 2013,1:1—5.

[60] 刘志国, James M. 劳动力市场的部门分割与体制内就业优势研究[J]. 中国人口科学, 2016,4:85—95.

[61] 刘智勇, 李海峥, 胡永远, 等. 人力资本结构高级化与经济增长——兼论东中西部地区差距的形成和缩小[J]. 经济研究, 2018, 53(3):50—63.

[62] 卢盛峰, 陈思霞, 张东杰. 教育机会,人力资本积累与代际职业流动——基于岳父母/女婿配对数据的实证分析[J]. 经济学动态, 2015,2:19—32.

[63] 卢现祥, 尹玉琳. 代际职业流动的制度分析[J]. 广东社会科学, 2018, 3:185—198.

[64] 陆学艺. 研究社会流动的意义[J]. 中国党政干部论坛, 2004,8:20—22.

[65] 陆旸, 蔡昉. 人口结构变化对潜在增长率的影响:中国和日本的比较[J]. 世界经济, 2014, 37(1):3—29.

[66] 吕姝仪, 赵忠. 高校扩招、职业代际流动与性别差异[J]. 劳动经济

研究, 2015, 4:52—69.
[67] 罗楚亮. 城镇居民教育收益率及其分布特征[J]. 经济研究, 2007, 6:119—130.
[68] 骆永民. 公共卫生支出、健康人力资本与经济增长[J]. 南方经济, 2011(04):3—15.
[69] 马骁骁. 从人口老龄化看中国未来计划生育政策——人口老龄化原因的实证分析[J]. 经济视角, 2010, 5:46—49.
[70] 孟庆强. 外商直接投资、人力资本与经济增长关系研究[J]. 统计与决策, 2016(4):174—176.
[71] 缪子梅. 高等教育场域中社会流动和阶层固化的社会学思考[J]. 黑龙江高教研究, 2015, 11:14—16.
[72] 莫艳清. 改革开放以来居民代际间职业地位流动性分析——基于浙江省居民社会流动问卷调查数据[J]. 浙江树人大学学报(人文社会科学版), 2017, 17(3):60—67.
[73] 祁毓, 卢洪友, 张宁川. 环境质量、健康人力资本与经济增长[J]. 财贸经济, 2015,6:126—137.
[74] 钱雪亚, 缪仁余, 胡博文. 教育投入的人力资本积累效率研究——基于随机前沿教育生产函数模型[J]. 中国人口科学, 2014, 2:74—83.
[75] 秦晓岚. 城乡受高等教育者职业代际流动比较研究[D]. 武汉:华中师范大学,2019.
[76] 秦雪征. 代际流动性及其传导机制研究进展[J]. 经济学动态, 2014(9):115—124.
[77] 秦雪征,庄晨,杨汝岱. 计划生育对子女教育水平的影响——来自中国的微观证据[J]. 经济学(季刊),2018,17(3): 897—922.
[78] 邵挺, 王瑞民, 王微. 中国社会流动性的测度和影响机制——基于高校毕业生就业数据的实证研究[J]. 管理世界, 2017, 2:24—29.
[79] 孙凤. 职业代际流动的对数线性模型[J]. 统计研究, 2006, 23(7):61—65.
[80] 孙三百, 黄薇, 洪俊杰. 劳动力自由迁移为何如此重要?——基于代际收入流动的视角[J]. 经济研究, 2012,5:147—159.

[81] 孙志军. 中国农村的教育成本、收益与家庭教育决策[M]. 北京:北京师范大学出版社,2004。

[82] 汪伟. 人口老龄化、养老保险制度变革与中国经济增长——理论分析与数值模拟[J]. 金融研究, 2012,10:29—45.

[83] 汪燕敏, 金静. 我国教育对代际收入流动的影响——基于代际数据的观察[J]. 管理现代化, 2013,3:123—125.

[84] 王超恩, 符平. 农民工的职业流动及其影响因素——基于职业分层与代际差异视角的考察[J]. 人口与经济, 2013, 5:89—97.

[85] 王春光. 中国职业流动中的社会不平等问题研究[J]. 中国人口科学, 2003,2:27—36.

[86] 王弟海,陈理子,张晏. 我国教育水平提高对经济增长的贡献——兼论公共部门工资溢价对我国教育回报率的影响[J]. 财贸经济, 2017,38(9):129—145.

[87] 王弟海. 健康人力资本、经济增长和贫困陷阱[J]. 经济研究, 2012(6):143—155.

[88] 王海港. 中国居民家庭的收入变动及其对长期平等的影响[J]. 经济研究, 2005, 40(1):56—66.

[89] 王海港. 中国居民收入分配的代际流动[J]. 经济科学, 2005, 27(2):18—25.

[90] 王永水, 朱平芳. 中国经济增长中的人力资本门槛效应研究[J]. 统计研究, 2016, 33(1):13—19.

[91] 魏颖. 中国代际收入流动与收入不平等问题研究[M]. 北京:中国财政经济出版社, 2009.

[92] 吴华明. 基于卢卡斯模型的人力资本贡献率测算[J]. 管理世界, 2012,6:175—176.

[93] 吴晓刚. 中国的户籍制度与代际职业流动[J]. 社会学研究, 2007, 22(6):38—65.

[94] 解垩. 中国居民慢性病的经济影响[J]. 世界经济文汇,2011(03):74—86.

[95] 解雨巷, 解垩. 教育流动、职业流动与阶层代际传递中国人口科学, 2019, 2:40—52.

[96] 夏怡然，苏锦红．独生子女政策对人力资本水平的影响研究——基于2005年1%人口抽样调查微观数据的实证研究[J]．南方人口，2016,6:57—68.

[97] 邢春冰,李实.扩招“大跃进”、教育机会与大学毕业生就业[J].经济学(季刊),2011,4:1187—1208.

[98] 徐慧，张建新，张梅玲．家庭教养方式对儿童社会化发展影响的研究综述[J]．心理科学，2008,4:940—942.

[99] 徐剑．中国人口政策效果分析[D].长春:吉林大学,2010.

[100] 徐祖辉,谭远发.健康人力资本、教育人力资本与经济增长[J].贵州财经大学学报,2014,6:21—28.

[101] 许琪，张春泥．中国家庭追踪调查2012年家庭收入的调整办法[R/OL]．(2016-08-08)[2021-08-13]．https://www.docin.com/p-1700772457.html.

[102] 许申．高职与本科毕业生的职业代际流动比较分析[J]．教育学术月刊，2011,1:36—40.

[103] 许岩,曾国平,曹跃群.教育人力资本、健康人力资本、总量人力资本对经济增长机制的实证检验[J].统计与决策,2018,34(7):109—113.

[104] 薛凯．职业的代际流动及其影响因素的研究——基于中国健康与养老追踪调查数据的分析[D]．杭州:浙江工商大学，2014.

[105] 严善平．大城市社会流动的实态与机制——来自天津市居民问卷调查的实证分析[J]．中国社会科学，2000,3:104—114+205.

[106] 杨发祥.当代中国计划生育史研究[D].杭州:浙江大学,2003.

[107] 杨建芳，龚六堂，张庆华．人力资本形成及其对经济增长的影响——一个包含教育和健康投入的内生增长模型及其检验[J]．管理世界，2006，5:10—18.

[108] 杨娟，Sylvie Démurger，李实．中国城镇不同所有制企业职工收入差距的变化趋势[J]．经济学(季刊)，2012,1:293—312.

[109] 姚先国,赵丽秋.中国代际收入流动与传递路径研究:1989—2000[R].浙江大学劳动保障与社会政策研究中心工作论文,2007.

[110] 殷醒民，陈昱．FDI技术溢出效应中“人力资本门槛”的实证研

究——来自长江三角洲 16 个城市的证据[J]. 世界经济文汇, 2011,6:73—85.
[111] 尹志超, 甘犁. 公共部门和非公共部门工资差异的实证研究[J]. 经济研究, 2009,4:129—140.
[112] 于寄语. 人力资本、教育层次与区域经济增长——基于中国 1997—2012 年省级面板数据的实证研究[J]. 上海经济研究,2015,12:97—104 +114.
[113] 余靖雯, 龚六堂. 中国公共教育供给及不平等问题研究——基于教育财政分权的视角[J]. 世界经济文汇, 2015, 6:1—19.
[114] 余靖雯. 政府教育投入、非政府教育投入和经济增长[J]. 浙江社会科学, 2012, 6:4—14.
[115] 余静文, 王春超. 新"拟随机实验"方法的兴起——断点回归及其在经济学中的应用[J]. 经济学动态, 2011,2:125—131.
[116] 喻文姗, 李汪洋, 谢宇. 心理量表的设计与测量[M]// 中国民生发展报告 2016. 北京:北京大学出版社, 2017.
[117] 曾国华, 吴培瑛, 秦雪征. 谁在子承父业? ——高校毕业生职业代际传递性差异及成因[J]. 劳动经济研究, 2020, 8(3):97—119.
[118] 詹新宇. 市场化、人力资本与经济增长效应——来自中国省际面板数据的证据[J]. 中国软科学, 2012,8:171—182.
[119] 张川川, 陈斌开. "社会养老"能否替代"家庭养老"? ——来自中国新型农村社会养老保险的证据[J]. 经济研究, 2014, 11:102—115.
[120] 张芬, 何艳. 健康、教育与经济增长[J]. 经济评论, 2011,4:5—13.
[121] 张国诚. 我国城镇居民代际职业继承与流动——基于 CHIP2014 的实证分析[D]. 湘潭:湘潭大学, 2019.
[122] 张皓辰,秦雪征. 父母的教养方式对青少年人力资本形成的影响[J]. 财经研究, 2019, 45(2):46—58.
[123] 张军,吴桂英,张吉鹏. 中国省际物质资本存量估算:1952—2000[J]. 经济研究,2004(10):35—44.

[124] 张军,章元.对中国资本存量K的再估计[J].统计研究,2003,5:35—43.

[125] 张丽,吕康银,王文静.人力资本积累对青年劳动者职业选择的影响——基于劳动力市场新形态的考察[J].税务与经济,2018,219(4):43—49.

[126] 张琼,白重恩.抚养负担、居民健康与经济增长——影响我国县市经济发展的人口特征因素[J].财经研究,2011,7:18—28.

[127] 张秀武,赵昕东.人口年龄结构、人力资本与经济增长[J].宏观经济研究,2018,4:5—18.

[128] 张翼.中国人社会地位的获得——阶级继承和代内流动[J].社会学研究,2004,4:59—59.

[129] 张勇.人力资本与中国增长和转型[J].经济科学,2015,37(1):29—39.

[130] 张优良,刘腾飞.大学生能力发展与就业部门选择的实证研究——基于首都高校大学生发展状况的调查[J].国家教育行政学院学报,2016,7:77—84.

[131] 赵建国,李佳.财政社会保障支出的非线性经济增长效应研究[J].财政研究,2012,9:51—54.

[132] 钟粤俊,董志强.更多兄弟姐妹是否降低个人教育成就?—来自中国家庭的微观证据[J].财经研究,2018,2:75—89.

[133] 周俊山,尹银.中国计划生育政策对居民储蓄率的影响——基于省级面板数据的研究[J].金融研究,2011,10:61—73.

[134] 周少甫,王伟,董登新.人力资本与产业结构转化对经济增长的效应分析——来自中国省级面板数据的经验证据[J].数量经济技术经济研究,2013,8:65—77.

[135] 周兴,张鹏,XING,等.代际间的职业流动与收入流动——来自中国城乡家庭的经验研究[J].经济学(季刊),2015,1(55):355—376.

[136] 朱晨.职业代际继承与流动:基于中国人口普查数据的实证分析[J].劳动经济研究,2017,5(6):87—106.

[137] 邹薇,马占利.家庭背景、代际传递与教育不平等[J].中国工业经

济,2019,2:80—98.

[138] Acemoglu D, Johnson S. Disease and development: The effect of life expectancy on economic growth[J]. Journal of Political Economy, 2007, 115(6): 925-985.

[139] Adams P, Hurd M, McFadden D, et al. Healthy, wealthy and wise? Tests for direct causal paths between health and socioeconomic status [J]. Journal of Econometrics, 2003,112: 3-56.

[140] Adda J, Chandola T, Marmot M. Socio-economic status and health: Causality and pathways[J]. Journal of Econometrics, 2003, 112(1): 57-57.

[141] Aghion P, Howitt P, et al. Endogenous Growth Theory[M]. Cambridge: MIT Press, 1998.

[142] Ahsan H, Haque M E. Threshold effects of human capital: Schooling and economic growth[J]. Economics Letters, 2017, 156: 48-52.

[143] Aisa R, Pueyo F. Population aging, health care and growth: A comment on the effects of capital accumulation[J]. Journal of Population Economics, 2013, 26(4): 1285-1301.

[144] Akbulut M, Kugler A. Intergenerational Transmission of Health Status in the U.S. among Natives and Immigrants[R/OL]. (2008-08-20) [2021-08-16]. https://uh. edu/~makbulut/akbulut_kugler_health. pdf.

[145] Almond D,Currie J. Human capital development before age five[J]. Handbook of Labor Economics, 2010,4B:1315-1486.

[146] Almond D, Edlund L, Li H B, et al. Long-term effects of the 1959-61 China famine: Mainland China and Hong Kong[R]. Chicago: University of Chicago Press, 2010.

[147] Andrabi T, Das J, Khwaja A I. What did you do all day? Maternal education and child outcomes[J]. Journal of Human Resources, 2012, 47(4): 873-912.

[148] Anger S, Heineck G. Do smart parents raise smart children? The intergenerational transmission of cognitive abilities[J]. Journal of Popu-

lation Economics,2010, 23:1255-1282.

[149] Angrist J D, Keueger A B. Does compulsory school attendance affect schooling and earnings? [J]. Quarterly Journal of Economics, 1991, 106(4):979-1014.

[150] Angrist J D, Lavy V, Analia S. Multiple experiments for the causal link between the quantity and quality of children[J]. Victor Lavy, 2006,28(4): 715-824.

[151] Angrist J D, Lavy V. Using Maimonides' Rule to estimate the effect of class size on scholastic achievement[J]. Quarterly Journal of Economics, 1999,2:533-575.

[152] Arnaud C, Denny K, McMahon D. A multi-country study of intergenerational educational mobility[A]. Paper presented at RC28 meeting, University of Tokyo, 2003.

[153] Aslund O, Gronqvist H. Family size and child outcomes: Is there really no trade-off? [J]. Labour Economics, 2010, 17(1): 130-139.

[154] Bagger J, Birchenall J A, Mansour H, et al. Education, birth order and family size [J]. The Economic Journal, 2021, 131 (633): 33-69.

[155] Balart P, Oosterveen M, Webbink D. Test scores, noncognitive skills and economic growth[J]. Economics of Education Review, 2018, 63: 134-153.

[156] Baldanzi A, Bucci A, Prettner K. The effects of health investments on human capital and R&D-driven economic growth [J]. Departmental Working Papers, 2016.

[157] Banerjee A, Xin M, Tommaso P, et al. Aggregate ferlitity and household savings: A general equilibrium analysis using micro data [R]. NBER Working Paper, No. 20050, 2014.

[158] Banister J. China's Changing Population [M]. Stanford California Stanford University Press, 1987.

[159] Banzhaf H, Walsh R. Do people vote with their feet? An empirical test of tiebout[J]. American Economic Review, 2008, 98:843-863.

[160] Bar M, Leukhina O. The role of mortality in the transmission of knowledge[J]. Journal of Economic Growth, 2010, 15(4): 291-321.

[161] Barro R J. Are government bonds net wealth? [J]. Journal of Political Economy, 1974,82:1095-1117.

[162] Barro R, Sala-i-Martin X. Economic Growth (2nd edition) [M]. Cambridge: MIT Press, 1995.

[163] Bauer P C, Riphahn R T. Timing of school tracking as a determinant of intergenerational transmission of education[J]. Economics Letters, 2005, 91(1): 90-97.

[164] Baumrind D. Current patterns of parental authority[J]. Developmental Psychology, 1971,4:1-103.

[165] Becker G, Murphy K, Tamura R. Human capital, fertility and economic growth[J]. Journal of Political Economy. 1990, 98:12-37.

[166] Becker G S. Health as human capital: Synthesis and extensions[J]. Oxford Economic Papers, 2007, 59(3):379-410.

[167] Becker G S. Human Capital: A Theoretical and Empirical Analysis with Special Reference to Education (3rd ed.) [M]. Chicago: University of Chicago Press,1993.

[168] Becker G S, Lewis H G. On the Interaction between the quantity and quality of Children[J]. Journal of Political Economy, 1973, 82(2): 279-288.

[169] Becker G S, Tomes N. An equilibrium theory of the distribution of income and intergenerational mobility[J]. Journal of Political Economy, 1979, 87(6): 1153-1189.

[170] Becker G, Tomes N. Human capital and the rise and fall of families [J]. Journal of Labor Economics,1986, 4:1-39.

[171] Behrman J, Gaviria A, Szekely M. Intergenerational mobility in Latin America[J]. Economica, 2001, 2:1-31.

[172] Behrman J R, Rosenweig M R. Does increasing women's schooling raise the schooling of the next generation? [J]. The American Economic Review, 2002, 92(1):323-334.

[173] Behrman J R. The impact of health and nutrition on education[J]. World Bank Research Observer, 1996, 11(1):23-37.

[174] Benos N, Mylonidis N, Zotou S. Estimating production functions for the US states: The role of public and human capital[J]. Empirical Economics, 2017, 52(2): 691-721.

[175] Bhalotra S, Rawlings S B. Intergenerational persistence in health in developing countries: The penalty of gender inequality? [J]. Journal of Public Economics, 2011, 95(3-4): 286-299.

[176] Bhalotra S, Rawlings S. Gradients of the intergenerational transmission of health in developing countries[J]. Review of Economics and Statistics, 2013,95:660-672.

[177] Bhattacharya D, Mazumder B. Nonparametric analysis of intergenerational income mobility with application to the United States[R]. Federal Reserve Bank of Chicago Working Paper Series, No. WP-07-12, 2007.

[178] Birch L L, Fisher J O. Mothers' child-feeding practices influence daughters' eating and weight[J]. The American Journal of Clinical Nutrition, 2000,71:1054-1061.

[179] Björklund A, Eriksson T, Jäntti M, et al. Brother correlations in earnings in Denmark, Finland, Norway and Sweden compared to the United States[J]. Journal of Population Economics, 2002, 15:757-772.

[180] Björklund A, Eriksson T, Jäntti M. IQ and family background: Are associations strong or weak? [J]. The B E Journal of Economic Analysis & Policy, 2010, 10(1):2.

[181] Björklund A, Jäntti M. How important is family background for labor-economic outcomes? [J]. Labour Economics,2012, 19,:465-474.

[182] Björklund A, Jäntti M. Intergenerational income mobility and the role of family background[J]. Oxford Handbook of Economic Inequality, 2009,491-521.

[183] Björklund A, Jäntti M. Intergenerational income mobility and the role of family background[R]. Handbook of Economic Inequality, Oxford:

Oxford University Press, 2008.

[184] Bjrklund A, Jäntti M, Solon G. Influences of nature and nurture on earnings variation: Preliminary results from a study of various sibling types in Sweden[R/OL]. (2003-08-18)[2021-08-16]. http://www-personal. umich. edu/ ~ gsolon/workingpapers/sweden. pdf.

[185] Björklund A, Lindahl M, Plug E. The origins of intergenerational associations: Lessons from Swedish adoption data[J]. Quarterly Journal of Economics,2006, 121(3): 999-1028.

[186] Björklund A, Salvanes K. Education and family background: Mechanisms and policies[J]. Handbook of Economics of Education, 2011, 3:201-247.

[187] Black S, Devereux P, Salvanes K. Like father, like son? A note on the intergenerational transmission of IQ scores[J]. Economic Letters, 2009,105:138-140.

[188] Black S E, Devereux P J. Recent developments in intergenerational Mobility[J]. CEPR Discussion Papers, 2010, 4(1):1487-1541.

[189] Black S E, Devereux P J, Salvanes K G. From the cradle to the labor market? The effect of birth weight on adult outcomes[J]. The Quarterly Journal of Economics, 2007, 122(1): 409-439.

[190] Black S E, et al. Why the apple doesn't fall far: Understanding intergenerational transmission of human capital[J]. American Economic Review, 2005,95(1): 437-449.

[191] Black S E, Salvanes D. The more the merrier? The effect of family size and birth order on children's education[J]. Quarterly Journal of Economics, 2005, 120(2):669-700.

[192] Blalock H M, Blau P M, Duncan O D, et al. The American occupational structure [J]. American Sociological Review, 1967, 33(2):296.

[193] Blanden J, et al. Changes in intergenerational mobility in Britain, in Corak M (eds.), Generational Income Mobility in North America and Europe[M]. Cambridge :Cambridge University Press,2004.

[194] Blanden J, Goodman A, Gregg P. How much can we learn from international comparisons of intergenerational mobility? [R]. CEE Discussion Papers, 2009, No. 0111.

[195] Blanden J, Gregg P, Macmillan L. Accounting for intergenerational income persistence: Noncognitive skills, ability and education[J]. Economic Journal, 2007, 117: C43-60.

[196] Blankenau W. Public schooling, college subsidies and growth[J]. Journal of Economic Dynamics & Control, 2005, 29:487-507.

[197] Blankenau W, Simpson N. Public education expenditures and growth [J]. Journal of Development Economics, 2004,73:583-605.

[198] Blau P M, Duncan O D. The American Occupational Structure[M]. New York: John Wiley & Sons, 1967.

[199] Blinder A S. Wage discrimination: reduced form and structural estimates[J]. Journal of Human Resources, 1973, 8(4):436-455.

[200] Blondal K S, Adalbjarnardottir S. Parenting practices and school dropout: A longitudinal study [J]. Adolescence, 2009, 44 (176): 729-749.

[201] Blundell R, Bond S. Initial conditions and moment restrictions in dynamic panel data models [J]. Journal of Econometrics,1998,87:115-143.

[202] Blázquez-Fernández C, Cantarero-Prieto D, Perez-Gonzalez P, et al. Does early-life health enhance growth? Evidence from Spain[J]. Applied Economics Letters, 2015, 22(11): 860-864.

[203] Bohlmark A, Lindquist M. Life-cycle variations in the association between current and lifetime income: Replication and extension for Sweden[J]. Journal of Labor Economics, 2006,24:879-896.

[204] Booth A L, Kee H J. Birth order matters: The effect of family size and birth order on educational attainment[J]. Journal of Population Economics, 2009, 22(2): 367-397.

[205] Borjas G. Ethnic capital and intergenerational mobility[J]. Quarterly Journal of Economics, 1992,107:123-150.

[206] Bound J, Solon G. Double trouble: On the value of twins-based estimation of the return to schooling[J]. Economics of Education Review, 1999, 18(2): 169-182.

[207] Bowblis J, Meng H, Hyer K. The urban-rural disparity in nursing home quality indicators: The case of facility-acquired contractures[J]. Health Services Research, 2013, 2:47-69.

[208] Bowles S, Gintis H, Groves M. Introduction, in Bowles S, Gintis S and Growes M (eds.), Unequal Chances: Family Background and Economic Success[M]. New York: Russell Sage and Princeton University Press, 2005

[209] Bowles S, Gintis H, Osborne M. The determinants of earnings: A behavioral approach [J]. Journal of Economic Literature, 2001, 39: 1137-1176.

[210] Bowles S, Gintis H. The inheritance of inequality[J]. Journal of Economic Perspectives, 2002,16(3): 3—30.

[211] Bratberg E, et al. Intergenerational earnings mobility in Norway: Levels and trends[J]. Scandinavian Journal of Economics, 2005, 107 (3): 419-435.

[212] Bratsberg B, Roed K, Raaum O, et al. Nonlinearities in intergenerational earnings mobility: Consequences for cross-country comparisons [J]. Economic Journal, 2007, 117:72-92.

[213] Bratsberg B, Terrell D. School quality and returns to education of US immigrants[J]. Economic Inquiry, 2002, 40(2): 177-198.

[214] Breen R, Jonsson J O. Explaining change in social fluidity: Educational equalization and educational expansion in twentieth-century sweden[J]. American Journal of Sociology, 2007, 112(6):1775-1810.

[215] Breton T R. Higher test scores or more schooling? Another look at the causes of economic growth[J]. Journal of Human Capital, 2015, 9 (2): 239-263.

[216] Breton T R. The quality vs. the quantity of schooling: What drives economic growth? [J]. Economics of Education Review, 2011, 30

(4): 765-773.

[217] Bräuninger M, Vidal J P. Private versus public financing of education and endogenous growth[J]. Journal of Population Economics, 2000, 13(3): 387-401.

[218] Buckles K S, Hungerman D M. Season of birth and later outcomes: Old questions, new answers[J]. Review of Economics and Statistics, 2013, 95(3): 711-724.

[219] Burton P, Phipps S, Curtis L. All in the family: A simultaneous model of parenting style and child conduct[J]. The American Economic Review, 2002, 92:368-372.

[220] Cameron L, Erkal N, Gangadharan L, et al. Little emperors: Behavioral impacts of China's one-child policy[J]. Science, 2013, 340(6130):272-273.

[221] Carbonell A, Frijters P. How important is methodology for the estimates of the determinants of happiness? [J]. Economic Journal, Royal Economic Society, 2004, 114(497):641-659.

[222] Case A, Fertig A, Paxson C. The lasting impact of childhood health and circumstance [J]. Journal of Health Economics, 2005, 24: 365-389.

[223] Cass D. Optimum growth in an aggregative model of capital accumulation[J]. The Review of Economic Studies, 1965, 32(3): 233-240.

[224] Castelló-Climent A. Inequality and growth in advanced economies: An empirical investigation [J]. The Journal of Economic Inequality, 2010, 8(3): 293-321.

[225] Cavelaars A, Kunst A E, Geurts J, et al. Persistent variations in average height between countries and between socio-economic groups: An overview of 10 European countries[J]. Annals of Human Biology, 2000, 27:407-421.

[226] Cervellati M, Sunde U. Life expectancy and economic growth: The role of the demographic transition[J]. Journal of Economic Growth, 2011, 16(2): 99-133.

[227] Chakraborty S, Papageorgiou C, Sebastián F P. Diseases, infection dynamics and development [J]. Journal of Monetary Economics, 2010, 57(7): 859-872.

[228] Chao R K. Beyond parental control and authoritarian parenting style: Understanding Chinese parenting through the cultural notion of training [J]. Child Development, 1994,65:1111-1119.

[229] Chay K, Greenstone M. Does air quality matter? Evidence from the housing market [J]. Journal of Political Economy, 2005, 113: 376-424.

[230] Chay K Y, Greenstone M. Air quality, infant mortality, and the clean air act of 1970[R]. NBER Working Paper, 2003a, No. 10053.

[231] Chay K Y, Greenstone M. The impact of air pollution on infant mortality: Evidence from geographic variation in pollution shocks induced by a recession [J]. Quarterly Journal of Economics, 2003b, 118 (3): 1121-1167.

[232] Chen Y, Ebenstein A, Greenstone M. Evidence on the impact of sustained exposure to air pollution on life expectancy from China's Huai River Policy[J]. PNAS, 2013, 110(32):12936-12941.

[233] Chen Y, Guo Y, Huang J, et al. Intergenerational transmission of education in China: New evidence from the Chinese Cultural Revolution [J]. Review of Development Economics, 2019, 23(1): 501-527.

[234] Chen Y, Li H. Mother's education and child health: Is there a nurturing effect? [J]. Journal of Health Economics, 2009,28:413-426.

[235] Chen Y, Naidu S, Yuchtman N. Intergenerational mobility and institutional changein 20th century China[R]. Working Paper, 2010.

[236] Chen Y, Zhou L. The Long-term health and economic consequences of the 1959—1961 famine in China[J]. Journal of Health Economics, 2007, 26:659-681.

[237] Chevalier A. Parental education and child's education: A natural experiment[R]. IZA Discussion Paper, 2004, No. 1153.

[238] Chi W, Qian X. Human capital investment in children: An empirical

study of household child education expenditure in China, 2007 and 2011[J]. China Economic Review, 2016, 37:52-65.

[239] Christia P. Risk aversion and sorting into public sector employment [J]. German Economic Review, 2011, 12(1):85—99.

[240] Clarke C, Jones A T, Lacy B. Education spending and workforce quality as determinants of economic growth[J]. Journal of Rural and Community Development, 2015, 10(4):24-35.

[241] Classen T J, Thompson O. Genes and the intergenerational transmission of BMI and obesity[J]. Economics & Human Biology, 2016, 23: 121-133.

[242] Cole C N. Welfare and child health: The link between AFDC participation and birth weight[J]. American Economic Review, 1993, 83(4):971-985.

[243] Coneus K, Spiess C K. Pollution exposure and child health: Evidence for infants and toddlers in Germany[J]. Journal of Health Economics, 2012, 31(1): 180-196.

[244] Conley D, Glauber R. Parental educational investment and children's academic risk estimates of the impact of sibship size and birth order from exogenous variation in fertility[J]. Journal of Human Resources, 2006, 41(4): 722-737.

[245] Cooney L. Son preference and the one child policy in China: 1979—1988[J]. Population Research and Policy Review, 1993, 12(3): 277-296.

[246] Cooney R, Wei J, Powers M G. The one child certificate in Hebei province, China: Acceptance and consequence, 1979—1988[J]. Population Research and Policy Review, 1991, 10(2):137-155.

[247] Corak M. Do poor children become poor adults? Lessons from a cross country comparison of generational earnings mobility[J]. Iza Discussion Papers, 2006, 13(06):143-188.

[248] Corak M, Heisz A. The intergenerational earnings and income mobility of Canadian men: Evidence from longitudinal income tax data[J].

Statistics Canada Working Paper,1998, No. 113.

[249] Corak M. Inequality from generation to generation: The United States in comparison[R]. The Economics of Inequality, Poverty and Discrimination in the 21st Century, Santa Barbara, CA: ABC-CLIO,2013.

[250] Costa D L. Health and the economy in the United States from 1750 to the present[J]. Journal of Economic Literature, 2015, 53(3): 503-570.

[251] Cunha F, Heckman J J. Human capital formation in childhood and adolescence[R]. Cesifo Dice Report, 2010,71:22-28.

[252] Cunha F, Heckman J. The economics and psychology of inequality and human development[J]. Journal of the European Economic Association, 2009, 7(2-3): 320-364.

[253] Cunha F, Heckman J. The technology of skill formation[J]. American Economic Review, 2007, 97(2): 31-47.

[254] Currie J, Cole N. Welfare and child health: The link between AFDC participation and birth weight[J]. The American Economic Review, 1993, 83(4): 971-985.

[255] Currie J. Healthy, wealthy and wise: Socioeconomic status, poor health in childhood and human capital development[J]. Journal of Economic Literature, 2009, 47:87-122.

[256] Currie J. Inequality at birth: Some causes and consequences[J]. American Economic Review, 2011,101:1-22.

[257] Currie J, Madrian B C. Health, health insurance and the labor market [J]. JCPR Working Papers, 1998, 1:645-706.

[258] Currie J, Moretti E. Biology as destiny? Short- and long-run determinants of intergenerational transmission of birth weight[J]. Journal of Labor Economics, 2007,25:231-264.

[259] Currie J, Moretti E. Mother's education and the intergenerational transmission of human capital: Evidence from college openings[J]. The Quarterly Journal of Economics, 2003, 118:1495-1532.

[260] Currie J, Neidell M. Air pollution and infant health: What can we learn from california's recent experience? [J]. Quarterly Journal of Economics, 2005,120(3):1003-1030.

[261] Currie J, Neidell M, Schmieder J F. Air pollution and infant health: Lessons from New Jersey[J]. Journal of Health Economics, 2009,28(3): 688-703.

[262] Currie J, Rosemary H. Is the impact of shocks cushioned by socioeconomic status? The case of low birth weight[J]. American Economic Review, 1999, 89:245-250.

[263] Currie J, Vogl T. Early-life health and adult circumstance in developing countries[J]. Annual Review of Economics, 2013,5:1-36.

[264] Cutler D M, Lleras-Muney A, Vogl T. Socioeconomic status and health:Dimensions and mechanisms[R]. Oxford Handbook of Health Economics,2011.

[265] Dahl G B, Lochner L. The impact of family income on child achievement[R]. NBER Working Paper, 2005,No. 11279.

[266] Dang H A H, Rogers F H. The decision to invest in child quality over quantity: Household size and household investment in education in Vietnam[J]. The World Bank Economic Review, 2016, 30(1): 104-142.

[267] Das G M. Explaining Asia's 'Missing Women': A new look at the data[J]. Population and Development Review, 2005, 31(3):529-535.

[268] Dastidar S, Chatterji M. Public expenditure in different education sectors and economic growth: The Indian experience[R]. MPRA Paper 2015, No.66903.

[269] Dayiŏlu M, Kirdar M G, Tansel A. Impact of sibship size, birth order and sex composition on school enrolment in urban Turkey[J]. Oxford Bulletin of Economics and Statistics, 2009, 71(3): 399-426.

[270] Deaton A. Health, inequality and economic development[J]. Journal of Economic Literature, 2003, 41:133-158.

[271] Deaton A. Height, health, and development[J]. Proceedings of the

National Academy of Sciences, 2007,104:13232-13237.

[272] Deaton A S, Paxson C. Mortality, education, income, and inequality among American cohorts[R]. Themes in the Economics of Aging, University of Chicago Press, 2001, 129-170.

[273] De Haan M. Birth order, family size and educational attainment[J]. Economics of Education Review, 2010, 29(4): 576-588.

[274] De Haan M. The effect of parents' schooling on child's schooling: A nonparametric bounds analysis [J]. Journal of Labor Economics, 2011, 29(4): 859-892.

[275] Delgado M S, Henderson D J, Parmeter C F. Does education matter for economic growth? [J]. Oxford Bulletin of Economics and Statistics, 2014, 76(3): 334-359.

[276] Deng Q, Bjorn G, Li S. Intergenerational income persistency in urban China[R]. IZA Discussion Paper, 2013, No. 69072012.

[277] Deng Q, Gustafsson B, Shi L. Intergenerational income persistency in urban China[J]. Review of Income and Wealth, 2013, 59:416-436.

[278] Devarajan S, Swaroop V, Zou H. The composition of public expenditure and economic growth[J]. Journal of Monetary Economics, 1996, 37(2): 313-344.

[279] Diebolt C, Menard A R, Perrin F. Behind the fertility-education nexus: What triggered the French development process? [J]. European Review of Economic History, 2017, 21(4): 357-392.

[280] Ding S, Knight J. Why has China grown so fast? The role of physical and human capital formation[J]. Oxford Bulletin of Economics and Statistics, 2011, 73(2): 141-174.

[281] Dohmen T, Falk D. Huffman D, et al. The intergenerational transmission of risk and trust attitudes [J]. Review of Economic Studies, 2012, 79: 1-33.

[282] Domar E D. Capital expansion, rate of growth and employment[J]. Econometrica, 1946, 14(2):137-147.

[283] Dooley M, Stewart J. Family income, parenting styles and child be-

havioural-emotional outcomes [J]. Health Economics, 2007, 16: 145-162.

[284] Dunn C E. The intergenerational transmission of lifetime earnings: Evidence from Brazil[J]. B E Journal of Economic Analysis & Policy, 2007,7(2):1-42.

[285] Dunn C. Intergenerational earnings mobility in Brazil and its determinants[A]. University of Michigan Working Paper, 2003.

[286] Easterly W, Rebelo S. Fiscal policy and economic growth[J]. Journal of Monetary Economics, 1993, 32(3): 417-458.

[287] Ebenstein A, Fan M, Greenstone M, et, al. Growth, pollution and life expectancy: China from 1991—2012[J]. American Economic Review, 2015, 105(5):226-231.

[288] Ebenstein A. The missing girls' of China and the Unintended consequences of the one child policy[J]. Journal of Human Resources, 2010, 45 (1):87-115.

[289] Ehrlich I, Kim J. Immigration, human capital formation and endogenous economic growth[J]. Journal of Human Capital, 2015, 9(4): 518-563.

[290] Ehrlich I, Kim J. The evolution of income and fertility inequalities over the course of economic development: A human capital perspective [J]. Journal of Human Capital, 2007, 1(1): 137-174.

[291] Ehrlich I, Kim J. Social security, demographic trends and economic growth: Theory and evidence from the international experience[R]. NBER Working Paper, 2005, No. 11121.

[292] Ehrlich I, Lui F T. Intergenerational trade, longevity and economic growth[J]. Journal of Political Economy, 1991,99:1029-1059.

[293] Ehrlich I, Lui F T. Social security, the family, and economic growth [J]. Economic Inquiry, 1998, 36(3): 390-409.

[294] Ehrlich I, Zhong J G. Social security and the real economy: An inquiry into some neglected issues[J]. American Economic Review, 1998, 88:151-157.

[295] Eide E R, Showalter M H. Factors affecting the transmission of earnings across generations: A quantile regression approach[J]. Journal of Human Resources 1999, 34(2): 253-267.

[296] Eriksson T, Bratsberg B, Raaum O. Earnings persistence across generations: Transmission through health? [R]. Memorandum 35/2005, Oslo University, Department of Economics, 2005.

[297] Eriksson T,Pan J,Qin X. The intergenerational inequality of health in China [J]. China Economic Review, 2014, 31(35):392-409.

[298] Eriksson T, Zhang Y. The role of family background for earnings in rural China[J]. Frontiers of Economics in China, 2012,7:466-478.

[299] Ermisch J, Jäntti M, Smeeding T. From Parents to Children: The intergenerational Transmission of Advantage[M]. New York: Russell Sage Foundation, 2012.

[300] Ermisch J, Nicoletti C. Intergenerational earnings mobility: Changes across cohorts in Britain[R]. ISER Working Paper Series, 2005, No. 19.

[301] Fan J, Gijbels I. Local Polynomial Modelling and Its Applications [M]. London; New York and Melbourne: Chapman and Hall, 1996.

[302] Feinstein L, Symons J. Attainment in secondary school[R]. Oxford Economic Papers, 1999,51:300-321.

[303] Feldstein M. Social security, induced retirement, and aggregate capital accumulation [J]. Journal of Political Economy, 1974, 82: 905-926.

[304] Fernihough A. Human capital and the quantity-quality trade-off during the demographic transition[J]. Journal of Economic Growth, 2017, 22(1): 35-65.

[305] Fernihough A. Human capital and the quantity-quality trade-off during the demographic transition: New evidence from Ireland[R], Working Papers 201113, School of Economics, University College Dublin, 2011.

[306] Fitzsimons E, Malde B. Empirically probing the quantity-quality mod-

el[J]. Journal of Population Economics, 2014, 27(1): 33-68.

[307] Fleisher B M, Hu Y, Li H, et al. Economic transition, higher education and worker productivity in China[J]. Journal of Development Economics, 2011, 94(1):86-94.

[308] Fu A S, Markus H R. My mother and me: Why tiger mothers motivate Asian Americans but not European Americans[J]. Personality & Social Psychology Bulletin, 2014, 40: 739-749.

[309] Fukushima S, Araki T, Sakaguchi Y, et al. Parenting styles in Arab societies: A first cross-regional research study[J]. Journal of Cross-Cultural Psychology,2006, 37:230-247.

[310] Fung W, Ha W. Intergenerational effects of the 1959—1961 China famine[J]. Risk, Shocks and Human Development,2010,222-254.

[311] Fu Y, Gabriel S A. Labor migration, human capital agglomeration and regional development in China[J]. Regional Science and Urban Economics, 2012, 42(3): 473-484.

[312] Gao J, Tang S, Tolhurst R, et al. Changing access to health services in urban China: Implications for equity[J]. Health Policy and Planning, 2001, 16:302-312.

[313] Gehringer A, Prettner K. Longevity and technological change[J]. Macroeconomic Dynamics, 2019, 23(4): 1471-1503.

[314] Glewwe P, Jacoby H, King E. Early childhood nutrition and academic achievement: A longitudinal analysis[J]. Journal of Public Economics, 2001, 81:345-368.

[315] Glick P J, Marini A, Sahn D E. Estimating the consequences of unintended fertility for child health and education in Romania: An analysis using twins data[J]. Oxford Bulletin of Economics & Statistics, 2010, 69(5):667-691.

[316] Glomm G, Kaganovich M. Distributional effects of public education in an economy with public pensions[J]. International Economic Review, 2010, 44(3):917-937.

[317] Glomm G, Kaganovich M. Social security, public education and the

growth-inequality relationship [J]. European Economic Review, 2008, 52(6): 1009-1034.

[318] Glomm G, Ravikumar B. Public versus private investment in human capital: Endogenous growth and income inequality [J]. 1992, 100 (4): 818-834.

[319] Gniewosz B, Noack P. The role of between-parent values agreement in parent-to-child transmission of academic values[J]. Journal of Adolescence, 2011,35:809-821.

[320] Gong H, Leigh A, Meng X. Intergenerational income mobility in urban China[J]. Review of Income and Wealth, 2012,58: 481-503.

[321] Gonzales N A, Coxe S, Roosa M W, et al. Economic hardship, neighborhood context and parenting: Prospective effects on Mexican-American adolescent's mental health[J]. American Journal of Community Psychology, 2011, 47:98-113.

[322] Goode A, Mavromaras K, Zhu R. Family income and child health in China[J]. China Economic Review, 2014, 29:152-165.

[323] Gorgens T, Xin M, Vaithianathan R. Stunting and selection effects of famine: A case study of the great chinese famine[J]. Journal of Development Economics, 2012,97:99-111.

[324] Grawe N. Intergenerational mobility for whom? The experience of highandlow-earning sons in international perspective. Chapter 4 in Corak M (Ed) Generational Income Mobility in North America and Europe [M]. Cambridge: Cambridge University Press, 2004.

[325] Grawe N. Lifecycle bias in estimates of intergenerational earnings persistence[J]. Labour Economics, 2006,13:551-570.

[326] Greene W H. Econometric Analysis[M]. Prentice Hall, 2000.

[327] Grilo C M, Pogue-Geile M F. The nature of environmental influences on weight and obesity: A behavioral genetic analysis[J]. Psychological Bulletin 1991,110 (3):520-537.

[328] Grusec J E, Davidov M. Analyzing socialization from a domain-specific perspective[J]. In J. E. Grusec and P. H. Hastings (Ed.), Hand-

book of Socialization: Theory and Research[M]. London: Guilford Press, 2014.

[329] Guest A M, Landale N S, Mccann J C. Intergenerational occupational mobility in the late 19th century United States[J]. Social Forces, 1989, 68(2):351-378.

[330] Gulliford M, Chinn S, Rona R. Social environment and height: England and Scotland 1987 and 1988[J]. Archives of Disease in Childhood, 1991,66:235-240.

[331] Haider S, Solon G. Life-cycle variation in the association between current and lifetime earnings[J]. American Economic Review, 2006,96: 1308-1320.

[332] Hainmueller J. Entropy balancing: A multivariate reweighting method to produce balanced samples in observational studies[J]. Political Analysis, 2012, 20(1):25-46.

[333] Halter D, Oechslin M, Zweimüller J. Inequality and growth: The neglected time dimension[J]. Journal of Economic Growth, 2014, 19(1): 81-104.

[334] Hansen C W. Life expectancy and human capital: Evidence from the international epidemiological transition[J]. Journal of Health Economics, 2013, 32(6): 1142-1152.

[335] Hansen C W, Lønstrup L. Can higher life expectancy induce more schooling and earlier retirement? [J]. Journal of Population Economics, 2012, 25(4): 1249-1264.

[336] Hansen C W, Lønstrup L. The rise in life expectancy and economic growth in the 20th century[J]. The Economic Journal, 2015, 125(584): 838-852.

[337] Hanushek E A. Economic growth in developing countries: The role of human capital[J]. Economics of Education Review, 2013, 37: 204-212.

[338] Hanushek E A, Woessmann L. Schooling, educational achievement, and the Latin American growth puzzle[J]. Journal of Development E-

conomics, 2012, 99(2): 497-512.

[339] Harrod R F. An essay in dynamic theory[J]. The Economic Journal, 1939,49(193):14-33.

[340] Hartwig J. Is health capital formation good for long-term economic growth? Panel granger-causality evidence for OECD countries[J]. Journal of Macroeconomics, 2010, 32(1): 314-325.

[341] Hatton T J, Martin R M. Fertility decline and the heights of children in Britain, 1886-1938[J]. Explorations in Economic History, 2010, 47(4):505-519.

[342] Headey D D, Hodge A. The effect of population growth on economic growth: A meta-regression analysis of the macroeconomic literature [J]. Population and Development Review, 2009, 35(2): 221-248.

[343] Heckman J J, Kautz T. Fostering and measuring skills interventions that improve character and cognition. In J. J. Heckman, J. E. Humphries and T. Kautz (Eds.), The GED Myth: Education, Achievement Tests, and the Role of Character in American Life, Chapter 9 [M]. Chicago: University of Chicago Press, 2014.

[344] Heckman J J. Lessons from the Bell Curve[J]. Journal of Political Economy, 1995,103:1091-1152.

[345] Heckman J J, Mosso S. The economics of human development and social mobility[R]. NBER Working Paper, 2014, No. 19925.

[346] Heckman J J, Rubinstein Y. The importance of non-cognitive skills: Lessons from the GED Testing Program[J]. The American Economic Review, 2001, 91: 145-149.

[347] Heckman J J, Yi J. Human capital, economic growth, and inequality in China[J]. IZA Discussion Papers, 2012, 92(2):215-231.

[348] Heisz A, Corak M. The intergenerational earning and income mobility of Canadian men: Evidence from longitudinal income tax data[J]. The Journal of Human Resources, 1999, 34:504-533.

[349] Hendricks L. Taxation and long-run growth[J]. Journal of Monetary Economics, 1999, 43(2): 411-434.

[350] Hertz T, Jayasundera T, Piraino P. The Inheritance of educational inequality: International comparisons and fifty-year trends[J]. The B. E. Journal of Economic Analysis & Policy, 2007, 7:1-46.

[351] Hewitt J K. The genetics of obesity: What have genetic studies told us about the environment? [J]. Behavior Genetics, 1997, 27 (4): 353-358.

[352] Hussein M, Munk M, Bonke J. How sensitive is intergenerational earnings mobility to different measures[R]. Danish National Centre for Social Research, Working Paper, 2008.

[353] Imbens G, Kalyanaraman K. Optimal bandwidth choice for the regression discontinuity estimator[J]. Review of Economic Studies, 2012, 79(3):933-959.

[354] Imbens G, Lemieux T. Regression discontinuity designs: A guide to practice[J]. Journal of Econometrics, 2008, 142(2):615-635.

[355] Islam R M D, Ang J B, Madsen J B. Quality-adjusted human capital and productivity growth [J]. Economic Inquiry, 2014, 52 (2): 757-777.

[356] Jann B, Seiler S. A new methodological approach for studying intergenerational mobility with an application to swiss data[D]. University of Bern Social Sciences Working Paper, 2014.

[357] Jann B. Standard errors for the Blinder-Oaxaca decomposition[C]. 3rd Verman Stata Users Group Meeting, Berlin, 2005.

[358] Jason L, Ferrie J. The path to convergence: Intergenerational occupational mobility in Britain and the US in three eras[J]. The Economic Journal, 2007, 117(519):C61-C71.

[359] Jerrim J, Macmillan L. Income inequality, intergenerational mobility, and the Great Gatsby Curve: Is education the key? [J]. Social Forces, 2015, 94(2): 505-533.

[360] Jäntti M, Bratsberg B, Roed K, et al. American exceptionalism in a new light: A comparison of intergenerational earnings mobility in the nordic countries, the United Kingdom and the United States[R].

ZADP,2006,No. 1938.

[361] Johnson R, Schoeni R. The Influence of early-life events on human capital, health status, and labor market outcomes over the life course [J]. The B. E. Journal of Economic Analysis & Policy, 2011, 11 (3):3-57.

[362] Johnston D W, Schurer S, Shields M A. Exploring the intergenerational persistence of mental health: Evidence from three generations[J]. Journal of Health Economics, 2013,32:1077- 1089.

[363] Juhn C, Rubinstein Y, Zuppann C A. The quantity-quality trade-off and the formation of cognitive and non-cognitive skills[R]. National Bureau of Economic Research, 2016.

[364] Kaganovich M, Zilcha I. Education, social security and growth[J]. Journal of Public Economics, 1999,71:89-309.

[365] Kakihara F, Tilton-Weaver L. Adolescents' interpretations of parental control: Differentiated by domain and types of control[J]. Child Development, 2009,80:722-1738.

[366] Keats A. Women's schooling, fertility, and child health outcomes: Evidence from Uganda's free primary education program[J]. Journal of Development Economics, 2018,135: 142-159.

[367] Kemnitz A, Wigger B. Growth and social security: The role of human capital[J]. European Journal of Political Economy. 2000, 16: 673-683.

[368] Kerr M, Stattin H, Ozdemir M. Perceived parenting style and adolescent adjustment: Revisiting direction of effects and the role of parental knowledge. Developmental Psychology, 2012,48:1540-1553.

[369] Kirby S, Riley R. The external returns to education: UK evidence usingrepeated cross-sections [J]. Labour Economics, 2008, 15: 619-630.

[370] Koopmans T C. On The Concept of Optimal Economic Growth[M]. Amsterdam: North-Holland,1963.

[371] Kramarz F, Skans O N. When strong ties are strong: Networks and

youth labour market entry[J]. Cepr Discussion Papers, 2014,81(3): 1164-1200.

[372] Kravdal, Kodzi I, Sigle-Rushton W. Effects of the number and age of Siblings on Educational Transitions in Sub-Saharan Africa[J]. Studies in Family Planning, 2013, 44(3): 275-297.

[373] Kreishan F M, Hawarin I M. Education and economic growth in jordan: Causality test [J]. International Journal of Economic Perspectives, 2011,5(1): 45-53.

[374] Kugler A D, Kumar S. Preference for boys, family size, and educational attainment in India[J]. Demography, 2017, 54(3): 835-859.

[375] Kunze L. Life expectancy and economic growth[J]. Journal of Macroeconomics,2014,39: 54-65.

[376] Lamborn S D, Mounts N S, Steinberg L, et al. Patterns of competence and adjustment among adolescents from authoritative, authoritarian, indulgent, and neglectful families[J]. Child Development,1991,62: 1049-1065.

[377] Lee C, Solon G. Trends in intergenerational income mobility[J]. Review of Economics and Statistics, 2009, 91(4): 766-772.

[378] Lee D S, Lemieux T. Regression discontinuity designs in economics [J]. Journal of Economic Literature, 2010, 48(2):281-355.

[379] Lee J. Sibling size and investment in children's education: An Asian instrument[J]. Journal of Population Economics, 2008, 21(4): 855-875.

[380] Lee L, Rosenzweig M, Pitt M. The effects of improved nutrition, sanitation, and water quality on child health in high mortality populations [J]. Journal of Econometrics, 1997, 77: 209-235.

[381] Lefgren L, Lindquist M, Sims D. Rich dad, smart dad: Decomposing the intergenerational transmission of income[J]. Journal of Political Economy, 2012, 120:268-303.

[382] Lefranc A, Trannoy A. Intergenerational earnings mobility in France: Is France more mobile than the US ? [J]. Post-Print hal-01648166,

HAL, 2005.

[383] Leigh A. Intergenerational mobility in Australia[J]. The B E Journal of Economic Analysis and Policy, 2007,7(2): 1-28.

[384] Lhila A, Long S. What is driving the black-white difference in low birthweight in the US? [J]. Health Economics, 2012, 21 (3): 301-315.

[385] Liang W, Lu M. Growth led by human capital in big cities: Exploring complementarities and spatial agglomeration of the workforce with various skills[J]. China Economic Review, 2017, 57:101-113.

[386] Lien D, Evans W. Estimating the impact of large cigarette tax hikes: The case of maternal smoking and infant birth weight[J]. Journal of Human Resources, 2005, 2:373-392.

[387] Li H, Loyalka P, Rozelle S, et al. Human capital and China's future growth[J]. Journal of Economic Perspectives, 2017, 31(1): 25-48.

[388] Li H, Yi J, Zhang J. Estimating the effect of the one-child policy on the sex ratio imbalance in China: Identification based on the difference-in-differences[J]. Demography, 2011, 48(4):1535-1557.

[389] Li H, Zhang J, Zhu Y. The quantity-quality trade-off of children in a developing country: Identification using Chinese twins[J]. Demography, 2008, 45(1):223-243.

[390] Li J. China's one-child policy: How and how well has it worked? A case study of hebei province, 1979—1988[J]. Population and Development Review, 1995, 21(3):563-585.

[391] Li J, Cooney R S. Son preference and the one child policy in China: 1979—1988[J]. Population Research and Policy Review, 1993, 12 (3): 277-296.

[392] Li K W, Liu T. Economic and productivity growth decomposition: An application to post-reform China[J]. Economic Modelling, 2011,28 (1-2):366-373.

[393] Li T, Wang Y. Growth channels of human capital: A Chinese panel data study[J]. China Economic Review,2018,51:309-322.

[394] Li X, Liu C, Luo R, et al. The challenges facing young workers during rural labor transition[J]. China Agricultural Economic Review, 2010,2(2):185-199.

[395] Lindahl M, Lundberg E, Palme M, et al. Parental influences on health and longevity: Lessons from a large sample of adoptees[R]. National Bureau of Economic Research, 2016.

[396] Lindeboom M, Liena-Nozal A, Klaauw B, Parental education and child health: Evidence from a schooling reform[J]. Journal of Health Economics, 2009, 28:109-131.

[397] Lipset, Martin L S, Zetterberg H. A theory of social mobility[Z]. In Transactions of the Third World Congress of Sociology, London: International Sociological Association, 1956, 155-177.

[398] Liu H, Fang H, Zhao Z. Urban-rural disparities of child health and nutritional satus in China from 1989 to 2006[R]. IZA Discussion Paper, 2012, No. 6528.

[399] Liu H. The quality-quantity trade-off: Evidence from the relaxation of China's one-child policy[J]. Journal of Population Economics, 2014, 27(2):565-602.

[400] Liu Y, Hsiao W, Eggleston K. Equity in health and health care: The Chinese experience[J]. Social Science and Medicine, 1999, 41: 1085-1093.

[401] Lizzeri A, Siniscalchi M. Parental guidance and supervised learning [J]. The Quarterly Journal of Economics, 2008, 123:1161-1195.

[402] Long J, Ferrie J. The path to convergence: Intergenerational occupational mobility in Britain and the US in three eras[J]. The Economic Journal, 2007, 117(519): C61-C71.

[403] Lordan G, Frijters P. Unplanned pregnancy and the impact on sibling health outcomes[J]. Health Economics, 2013, 22(8):903-914.

[404] Lo Sasso, Buchmueller A T. The effect of the state children's health insurance program on health insurance coverage[J]. Journal of Health Economics, 2004, 23: 1059-1082.

[405] Loureiro M, Sanz-de-Galdeano A, Vuri D. Smoking habits: Like father, like son, like mother, like daughter? [J]. Oxford Bulletin of Economics and Statistics, 2010, 72:717-743.

[406] Loury G. Intergenerational transfers and the distribution of earnings [J]. Econometrica, 1981, 49:843-867.

[407] Lucas Jr R E. On the mechanics of economic development[J]. Journal of Monetary Economics, 1988, 22(1): 3-42.

[408] Lucas R E. Human capital and growth[J]. American Economic Review, 2015, 105(5): 85-88.

[409] Lumey L H, Stein A D, Susser E. Prenatal famine and adult health [J]. Annual Review of Public Health, 2011, 32(1):237.

[410] Lundborg P, Nilsson A, Rooth D O. Parental education and offspring outcomes: Evidence from the Swedish compulsory school reform[J]. American Economic Journal: Applied Economics, 2014, 6(1): 253-278.

[411] Lundborg P, Nordin M, Rooth D O. The intergenerational transmission of human capital: The role of skills and health[J]. Journal of Population Economics, 2018, 31(4): 1035-1065.

[412] Luo R, Shi Y, Rozelle, et al. Nutrition and educational performance in rural China's elementary schools: Results of a randomized control trial in Shaanxi province [J]. Economic Development & Cultural Change, 2012, 60:735-772.

[413] Lu Z N, Chen H, Hao Y, et al. The dynamic relationship between environmental pollution, economic development and public health: Evidence from China[J]. Journal of Cleaner Production, 2017, 166: 134-147.

[414] Maccoby E E, Martin J A. Socialization in the context of the family: Parent-child interaction[J]. in: Hetherington EM. Wiley (eds.), Handbook of Child Psychology, Socialization, Personality, and Social Development,1983, 4: 1-102.

[415] Machin S. Education expansion and intergenerational mobility in Brit-

ain, in: Woessman L, Peterson P (eds.), Schools and the Equal Opportunity Problem[M]. Massachusetts: MIT Press, 2007.

[416] Maczulskij T. Employment sector and pay gaps: Genetic and environmental influences[J]. Labour Economics, 2013, 23:89-96.

[417] Maes H H, Neale M C, Eaves L J. Genetic and environmental factors in relative body weight and human adiposity[J]. Behavior Genetics, 1997, 27 (4):325-351.

[418] Magnuson K. Maternal education and children's academic achievement during middle childhood[J]. Developmental Psychology, 2007, 43 (6): 1497-1512.

[419] Mallick L, Dash D P. Does expenditure on education affect economic growth in India? Evidence from cointegration and granger causality analysis[J]. Theoretical & Applied Economics, 2015, 22(4):63-74.

[420] Mangyo E. The effect of water accessibility on child health in China [J]. Journal of Health Economics, 2008, 27:1343-1356.

[421] Mauldin T, Mimura Y, Lino M. Parental expenditures on children's education[J]. Journal of Family & Economic Issues, 2001, 22: 221-241.

[422] Maurin E. McNally S. Vive la revolution! Long-term education returns of 1968 to the angry students[J]. Journal of Labor Economics, 2008, 26(1): 1-33.

[423] Mazumder B. Fortunate sons: New estimates of intergenerational mobility in the United States using social security earnings data[J]. The Review of Economics and Statistics, 2005, 87:235-255.

[424] Mazumder B. Sibling similarities and economic inequality in the US [J]. Journal of Population Economics, 2008, 21(3): 685-701.

[425] McCrary J. Manipulation of the running variable in the regression discontinuity design: A density Test[J]. Journal of Econometrics, 2008, 142(2):698-714.

[426] McCrary J, Royer H. The effect of female education on fertility and infant health: Evidence from school entry policies using exact date of

birth[J]. American Economic Review 2011,101:158-195.

[427] Mcleod J D, Shanahan M J. Poverty, parenting, and children's mental health[J]. American Sociological Review, 1993,58:351-366.

[428] Meng X, Qian N. The Long term consequences of famine of survivors: Evidence from China's great famine[Z]. NBER Working Paper 2009, 14917.

[429] Meng X, Zhao G. The Long shadow of a large scale education interruption: The intergenerational effect [J]. Labour Economics, 2021, 102008.

[430] Messinis G, Ahmed A D. Cognitive skills, innovation and technology diffusion[J]. Economic Modelling, 2013, 30: 565-578.

[431] Moaz Y, Moav O. Intergenerational mobility and the process of development[J]. Economic Journal, 1999,109: 677-697.

[432] Moilanen K L, Rasmussen K E, Padilla-Walker L M. Bidirectional associations between self-regulation and parenting styles in adolescence [J]. Journal of Research on Adolescence, 2015, 25:246-262.

[433] Momota A. A population-macroeconomic growth model for currently developing countries[J]. Journal of Economic Dynamics and Control, 2009, 33(2): 431-453.

[434] Morduch J, Sicular T. Rethinking inequality decomposition, with evidence from rural China[J]. Economic Journal, 2002,112:93-106.

[435] Morris S. The impact of obesity on employment[J]. Labour Economics, 2007, 14:413-433.

[436] Nakamura T, Murayama Y. Education cost, intergenerational mobility, and income inequality [J]. Economic Letters, 2011, 112: 266-269.

[437] Navarro L, Selman J. Wage differentials between the public and private sectors in Chile: Evidence from longitudinal data[J]. Cepal Review, 2014,112: 89-106.

[438] Nilsson J P. Does a pint a day affect your child's pay? The effect of prenatal alcohol exposure on adult outcomes[Z]. Working Paper Se-

ries, 2008.

[439] Nurudeen A, Usman A. Government expenditure and economic growth in Nigeria, 1970—2008: A disaggregated analysis[J]. Business and Economics Journal, 2010, 4: 1-11.

[440] Oaxaca R. Male-Female wage differentials in urban labor markets[J]. International Economic Review, 1973, 14:693-709.

[441] Omori T. Effect of public education and social security on fertility[J]. Journal of Population Economics, 2009, 22:585-601.

[442] O'Neill D, Sweetman O, Gaer D. The effects of measurement error and omitted variables when using transition matrices to measure intergenerational mobility[J]. Journal of Economic Inequality, 2007, 5(2): 159-178.

[443] Oreopoulos P, Page M E, Stevens A H. The intergenerational effects of compulsory schooling[J]. Journal of Labor Economics, 2006,24(4): 729-760.

[444] Oster E, Shoulson I, Dorsey E. Limited life expectancy, human capital and health investments[J]. American Economic Review, 2013, 103(5): 1977-2002.

[445] Page M E, Solon G. Correlations between brothers and neighboring boys in their adult earnings: The importance of being urban[J]. Journal of Labor Economics, 2003a, 21(4): 831-855.

[446] Pan J, Qin X, Liu G G. The impact of body size on urban employment: Evidence from China[J]. China Economic Review, 2013,27: 249-263.

[447] Park C, Chung W. Sib-ship size, birth order, and children's education in developing countries: Evidence from Bangladesh[J]. Hitotsubashi Journal of Economics, 2012, 53(1):1-23.

[448] Parker G, Tupling H, Brown L B. A parental bonding instrument[J]. British Journal of Medical Psychology, 1979, 52:1-10.

[449] Pecchenino R A, Pollard P S. Dependent children and aged parents: Funding education and social security in an aging economy[J]. Journal

of Macroeconomics, 2002, 24:145-169.

[450] Pekkarinen et al. School tracking and development of cognitive skills [J]. Working Papers 2, VATT Institute for Economic Research, 2009.

[451] Piopiunik M. Intergenerational transmission of education and mediating channels: Evidence from a compulsory schooling reform in Germany [J]. The Scandinavian Journal of Economics, 2014, 116(3): 878-907.

[452] Piraino P. Comparable estimates of intergenerational income mobility in Italy[J]. The B. E. Journal of Economic Analysis & Policy, De Gruyter, 2007,7(2):1-27.

[453] Plug E. Estimating the effect of mother's schooling on children's schooling using a sample of adoptees[J]. American Economic Review, 2004, 94:359-368.

[454] Plug E, Vijverberg W. Does family income matter for schooling outcomes? Using adoptees as a natural experiment[J]. Economic Journal, 2005, 115:879-906.

[455] Ponczek V, Souza A P. New evidence of the causal effect of family size on child quality in a developing country[J]. Journal of Human Resources, 2012, 47(1): 64-106.

[456] Qian N. Quantity-quality and the one child policy: The only-child disadvantage in school enrollment in rural China[R]. NBER Working Paper 2009, No. 14973.

[457] Qin X, Wang T, Zhuang C C. Intergenerational transfer of human capital and its impact on income mobility: Evidence from China[J]. China Economic Review, 2016, 38: 306-321.

[458] Raaum O, Bratsberg B, Red K, et al. Marital sorting, household labor supply, and intergenerational earnings mobility across countries [J]. Advances in Economic Analysis & Policy, 2008, 7(2): 1767-1767.

[459] Raaum O, Salvanes K G. The neighborhood is not what it used to be

[J]. Economic Journal, 2006, 116(1): 200-222.

[460] Rawski T G. Human resources and China's long economic boom[J]. Asia Policy, 2011 (12): 33-78.

[461] Rege M, Telle K, Votruba M. Parental job loss and children's school performance[J]. Discussion Papers, 2011, 78(4):1462-1489.

[462] Restuccia, Diego, Urrutia, et al. Intergenerational persistence of earnings: The role of early and college education[J]. American Economic Review 2004,94:1354-1378.

[463] Rojas J A. On the interaction between education and social security [J]. Review of Economic Dynamics, 2004,7:932-957.

[464] Romer P M. Endogenous technological change[J]. Journal of Political Economy, 1990, 98(5, Part 2): S71-S102.

[465] Rona R J, Chinn S. Genetic and environmental influences on growth [J]. Journal of Medical Screening, 1995,2:133-139.

[466] Rosenzweig M R, Zhang J. Do population control policies induce more human capital? Twins, birth weight and China's 'one-child' policy [J]. Review of Economic Studies, 2009, 76(3):1149-1174.

[467] Royear H. Separated at birth: US twin estimates of the effects of birth weight[J]. American Economic Journal: Applied Economics, 2009, 1:49-85.

[468] Ruiz A C. The impact of education on intergenerational occupational mobility in Spain [J]. Journal of Vocational Behavior, 2016, 92: 94-104.

[469] Sacerdote B. How large are the effects from changes in family environment? A study of Korean American adoptees[J]. Quarterly Journal of Economics, 2007, 122(1):119-157.

[470] Sackett D L. The Spread of obesity in a large social network over 32 years[J]. N Engl J Med, 2007, 357(4):370-379.

[471] Sandhu J, Ben-Shlomo Y, Cole T J, et al. The impact of childhood body mass index on timing of puberty, adult stature and obesity: A follow-up study based on adolescent anthropometry recorded at Christ's

Hospital (1936-1964) [J]. 2006, 30(1):14-22.

[472] Sandra E, Black P J. From the cradle to the labor market: The effect of birth weight on adult outcomes[J]. Quarterly Journal of Economics, 2007,122(1): 409-439.

[473] Schultz T, Paul. Wage gains associated with height as a form of health human capital [J]. American Economic Review, 2002, 92 (2): 349-353.

[474] Seck A. International technology diffusion and economic growth: Explaining the spillover benefits to developing countries[J]. Structural Change and Economic Dynamics, 2012, 23(4): 437-451.

[475] Sehrawat M, Giri A K. An empirical relationship between financial development indicators and human capital in some selected Asian countries[J]. International Journal of Social Economics, 2017,44(3): 337-349.

[476] Sen A, Clemente A. Intergenerational correlations in educational attainment: Birth order and family size effects using Canadian data[J]. Economics of Education Review, 2010, 29(1): 147-155.

[477] Shakuno K. Public Education, endogenous fertility and economic growth[R]. TERG Discussion Paper, 2014, No.319.

[478] Shen C H, Lee C C. What makes international capital flows promote economic growth? An international cross-country analysis[J]. Scottish Journal of Political Economy, 2010, 57(5): 515-546.

[479] Shi L, Sicular T. Rising inequality in China: Public Policy and the Pursuit of a Harmonious Society[M]. New York: Cambridge University Press, 2012.

[480] Shi Y F, Chang X, Su R, et al. Parental training, anemia, and the impact on the nutrition of female students in China's poor rural elementary schools [J]. China Agricultural Economic Review, 2012, 4: 151-167.

[481] Silles M A. The implications of family size and birth order for test scores and behavioral development[J]. Economics of Education Re-

view, 2010, 29(5): 795-803.

[482] Smetana J G. Current research on parenting styles, dimensions, and beliefs[J]. Current Opinion in Psychology, 2017, 15:19-25.

[483] Smith, James P, Shen, et al. The effects of childhood health on adult health and SES in China[J]. Economic Development and Cultural Change, 2012, 61:127-156.

[484] Smith J P. Unraveling the SES-health connection[J]. Population and Development Review, 2004, 30:108-132.

[485] Solon G. Cross-country differences in intergenerational earnings mobility[J]. Journal of Economic Perspectives, 2002, 16(3): 59-66.

[486] Solon G. Estimating autocorrelations in fixed-effects models[R]. NBER Technical Working Paper, 1983, No. 321984.

[487] Solon G. Generational Income Mobility in North America and Europe [M]. Cambridge: Cambridge University Press, 2004.

[488] Solon G. Intergenerational income mobility in the United States[J]. American Economic Review, 1992, 82:393-408.

[489] Solon G. Intergenerational mobility in the labor market[Z]. Handbook of Labor Economics, 1999, Vol. 3.

[490] Solow, R M. A contribution to the theory of economic growth[J]. The Quarterly Journal of Economics,1956,70(1):65-94.

[491] Soukiazis E, Antunes M. Foreign trade, human capital and economic growth: An empirical approach for the European Union countries[J]. The Journal of International Trade & Economic Development, 2012, 21(1): 3-24.

[492] Steckel R H. Height and per capita income[J]. Historical Methods: A Journal of Quantitative and Interdisciplinary History, 1983,16:1-7.

[493] Steinberg L, Lamborn S D, Darling N, et al. Over-time changes in adjustment and competence among adolescents from authoritative, authoritarian, indulgent, and neglectful families[J]. Child Development, 1994, 65:754-770.

[494] Stevens A H, Page M, Oreopoulos P. The intergenerational effects of

worker displacement[J]. Journal of Labor Economics, 2008,26(3): 455-483.

[495] Stock J H, Yogo M. Testing for weak instruments in linear IV regression[J]. Nber Technical Working Papers, 2005, 14(1):80-108.

[496] Stock J H, Yogo W M. A Survey of weak instruments and weak identification in generalized method of moments[J]. Journal of Business and Economic Statistics, 2002, 20(4):518-529.

[497] Strauss J, Thomas D. Health, nutrition and economic development [J]. Journal of Economic Literature, 1998, 36(2):766-817.

[498] Strittmatter A, Sunde U. Health and economic development—Evidence from the introduction of public health care[J]. Journal of Population Economics, 2013, 26(4): 1549-1584.

[499] Su A Y, Liu C Z. The impact of foreign direct investment and human capital on economic growth: Evidence from Chinese cities[J]. China Economic Review, 2016, 37:97-109.

[500] Sutherland D, Yao S. Income inequality in China over 30 years of reforms[J]. Cambridge Journal of Regions, Economy and Society, 2011, 4:91-105.

[501] Swan T W. Economic growth and capital accumulation[J]. Economic Record, 1956, 32(2): 334-361.

[502] Swift R. The relationship between health and GDP in OECD countries in the very long run[J]. Health Economics, 2011, 20(3): 306-322.

[503] Tanner J M, Heimer C, Freedman A, et al. Earlier maturation in man [J]. Scientific American, 1968, 218:21-27.

[504] Taubman P. Role of parental income in educational attainment[J]. American Economic Review, 1989, 79:57-61.

[505] Teixeira A C, Fortuna N. Human capital, R&D, trade, and long-run productivity. Testing the technological absorption hypothesis for the Portuguese economy, 1960—2001[J]. Research Policy, 2010, 39(3): 335-350.

[506] Thomas D, Lavy V, Strauss J. Public policy and anthropometric out-

comes in cote d'Ivoire[J]. Papers, 1992, 61(89):155-192.

[507] Thomas G. Rawski. 人力资源与中国长期经济增长[J]. 经济学(季刊),2011,10(4):1153-1186.

[508] Thompson O. Gene-environment interaction in the intergenerational transmission of Asthma[J]. Health Economics, 2017, 26(11): 1337-1352.

[509] Thompson O. Genetic mechanisms in the intergenerational transmission of health[J]. Journal of Health Economics, 2014, 35: 132-146.

[510] Tzeremes N G. The effect of human capital on countries' economic efficiency[J]. Economics Letters, 2014, 124(1): 127-131.

[511] Valentino K, Nuttall A K, Comas M, et al. Intergenerational continuity of child abuse among adolescent mothers: Authoritarian parenting, community violence, and race[J]. Child Maltreat, 2012, 17(2): 172-181.

[512] Van der Klaauw W. Estimating the effect of financial aid offers on college enrollment: A regression-discontinuity approach[J]. International Economic Review, 2002, 43(4):1249-1287.

[513] Venkataramani A S. The intergenerational transmission of height: Evidence from rural Vietnam[J]. Health economics, 2011, 20(12): 1448-1467.

[514] Vogel T. Reassessing intergenerational mobility in Germany and the United States: The impact of differences in lifecycle earnings patterns [Z]. SFB 649 Discussion Papers, 2006.

[515] Vroom, Harold V. Work and Motivation [M]. New York: Wiley,1964.

[516] Wang Y, Ni C. The role of the composition of the human capital on the economic growth: with the spatial effect among provinces in China [J]. Modern Economy, 2015, 06(06):770-781.

[517] Wang Y, Wang X, Kong Y, et al. The great Chinese famine leads to shorter and overweight females in Chongqing Chinese population after 50 years[J]. Obesity, 2010, 18:588-592.

[518] Well D N. Accounting for the effect of health on economic growth[J]. The Quarterly Journal of Economics, 2007, 122(3): 1265-1306.

[519] Willis R J. A new approach to the economic theory of fertility behavior [J]. Journal of Political Economy, 1973, 81(2):S14-S64.

[520] Woodruff B, Duffield A. Anthropometric assessment of nutritional status in adolescent populations in humanitarian emergencies[J]. European Journal of Clinical Nutrition, 2002, 56:1108-1118.

[521] Wooldridge J M. Econometric Analysis of Cross Section and Panel Data[M]. Massachusetts: The MIT press, 2002.

[522] World Health Organization. Macroeconomics and Health: Investing in Health for Economic Development: Executive Summary/Report of the Commission on Macroeconomics and Health[M]. 2001.

[523] World Health Organization. Physical status: The use and interpretation of anthropometry[R]. WHO Technical Report Series, 1995, No. 854.

[524] Xiang C, Yeaple S. The production of cognitive and non-cognitive human capital in the global economy[R]. NBER Working Paper, 2018, No. 24524.

[525] Yew S L, Zhang J. Optimal social security in a dynastic model with human capital externalities, fertility and endogenous growth[J]. Journal of Public Economics, 2009,93:605-619.

[526] Yi C, Lei X, Zhou L A. Child health and the income gradient: Evidence from China[J]. IZA Discussion Papers, 2010, 37(37): 259-62.

[527] Zeng Y, Tu P, Gu B, et al. Causes and implications of the recent increase in the reported sex ratio at birth in China[J]. Population and Development Review, 1993, 19(2):283-302.

[528] Zhang C, Zhuang L. The composition of human capital and economic growth: Evidence from China using dynamic panel data analysis[J]. China Economic Review, 2011, 22(1):165-171.

[529] Zhang Jie, Zhang J. Optimal social security in a dynastic model with investment externalities and endogenous fertility[J]. Journal of Eco-

nomic Dynamics & Control, 2007,31:3345-3567.

[530] Zhang J. Social security and endogenous growth[J]. Journal of Public Economics, 1995, 58:185-213.

[531] Zhang J, Spencer B G. Who signs China's one-child certificate, and why? [J]. Journal of Population Economics, 1992, 5(3):203-215.

[532] Zhang J, Zhang J. How does social security affect economic growth? Evidence from cross-country data[J]. Journal of Population Economics, 2004,17:473-500.

[533] Zhang X, Kanbur R. Spatial inequality in education and health care in China[J]. China Economic Review, 2005, 16 (2):189-204.

[534] Zhang Y, Eriksson T. Inequality of opportunity and income inequality in nine Chinese provinces, 1989—2006 [J]. China Economic Review,2010, 21:607-616.

[535] Zhu G. Vural G. Intergenerational effect of parental time and its policy implications[Z]. Working Paper, 2012.

[536] Zick C D, Bryant W K, Österbacka E. Mothers' employment, parental involvement, and the implications for intermediate child outcomes[J]. Social Science Research, 2001, 30:25-49.

[537] Zimmermann D. Regression toward mediocrity in economic stature [J]. American Economic Review, 1992, 82:409-429.